〔明〕湛若水／撰
戢斗勇　張永義／整理

聖學格物通

第四冊

湛若水著作選刊

上海古籍出版社

聖學格物通卷之七十五

六官

○書周官：冢宰掌邦治，統百官，均四海。

臣若水通曰：此成王訓迪百官之言也。冢，猶長也。宰，治也。天官卿治官之長，故謂之冢宰。以其所主用人任職，以平治天下，故云統百官、均四海。何謂統百官？異職用，各因其才，聯屬以歸于一也。何謂均四海？異宜使各得其所，調劑以得其平也。

○周官：司徒掌邦教，敷五典，擾兆民。

臣若水通曰：此亦成王訓迪百官之言也。敷，布也。擾，馴也。地官卿主國教化之事，布君臣、父子、夫婦、長幼、朋友五者之教，又馴擾兆民，使之各遂安養也。先王之世，教養出於一，司徒實兼教養之事。後世遂以司徒爲專主錢穀之官，教養遂分而爲二，非復先王之舊矣。

○周官：宗伯掌邦禮，治神人，和上下。

臣若水通曰：此亦成王訓迪百官之言也。宗者，以爲祭祀所宗而得名。伯言其爲官之長也。春官卿主國禮儀之事，治天神、地祇、人鬼之事，和上下尊卑等列。如何爲天神？如祭天享帝，及日月星辰、寒暑四時、水旱皆是。如何爲地祇？如祭地于方丘及名山大川、五嶽四瀆之類皆是。如何謂人鬼？如宗廟祖考及古昔帝王、先聖先師、忠臣烈士之類皆是。

○周官：司馬掌邦政，統六師，平邦國。

臣若水通曰：此亦成王訓迪百官之言也。掌，主也。六師，天子之六軍也。兵之用，所以正人之不正，乃政之大者。馬乃軍政之急務，故以馬名官。夏官卿主戎馬之事，掌國征伐之政，統御六卿之六軍，平治諸侯邦國之不庭者，使强不得凌弱，衆不得暴寡，而人得其平也。

○周官：司寇，掌邦禁，詰姦慝，刑暴亂。

臣若水通曰：此亦成王訓迪百官之言也。謂之禁者，刑一人而千萬人懼，所以禁之於未然也。詰者，推鞫窮詢之謂。秋官卿主寇賊法禁，窮治姦慝，以求其情，誅刑暴亂之人，使各當其罪也。

○周官：司空掌邦土，居四民，時地利。

臣若水通曰：此亦成王訓迪百官之言也。謂之司空者，主國空土之事也。冬官卿主國之土地，以居士農工商之四民，順天時以興地利也。

○禮記曲禮曰：天子建天官，先六大，曰大宰、大宗、大史、大祝、大士、大卜，典司六典。天子之五官，曰司徒、司馬、司空、司士、司寇，典司五衆。

臣若水通曰：此即周官之綱，而周官即其目也。蓋明王奉若天道，謂天下不可以一人理，于是而建乎天官。大宰者，天官之宰。大宗者，主六宗之事。大史，主天文之事。大祝，主祭祀祈禱。大士，治士者。大卜，主三兆、三易者。六大者，即天官之屬也。先之者，以其所掌重於他職也。五官者，與天官列而爲六也。五衆者，五官屬吏之群衆也。我國家稽古定制，建官立法，一本於此。故今之六部，即此之謂也。而部之有司，司之有郎中，有員外郎，有主事，多寡輕重，斟酌損益，則又有所謂監百王而成之者矣。雖然，明王立政，不惟其官，惟其人。蓋得人則庶政惟和，萬國咸寧，非其人，適爲國家之蠹焉爾，是不可以不謹也。程頤有言：「必有關雎、麟趾之意，然後可以行周官之法度。」則本原之地實有在於聖明者矣。

○周禮：少宰以官府之六屬舉邦治：一曰天官，其屬六十，掌邦治。大事則從其長，小事則專達。二曰地官，其屬六十，掌邦教。大事則從其長，小事則專達。三曰春官，其屬六十，掌邦禮。大事則從其長，小事則專達。四曰夏官，其屬六十，掌邦政。大事則從其長，小事則專達。五曰秋官，其屬六十，掌邦刑。大事則從其長，小事則專達。六曰冬官，其屬六十，掌邦事。大事則從其長，小事則專達。以官府之六職辨邦治：一曰治職，以平邦國，以均萬民，以節財用。二曰教職，以安邦國，以寧萬民，以懷賓客。三曰禮職，以和邦國，以諧萬民，以事鬼神。四曰政職，以服邦國，以正萬民，以聚百物。五曰刑職，以詰邦國，以糾萬民，以除盜賊。六曰事職，以富邦國，以養萬民，以生百物。

臣若水通曰：大事從其長者，如庖人內外饔共王之食也。小事專達者，如宫人掌舍，各爲一官也。官府之六職，即大宰之六典也。治職以節財用者，分辨財用會計也。教職以懷賓客者，賓興賢能也。以事鬼神者，掌天神、人鬼、地祇之祀也。以聚百物者，掌九穀、六畜也。以除盜賊者，比追胥、施刑賞也。以生百物者，居四民、時地利也。夫六官各六十屬，爲三百六十者，所以象周天之度也。王者奉若天道，以立六官，所以法之於天也。是故大小相維，巨細畢舉，而邦治辨矣。人君之立官，宜奉天地而不違，勿或過焉，勿或不及焉。則天道運於上，地道位於下，人極立於中，而三才一矣。

〇天官：惟王建國，辨方正位，體國經野，設官分職，以爲民極，乃立天官冢宰，使帥其屬而掌邦治，以佐王均邦國。

臣若水通曰：此周禮天官之職也。王者，有天下之號。建，立也。辨，別也。辨方者，別東西南北之方也。正位者，正祖社朝市之位也。體國者，分營其國中，以爲宫城門涂，如人之有四體也。經野者，畫治于野外，以爲丘甸溝洫，如織之有經緯也。官如冢宰、司徒之類。職如掌治、掌教之類。爲民極者，言王先盡此六官之事，以爲民之標準也。冢，大也。宰，治也。其屬，則天官之屬。邦治，總六官之職。佐，助也。均，平也。乃立天官冢宰，使帥其屬，以佐天子，而均平天下。先曰爲民極者何也？凡設官分職，以爲民也。況冢宰六卿之長，生民休戚所關，朝廷政本所係。得其人則輔導其主，則善政日加於下，如周、召是也。匪其人則壅蔽其主，而虐政日加於下，如唐之林甫、盧杞是也。觀此，則人君爲天下擇相，可不慎歟！

○地官：惟王建國，辨方正位，體國經野，設官分職，以爲民極，乃立地官司徒，使帥其屬而掌邦教，以佐王安擾邦國。

臣若水通曰：此周禮地官之職也。掌教者，故謂之地官。徒者，衆也。安擾，爲教之道也。立地官掌教者，將以盡民之性，必敦典庸禮，使各順其常，是之謂安。仁漸義磨，使自得于性，是之謂擾。故書曰：「司徒掌邦教，敷五典，擾兆民。」孟子曰：「舜命契爲司徒，教以人倫。」前後若出一揆，此帝王所以同道歟！

〇春官：惟王建國，辨方正位，體國經野，設官分職，以爲民極，乃立春官宗伯，使帥其屬而掌邦禮，以佐王和邦國。

臣若水通曰：此周禮春官之職也。春官者，象春所立之官。宗伯者，以祭祀之宗主而名也。不言司者，神鬼非人所司也。邦禮，國家之典禮也，其經有五，其别三十有六。以和邦國者，即孔子所謂「禮之用，和爲貴」是也。禮達而分定，禮行而俗淳，九族以之而惇叙，萬邦以之而協和，皆本於此。宋儒司馬光曰：「禮之爲用大矣。」信哉！

〇夏官：惟王建國，辨方正位，體國經野，設官分職，以爲民極，乃立夏官司馬，帥其屬而掌邦政，以佐王平邦國。

臣若水通曰：此周禮夏官之職也。司馬，爲國典兵者也。官以馬名，兵之所資，莫急於馬也。國之大事在戎，故獨謂之政。政者，用兵征伐，以正彼之不正也。其曰平邦國者，王者之師無他，在於禁暴正亂而已，使强不得以凌弱，衆不得以侵寡，而人皆得其平。書曰：「有罪無罪，惟我在，曷敢有越厥志。」此之謂也。其視後世窮兵黷武，甚至以中官典兵而辱天朝者何哉？

〇秋官：惟王建國，辨方正位，體國經野，設官分職，以爲民極，乃立秋官司寇，使帥其屬而掌邦禁，以佐王刑邦國。

臣若水通曰：此周禮秋官之職也。秋官獨以寇名者何也？天下之亂，未有不始于群行攻劫者，而刑以懲寇爲急，故曰司寇。防奸之謂禁，懲惡之謂刑。嘗謂成周之盛，宜無事于刑矣，而周禮於司寇一官，獨拳拳焉。易曰：「先王以明罰敕法。」孔子曰：「道之以政，齊之以刑。」刑者輔治之具，豈可無哉？故制爲律令，禁之於未然，所謂禁也。加於有罪，刑之於已然，所謂刑也。嗚呼，聖人仁之至、義之盡，於斯見矣。

○冬官：惟王建國，辨方正位，體國經野，設官分職，以爲民極，乃立冬官司空，使帥其屬而掌邦土，以佐王安擾邦國。

臣若水通曰：此周禮冬官之職也。司空者，掌土之官。舜命伯禹作司空，任平水土之責，則知掌邦土乃司空之職也。凡所以興地利，奠民居，制封域，别丘甸，治溝洫，設壇壝，築城郭，令力役，作器物，皆其職也。至秦焚書，簡編斷爛，而漢得於煨燼之餘，遂謂冬官亡矣，而以考工記補之，蓋不知工作特司空之一事爾。幸而先儒互相參究而冬官不亡，所以因其富庶而行其教，則其佐王以安擾邦國可見矣。

○左傳成公十八年：晉悼公即位于朝。始命百官，施捨，已責，逮鰥寡，振廢滯，匡乏困，救災患，禁淫慝，薄賦斂，宥罪戾，節器用，時用民，欲無犯時。使魏相、士魴、魏頡、趙武爲卿。荀家〔一〕、荀會、欒黶、韓無忌爲公族大夫，使訓卿之子弟，共儉孝弟。使士渥濁爲大傅，使脩范武子之法。右行辛爲司空，使脩士蔿〔二〕之法。弁糾御戎，校正屬焉，使訓諸御知義。校正，主馬之官，屬於戎御，以訓諸御，使知義也。荀賓爲右，司士屬焉，使訓勇力之士時使。右者，御戎之右也。司士，亦車右之官，屬於戎右，以訓勇力之士，以供君之時使而不逆也。卿無共禦，立軍尉以攝之。祁奚爲中軍尉，羊舌職佐之，魏絳爲司馬。張老爲候奄。言職佐奚爲中軍尉，而以絳爲之司馬，張老爲之斥堠也。鐸遏寇爲上軍尉，籍偃爲之司馬，使訓卒乘，親以聽命。言偃爲鐸遏寇上軍尉之司馬，以訓卒乘，使親以聽命。程鄭爲乘馬御，六騶屬焉，使訓羣騶知禮。言六閑之騶皆屬於程鄭，訓羣騶使知禮也。凡六官之長，皆民譽也。言爲民之望譽也。舉不失職，官不失方，爵不踰德，師不陵正，旅不偪師，民無謗言，所以復霸也。

臣若水通曰：施捨者，施恩惠、捨勞役也。已責者，已止逋責之事也。逮鰥寡，振廢滯，惠及窮民，振起困滯也。匡乏困，救災患，謂匡其貧困，恤其患難也。禁淫慝，薄賦斂，謂禁止淫邪，薄其租税也。宥罪戾，節器用，罪從寬宥，用從省節也。時用民欲無犯者，使民以時，不縱慾以奪之也。魏相、士魴、魏頡、趙武四人，祖父皆有勞於國，故使爲卿，即冢宰之職也。荀家、荀會、欒書之子黶、韓厥之子無忌四人，爲公族大夫訓子弟，即司徒主教之職也。士渥濁爲大傅，脩士會執秩之法，即秩宗，禮官也。以右行名辛者，能以數宣物定功，故爲司空也。知弁糾能御以和正，使爲戎御。知荀賓有力而不暴，故爲右戎。又以祁奚、鐸遏寇爲中、上軍尉，以程鄭爲乘馬御，而司馬、六騶皆其佐，即夏官兼司寇也。夫周制，大國三卿，晉以成公三年作六軍，故有六卿。六卿者，六官之長。晉悼公即位之始而如此，君子是以知其克復霸業也。人君之有天下者，能因其迹而次第舉之，亦主善爲師之意也。

○襄公十五年：楚公子午爲令尹，公子罷戎爲右尹，蔿子馮爲大司馬，公子橐師爲右司馬，公子成爲左司馬，屈到爲莫敖，公子追舒爲箴尹，屈蕩爲連尹，養由基爲宮厩尹，以靖國人。君子謂楚於是乎能官人。官人，國之急也。能官人，則民無覦心。詩云：「嗟我懷人，置彼周行。」能官人也。王及公、侯、伯、子、男、甸、采、衛大夫，各居其列，所謂周行也。

臣若水通曰：午，公子午，即子庚也。令尹，官名，楚上卿執政者也。子馮，孫叔敖從子也。莫敖亦官名。箴尹、連尹、宮厩尹，俱楚國之官也。夫楚一國也，而公子午以下九子萃焉。

九子之才必皆可用，楚康能爲官擇人，事由以立，此楚之所以强也。孔子以衛靈公之能用人而曰「夫如是，奚其喪」，豈不信哉！

◎昭公十七年：郯子來朝，公與之宴。昭子問焉，曰：「少皞氏鳥名官，何故也？」郯子曰：「吾祖也，我知之。我高祖少皞摯之立也，鳳鳥適至，故紀於鳥，爲鳥師而鳥名。鳳鳥氏，曆正也。玄鳥氏，司分者也。伯趙氏，司至者也。青鳥氏，司啓者也。丹鳥氏，司閉者也。祝鳩氏，司徒也。鴡鳩氏，司馬也。鳲鳩氏，司空也。爽鳩氏，司寇也。鶻鳩氏，司事也。五鳩，鳩民者也。五雉爲五工正，利器用，正度量，夷民者也。九扈爲九農正，扈民無淫者也。」

臣若水通曰：鳳鳥知天時，故以名曆正之官也。玄鳥即燕燕，以春分來、秋分去，故曰司分。伯趙即伯勞，伯勞以夏至鳴、冬至止，故曰司至。青鳥即鶬鴳，以立春鳴、立夏止，故謂之司啓。丹鳥即鷩雉，以立秋來、立冬去，謂之司閉。是分、至、啓、閉，皆曆正之屬官也。此上乃天官也。祝鳩即鷦鳩，性孝，使爲司徒以立教。鴡鳩即王鴡，鷙而有别，使爲司馬以立法。鳲鳩平均，爲司空，以平水土。爽鳩即鷹隼，能鷙擊，故爲司寇，以主盜賊。鶻鳩即鶻雕，故爲司事，以主禮務，即宗伯也。五鳩即上五者，并天官而六也。鳩，聚也。民以聚爲貴。工正，取義於五雉，蓋便民之器用，正丈尺之度，斗斛之量也。九農取義於九扈，扈者正也，正民使不淫放。工正、九農二者，司空、司徒之屬也。然則六官之名，已見於少皞之世，至周則備矣。

○漢宣帝地節四年，北海太守朱邑以治行第一，入爲大司農。

臣若水通曰：堯舜之治，豈有他哉？黜陟幽明而已矣。太守之於大司農，崇卑懸絶也，朱邑有治行之最，即超遷之，則凡有才德者，孰不奮庸熙帝之載哉？若夫限於資格，則賢能與庸衆等爾。此宣帝綜核名實，所以成中興之治也歟！爲人君盍取法焉。

○晉武帝泰始十三年，以山濤爲吏部尚書，典選十餘年。每一官闕，輒擇才資可爲者啓擬數人，得詔旨有所向，然後顯奏之。且甄拔人物，各爲題目而奏之，時稱山公啓事。

臣若水通曰：山濤，晉之名吏部也。常法，吏部銓官，專以資格，則賢愚混滯，而人主不得知天下之賢而急親之也。山濤必擇其才與資序當爲者而參酌之，以入啓，此則不外乎資格，而不泥於資格者也。爲人君者，命吏部以資望參酌上聞，即以列之内殿屏風，朝夕寓目，又詢察而有得焉，則書所謂「真知三有宅心，灼見三有俊心」，六官之事皆得其賢而天下治矣。

○晉惠帝元康九年八月，三公尚書劉頌上疏曰：「自近世以來，法漸多門，令甚不一。吏不知所守，下不知所避。姦僞者因以售其情，居上者難以檢其下。事同議異，獄行不平。夫君臣之分，各有所司。法欲必奉，故令主者守文。理有窮塞，故使大臣釋滯。事有時宜，故人主權斷天下萬事。自非此類，不得出意妄議，皆以律令從事，然後法信於下，人聽不惑，吏不容姦，可以言政矣。」

臣若水通曰：此刑官之職也。唐虞之時，明刑弼教。呂刑之訓，伯夷降典，折民惟刑，蓋禮刑相出入交濟者也。夏有亂政而作禹刑，商有亂政而作湯刑，周有亂政而作九刑。三辟之興，皆叔世也。劉頌上言治道，其亦當時刑罰不清之故歟！然而習俗已成，無臯陶以明刑，無伯夷之降典，已無勸懲之本，豈能卒革以歸于正哉？然則晋事可知已矣。

〇北魏大司馬、安定王休執軍士爲盗者三人，以狥于軍，將斬之。孝文帝行軍遇之，命赦之。休不可，曰：「陛下親御六師，將清江表。今始行至此而小人已爲攘盗，不斬之，何以禁姦？」帝曰：「誠如卿言。然王者之體，時有非常之澤。三人罪雖應死，而因緣遇朕，雖違軍法，可特赦之。」既而謂司徒馮誕曰：「大司馬執法嚴，諸君不可不慎。」於是軍中肅然。

臣若水通曰：此軍政也。書云：「威克厥愛允濟，愛克厥威允罔功。」軍士之盗，宜以軍法從事，則賞罰明信而軍威振矣。魏孝文乃欲赦之，何以示威信乎？司馬光曰：「赦罪人以撓有司之法，尤非人君之體也。」魏孝文知仁而無義，宜罔功矣，而無敗者，豈非幸乎！

○齊主寶卷永元元年十二月，魏主恪以侍中郭祚兼吏部尚書。祚清謹，重惜官位，每有銓授得其人，必徘徊久之，然後下筆，曰：「此人便已貴矣。」人於是多怨之。然所用者無不稱職。

臣若水通曰：此吏政也。唐虞之時，三德而爲大夫，六德而爲諸侯。有周之治，論定然後官之，任官然後爵之。則官位豈可以不重惜耶？然不得其人則憂，得其人則喜可也。若授之既以爲得人矣，而乃徘徊不舍，豈宰相樂善之誠哉？祚於是乎失相體矣。

○梁武帝天監六年十月，以徐勉爲吏部尚書。勉精力過人，雖文案填積，坐客充滿，應對如流，手不停筆。又綜理百氏，皆爲避諱。嘗與門人夜集，客虞暠求詹事五官，勉正色曰：「今夕止可談風月，不可及公事。」人咸服其無私。

臣若水通曰：冢宰之任不在多能，一公足矣，又何必精力應對爲哉？惟公也，故好惡以正，而邪正自明。建官惟賢，位事惟能，若狥私請，則不賢者進而賢者退，天下豈有不亂哉？徐勉持正於梁武之朝，而却虞暠之請，其與李朝隱之裁抑僥倖，賈黯之斥桑澤，皆可以爲吏部之法矣。

○梁天監十八年，魏主詡以崔亮爲吏部尚書。亮奏爲格制，不問士之賢愚，專以停解日月爲斷，沈滯者皆稱其能。

臣若水通曰：王者奉若天道，以分官立職，求其賢以治不賢也，求其才以治不才也，要在量度人物而得其平爾，所謂統百官、均四海者也。亮不達此，乃制年格，遂以一定之法用天下之才，其害不既多乎？沈滯者稱其能，則賢才者稱其不能矣。後世襲以爲常，竟不能易。若亮者，不獨害一時，而且害後世者也。

○梁敬帝太平元年正月，魏太師泰以漢、魏官繁，命蘇綽及尚書令盧辯依周禮更定六官，以宇文泰爲太師、大冢宰，李弼爲太傅、大司徒，趙貴爲太保、大宗伯，獨孤信爲大司馬，于謹爲大司寇，侯莫陳崇爲大司空。自餘百官，皆倣周禮。

臣若水通曰：周禮，周公所作治天下之書也。泰在魏時，位丞相，都督中外諸軍事。五代志曰：「泰命尚書盧辯遠師周之建職，置三公三孤，以爲論道之官。次置六卿，以分司庶務。其内命謂王朝之臣，三公九命，三孤八命，六卿七命，上大夫六命，中大夫五命，下大夫四命，上士三命，中士再命，下士一命。外命謂諸侯及其臣，諸公九命，諸侯八命，諸伯七命，諸子六命，諸男五命，諸公之孤卿四命，侯之孤卿、公之大夫三命，子男之孤卿、侯伯之大夫、公之上士再命，公之中士、侯伯之上士一命，公之下士、侯伯之中士下士、子男之士不命。其制禄秩，下士一百二十五石，中士以上，至於上大夫，各倍之。上大夫是爲四千石。卿二分，孤三分，公四分，各益其一。公因盈數爲一萬石。其九秩一百二十石，八秩至於七秩，每二秩六分而下各去其一，二秩俱爲四十石。凡頒禄，視其年之上下。畝至四釜爲上年，上年頒其正。三釜爲中年，中年頒其半。二釜爲下年，下年頒其一。無年爲凶荒，不頒禄。」臣謂孔子曰：「其人存，則其政舉。」夫政由人生者也。爲治而不法先王，不智也。非其人而法之，亦不智也。設六典以建官，周之制尚矣。泰欲舉之於魏，雖不可謂無志，然以其時難矣。非其法之難也，得其人之難也。知所以官人而遺其所以取人者，知所以取人而遺其所以教人者，皆不可也。故始於教，中於用，終於任，其致之之道必皆得其人然後可也。

○唐太宗貞觀二十年，刑部侍郎闕，上命執政妙擇其人，既而曰：「朕得其人矣。往者李道裕議張亮獄云『反形未具』，此言當矣。」遂以道裕爲刑部侍郎。

臣若水通曰：此刑官也。書云：「惟明克允。」又曰：「哲人惟刑。」天下之大命在於刑，刑獄之大本在刑部，必得明哲之賢以司之可也。所司者不得其人，吾見輕重失當，民將無所措手足，而天下之法亂矣。李道裕議張亮反形未具，斯言也，欽恤之心藹然矣，非所謂明哲耶？後世以妖書妖言遽槩以爲反，而戮及人之妻孥三族而不恤者，相去遠矣。太宗慎重刑部之選，而以委之道裕，貞觀刑措之風，其亦君臣同心之所致歟。

○唐睿宗景雲九年十二月，以宋璟爲吏部尚書，李義、盧從愿爲侍郎，皆不畏彊禦，請謁路絶，人服其公。以姚元之爲兵部尚書，陸象先、盧懷慎爲侍郎，武選亦治。

臣若水通曰：此吏、兵之職也。天下文武而已矣，文以致治，武以定亂，而天下之事畢矣。吏部掌天下之文臣，兵部掌天下之武臣，人才之臧否、銓法之黜陟皆由之。使不得其人，則群枉倖進，仕路不清，何望乎天下之治也？睿宗付托衆賢而文武之選宿弊大革，以啓開元君子滿朝之盛，夫豈一日之積也哉？

○唐玄宗開元元年十月，以姚元之同三品。元之吏事明敏，三爲宰相，皆兼兵部尚書，緣邊、屯戍、斥堠、士馬、儲械，無不默記。

臣若水通曰：此古之大司馬，兵官也。天下兵機之邃，邊務之繁，皆由於兵部。姚元之以身任之，樞機周密，庶事畢舉，其要在於默記而已。苟存心於默記，何所不至？此元之之所以克稱厥職者歟！

○玄宗開元元年十二月，刑部尚書李日知請致仕。日知在官，不行捶撻而事集，吏皆感悦，無敢犯者。

臣若水通曰：此刑官之善者也。刑官之道，脩意爲上，脩法次之。故孔子曰：「聽訟，吾猶人也。必也使無訟乎！」「無情者不得盡其辭，大畏民志。」夫聽訟者，其脩法乎！畏志者，其脩意乎！日知當則天時，吏争爲酷，乃能獨持平寬，不行捶撻，是不恃法矣。感悦無犯，是脩意矣。噫，理法曹者，尚當以日知爲法。

〇唐德宗貞元二年正月，以給事中崔造同平章事。造久在江外，疾錢穀諸使罔上之弊，奏罷水陸運使、度支巡院、江淮轉運使等。諸道租賦，悉委觀察使、刺史，遣官部送詣京師，令宰相分判尚書六曹，齊映判兵部，李勉判刑部，劉滋判吏部、禮部，造判户部、工部。

臣若水通曰：人君之道一而已矣，在擇相。爲相之道一而已矣，在知人。相而知人，則六官各得其職。故六官之任各有所司，宰相則兼統乎六官者也。使宰相分判六曹，則是宰相行六官之事，而六曹爲虚設矣，豈古人設官之本意哉？爲人君者，誠能公其心以任相，爲相者能公其心以任六官，則六曹皆得其人，而事無不治矣，又何待於分判邪？崔造懲錢穀諸使罔上之弊，令宰相分判六曹，一時救弊之權爾，要不可爲常法也。

〇宋儒程顥上劄子於朝，有曰：「王者必奉天建官，故天地四時之職，歷二帝三王未之或改，所以百度脩而萬化理也。至唐猶僅存其略，當其治時，尚得綱紀小正。今官秩淆亂，職業廢弛，太平之治所以未至也。」

臣若水通曰：天子之職，所以代天理物，其道皆法之於天也。天地通其氣，四時運其化，而萬物生焉。是故因天地四時以建官，而六職備舉，則百度脩，萬化出矣。帝之所以帝，王之所以王，皆是道也。自兹以降，法制寖壞，治不古若，宜哉！惟我太祖高皇帝上監百王，剗除舊弊，掃歷代之陋習，脩成周之良規，故六部之建用迄于今，而聖子神孫守爲家法不敢易也。噫，立法之善，固如是哉！

〇程頤曰：人或以禮官爲閒官，頤謂禮官之責最大。朝廷一有違禮，皆禮官任其責，豈得爲閒官？

臣若水通曰：禮官即古之大宗伯也。夫宗伯於四時之序爲長，治天神、地祇、人鬼之事，和上下、尊卑、等列之序，其責任亦匪輕矣。苟不能周旋矩度，以至於戾天理而乖人事，將安逃〔三〕其罪乎？然則禮官豈閒散之任哉？

〇楊時云：周官六卿，皆以上大夫爲之，而冢宰掌邦之六典。雖掌邦治，實兼總六職，蓋教禮政刑事皆治之具故也。故冢宰施法於官府，而小宰以六職辨邦治，則其兼總可知矣。

臣若水通曰：六卿所以代天工、總庶職，而冢宰又所以總六卿、掌六典者也，其任不亦大乎，而任之可不知所重乎？是故知六卿以冢宰爲重，則必求其人，不敢忽矣。忽冢宰，則無冢宰矣。無冢宰，是無六卿也。無六卿，是無三百六十官也。

○華陽[四]范祖禹曰：夫天地之有四時，如百官之有六職。天下萬事，備盡於此。如網之在綱，裘之挈領，雖百世不可易也。人君如欲稽古以正名，苟不於周官，未見其可也。

臣若水通曰：周官三百六十而總之於六卿，六卿總之於冢宰，冢宰統之於君。官不多，故其人易擇，而天下之政如出一人矣，不猶領挈而裘順，綱舉而網張者乎！噫，後世如唐之建官近之矣，而無德以爲之本，此其治之所以不古若也。求其可以繼周者，非聖朝而何哉？

○國朝制吏部四司：文選、驗封、稽勳、考功。户部十三司，則分隸浙江等十三藩，仍量繁簡，帶領直隸府州。每一司内，仍各分爲民、度、金、倉四科。禮部四司：儀制、祠祭、主客、精膳。兵部四司：武選、職方、車駕、武庫。刑部十三司，如户部之制，仍各分爲憲、比、司門、都官四科。工部四司，則營繕、虞衡、都水、屯田也。司設郎中、員外郎、主事，以分理各部所掌之職，而統於尚書、侍郎。吏部所掌，則天下官吏選授、勳封、考課之政令。户部所掌，則天下人民、田土、户口、錢糧之政令。禮部則掌天下禮儀、祭祀、燕享、貢舉之政令。兵部則掌天下軍衛、武官、選授、戎馬之政令。刑部則掌天下刑名、徒隸、句覆、關禁之政令。工部則掌百工、山澤之政令。

臣若水通曰：此國朝六官之制也。六官得人而天下治矣，故吏部得人而君子進矣，户部得人而財用足矣，禮部得人而禮樂興矣，兵部得人而軍旅治矣，刑部得人而刑罰清矣，工部得人而百工飭矣。夫君子進則財用足，禮樂興，軍旅治，刑罰清，百工飭，然而天下不平者，未之有也。中庸曰：「取人以身。」故欲得人者，又在於人君心身之德始也，伏惟聖明〔五〕留意焉。

校記：

〔一〕「家」，原作「蒙」，據左傳改。

〔二〕「蔿」，原作「薦」，據嘉靖本及左傳改。

〔三〕「逃」，原作「逸」，據嘉靖本改。
〔四〕「華陽」，嘉靖本無。
〔五〕「聖明」，原作「聖神」，依文意改。

聖學格物通卷之七十六

脩虞衡上貢賦附

○易繫辭傳：作結繩而爲網罟，以佃以漁，蓋取諸離。

臣若水通曰：此是聖人制網罟之器以爲佃漁，取離卦之象也。作者，創始之名。網以取獸曰佃，罟以取魚曰漁。網罟興於伏羲，佃於山以取禽獸，漁於澤以取魚鼈。取諸離，離者麗也。二卦相麗，又二火相麗，又六爻一陰一陽，皆有兩目相承，爲網罟而物麗之之象也。蓋愛物者聖人之仁，而不能不取之者義也。爲祭祀、爲賓客、爲充庖而不取者，非義也。竭山澤而盡取之者，非仁也。禁其利而不與民同者，非仁非義也。故文王之囿民以爲小，子釣不綱，弋不射宿。聖人取物之義，愛物之仁，同物之公，盡之矣。

○書虞書舜典：帝曰：「疇若予上下草木鳥獸？」僉曰：「益哉。」帝曰：「俞，咨益，汝作朕虞。」

臣若水通曰：此帝舜脩虞衡之初政也。疇，誰也。若，順也。上下，謂山林澤藪也。虞者，掌山澤之官。周禮分爲虞衡，屬於冬官。帝舜言誰能順我山林澤藪草木鳥獸之性，取之以時，用之以節，使各遂其生，各得其所者而用之乎？在朝衆臣同舉伯益，帝舜乃然其舉，呼益而命之曰，汝作朕之虞官也。夫聖人所以育萬物、理陰陽、足財用，莫重於虞衡之官。宋大儒程顥上王道劄子於朝，亦必以此職爲要務。後之虞衡之官雖設，而其任太輕，豈帝王爲治之意乎？

○詩國風騶虞：彼茁者葭，壹發五豝，于嗟乎騶虞。彼茁者蓬，壹發五豵，于嗟乎騶虞。

臣若水通曰：此詩人美南國諸侯被文王之化，仁澤及於物，而見王道之成也。茁，生出壯盛之貌。葭，蘆也，亦名葦。發，發矢也。豝，牡豕也。一發五豝，猶言中必疊雙也。蓬，草名。一歲曰豵，亦小豕也。于作吁，嘆美之辭也。騶虞，獸名，白虎黑文，不食生物，不履生草，仁獸也。南國諸侯承文王之化，脩身齊家，以治其國，而其仁民之餘恩，又有以及於庶類。故其春田〔一〕之際，曰葭曰蓬，生出壯盛，則草木茂矣；曰豝曰豵，壹矢得五，則禽獸多矣。夫草木之茂非自茂也，禽獸之多非自多也，蓋由諸侯仁民之餘恩有以及之，故茂且多爾。詩人既述其事以美之，且嘆之曰，騶虞仁獸也，諸侯仁心自然不由勉强，是真所謂騶虞矣。夫文王之化，能使諸侯仁澤及物，其廣如此，蓋意誠心正之功不息而久，自有所不能已者，豈智力之私所能及哉？是則草木鳥獸，虞衡之事也，虞衡之脩先王愛物之仁，盡物之性，而贊天地之化育者也。君天下者，可不務邪？

○春秋桓公七年：春二月己亥，焚咸丘。

臣若水通曰：咸丘，魯地。焚咸丘者，焚林而田也。夫先王盛時，山林川澤皆有厲禁，而撙節愛養之意寓焉。故易稱「王用三驅」，在禮「天子不合圍，諸侯不掩群」，皆愛物之仁也。推此心以及物，所以鳥獸若、草木蕃矣。春秋之時，王政不行，聖學不明，仁民愛物之道息而淫獵之事興矣。

○禮記王制曰：凡居民材，必因天地寒煖燥濕，廣谷大川異制，民生其間者異俗，剛柔、輕重、遲速異齊，五味異和，器械異制，衣服異宜。脩其教，不易其俗。齊其政，不易其宜。

臣若水通曰：此聖王仁民愛物之政，盡人物之性者也。居材者，生養儲積其材用也。秋冬爲寒，春夏爲煖，上原爲燥，下澤爲濕。廣谷大川，乃材用之所出也。異制，所謂順天時以興地利也。其愛物之仁如此。民生其間，異俗、異齊、異和、異制、異宜，謂其性情、食味、器械、衣服，因山川分氣而俗尚由之也。教者三綱五典也，俗者如上數事之異也，政者禮樂刑政也。俗雖不同，而同於政教之道。夫不同者人也，其所同者天也。故聖人之政，不責同於人，而求同於天。天也者，性之本也。其仁民之政又如此。

○王制曰：獺祭魚，然後虞人入澤梁。豺祭獸，然後田獵。鳩化爲鷹，然後設罻羅。草木零落，然後入山林。昆蟲未蟄，不以火田。不麛，不卵，不殺胎，不殀夭，不覆巢。

臣若水通曰：此王者順時漁獵，所以廣仁也。蓋物生有時，春、夏生長之時也，於此時而山澤無檢制焉，則天地之生意遏矣，其何仁之有？故先王立山澤之官，而重爲之防。於十月之中，獺得魚將食而祭天，則魚長大矣，然後得使漁人入澤梁，以取魚焉。於九月、十月之交，豺得獸將食而祭天，則獸壯長矣，然後使得以田獵，而取獸焉。八月之時，鳩化爲鷹，禽鳥之長也，然後得以設罻羅，以取禽鳥焉。十月之時，草木零落，則生意歸根矣，天地之氣肅殺矣，然後斧斤得以入山林，而取材木焉。故春、夏生長之時，昆蟲未藏蟄，則不以火而田，恐傷昆蟲也。鹿麛之小，鳥之卵，獸之孕胎者，夭稚者，巢將育者，皆禁之不取、不殺、不殀、不覆焉，可見先王漁獵之制，順天之時，因地之利，仁之至、義之盡也。此所以鳥獸、草木、昆蟲無不咸若。後世乃有竭澤而漁、焚林而狩者，曾是以爲仁義乎？曾子曰：「草木以時伐焉，鳥獸以時殺焉。短一樹，殺一獸，不以其時，非孝子也。」人君爲天之子，其念之哉！

○月令曰：是月也，樹木方盛，命虞人入山行木，毋有斬伐。

臣若水通曰：此季夏之令也。季夏樹木方盛，王者命山虞之官而巡行之，所以禁其斬伐，恐傷方盛之氣也。孟子論王道曰：「斧斤以時入山林，材木不可勝用也。」然則虞衡之脩，非其所當急者邪？嗚呼，王者之政，山林有禁如此，而後世之斬伐無時，至於童其山而不恤者，亦獨何哉？

○月令曰：乃命水虞、漁師收水泉池澤之賦，毋或敢侵削衆庶兆民，以爲天子取怨于下。其有若此者，行罪無赦。

臣若水通曰：此孟冬之令也。水虞、漁師者，澤衡之吏。漁師，善取魚者也。賦者，稅也。收賦以正也，戒侵削，防濫取，而使天子取怨於百姓兆民。又言有犯者加罪無赦也。

○月令曰：山林藪澤，有能取蔬食、田獵、禽獸者，野虞教道之。其有相侵奪者，罪之不赦。

臣若水通曰：此仲冬之令也。蔬食，野菜也。野虞，虞人小吏也。教道者，教訓引導以取之之方法也。仲冬之時，開山澤之禁，故以此時教道之也。所以教民共利，聖人之仁也。戒其侵奪，聖人之義也。

○周禮大宰：以九職任萬民：一曰三農，生九穀。二曰園圃，毓草木。三曰虞衡，作山澤之材。四曰藪牧，養蕃鳥獸。五曰百工，飭化八材。六曰商賈，阜通貨賄。七曰嬪婦，化治絲枲。八曰臣妾，聚斂疏材。九曰閒民，無常職，轉移執事。

臣若水通曰：九職者，民之職業也。三農者，山、澤、平地也。九穀者，黍、稷、稻、粱、秫、菰、麻、麥、豆也。虞衡者，掌山澤之官也。藪者，澤之無水處也。牧，牧地也。八材者，珠曰切，象牙曰磋，玉曰琢，石曰磨，木曰刻，金曰鏤，革曰剥，羽曰析也。商賈貨賄者，行曰商，坐曰賈，金玉曰貨，布帛曰賄也。嬪者，婦人之美稱也。絲，繭之已繰者。枲，麻之未緝者也。臣妾者，男女之賤者也。疏材者，百草根實之可食者也。閒民者，非若八者之有常職也。轉移執事，若今之雇傭爲工者也。於此見先王之時，無一職不得其養，無一民不任其職者。山澤之利脩，所以盡人物之性，裁成天地之道，輔相天地之宜，其參贊之功用，豈小也哉？

○天官司會：以九貢之法致邦國之財用，以九賦之法令田野之財用，以九功之法令民職之財用，以九式之法均節邦之財用。

臣若水通曰：此周禮天官之職也。下供於上曰貢。貢之法有九：曰祀貢，曰嬪貢，曰器貢，曰幣貢，曰財貢，曰貨貢，曰服貢，曰斿貢，曰物貢是也。謂之致者，使之自至而用者適於用而已。上取於下曰賦。賦之法亦有九：曰邦中之賦，曰四郊之賦，曰邦甸之賦，曰家削之賦，曰邦縣之賦，曰邦都之賦，曰關市之賦，曰山澤之賦，曰幣餘之賦是也。謂之田野，除關市、邦中、幣餘之外，而餘則取於田，槩言之也。以至九功者，即九職以任萬民者也。而其目則曰三農生九穀，曰園圃毓草木，曰虞衡作山澤之材，曰藪澤畜鳥獸，曰百工飭化八材，曰商賈阜通貨賄，曰嬪婦化治絲枲，曰臣妾聚斂疏材，曰閒民無常職，轉移執事之類是也。又有九式之法以用財，而其目則曰祭祀之式，曰賓客之式，曰喪荒之式，曰羞服之式，曰工事之式，曰幣帛之式，曰芻秣之式，曰匪頒之式，曰好用之式是也。謂之均者，即量入爲出之謂也。由前貢、賦、功三者論之，則先王取財之法可見。由後九式之用論之，則先王用財之法亦可知也。所以著爲一定之式，而大宰皆得與聞者，誠以財之出于民也有限，而用之費于上也無窮，而況人主侈心一生，極天下之奉而不足以供其欲。先王獨見於此，創法立制，匪徒爲太平之美觀而已，爲可繼也。詩曰：「有典有則，以貽子孫。」其斯之謂歟！

○冬官〔一〕：山虞，掌山林之政令，物爲之厲而爲之守禁。仲冬斬陽木，仲夏斬陰木。凡服耜，斬季材，以時入之。

臣若水通曰：此周禮冬官之職也。虞衡，掌山林澤藪之官也。其職則每物先别其地〔三〕，厲以限之，而後設其人以守之，又設其法以禁之。是故陽木有生意者而斬之，時必以仲冬，欲其堅也。陰木、枯木無生意者而斬之，時必以仲夏，蓋急於用，不拘時禁也。服，車材也。耜，農器也。季，穉也。服耜用季材者，尚其柔韌之性也。斬木必以時者，恐其物之竭也。即所謂先王以茂對時育萬物，聖人之仁及於草木也。

○冬官〔四〕：川衡，掌巡川澤之禁令，而平其守，以時舍其守，犯禁者執而誅罰之。祭祀、賓客，共川奠。

臣若水通曰：此周禮冬官之職也。川衡之官，所以掌川澤者也。流水曰川，鍾水曰澤。平其守者，平其所出之物。舍其守者，按其所守之舍。犯其禁令者，又從而誅罰之，則人有所懲於前而警於後矣。然川澤之物果何所用哉？將以供祭祀、賓客之需也。川奠，謂籩豆之實，魚鱐蜃蛤之屬也。觀此可見先王制法非以專於自奉而已，一爲祭祀，一爲賓客，此奉宗廟、和神人之大事也。取之以義，不亦可見哉？

○山師掌山林之名，辨其物與其利害，而頒之於邦國，使致其珍異之物。

○川師掌川澤之名，辨其物與其利害，而頒之於邦國，使致其珍異之物。

臣若水通曰：名者，山林川澤之名也。物，謂其所産者也。利害者，物之可用及其毒惡螫噬者也。珍異之物，若岱畎絲枲、嶧陽孤桐，則自山林而致之者也；泗濱浮磬、淮夷蠙珠，則自川澤而致之者也。聖王非貴異物供耳目玩好而已，所以備禮樂之用，因地而貢，不責有於無也，仁義兼得之矣。

○論語：子曰：「因民之所利而利之，斯不亦惠而不費乎？」

臣若水通曰：此孔子因子張之問從政而告之以此。利者，天地自然之利，而民利之爲服食器用以生者也。導以利其利者，人君之惠也。利生於天地，而力勤於民，及其惠也，以歸於君何也？順天之時，因地之利，撙節愛養以左右民，使遂其生者，則在乎君也。易曰：「弗損益之。」其人君生財之道乎！

○孟子曰：數罟不入洿池，魚鼈不可勝食也。斧斤以時入山林，材木不可勝用也。

臣若水通曰：此孟子因梁惠王行小惠，欲望民之多於鄰國，故舉王道之事以告之也。蓋王道以得民心爲本也。欲得民心者，亦惟因天地自然之利，而撙節愛養之爾。數，密也。數罟者，取魚密網也。洿，窊下之地，水所聚也。斧斤者，伐木之器也。山林者，材木所出之處也。數罟不入洿池者，澤梁之處必有厲禁，罟網必用四寸之目。非四寸之網，不得入聚水之洿池。魚不滿尺，市不得粥，人不得食，則不至盡洿池而取之，而魚鼈之多，用之不竭矣。時，謂草木黃落之時。春則材木勾萌，夏則暢茂，苟旦旦而伐之，則生長之意息矣。亦必設爲厲禁，必草木黃落然後斧斤入山林，以采伐爲宫室、爲器械之用，則不至盡拱把而伐之，而材木之積，取之無窮矣。夫如是，則養生喪死皆有所備，而無不足之憾，而民心得矣，王道不於此而基乎？惜夫惠王蔽固日深，聖學不講，徒知移民移粟之小，而不知有王道之大，使孟軻王道之事徒託諸空言也，噫！

○孟子曰：澤梁無禁。

臣若水通曰：此文王治岐仁政之一，而孟子舉之以告齊宣王者也。澤者，瀦水之處。梁者，絶澤而畜魚者也。澤梁之利，天之生物以利斯民者也。文王不爲之禁，取魚鼈者往焉，取蠃蛤者往焉，因民之所利而利之也。先王於山林川澤之利皆有禁，然所禁者時爾，非禁民之利也。此獨言澤梁者，舉一以互見之爾。王道以得民心爲本，文王行之，其即王道之始，而爲三分有二之本乎！噫，以四十里之囿而爲阱於國中，他可知也已，齊宣曷足以語此哉？

○左傳昭公二十年：齊侯疥，遂痁，期而不瘳。梁丘據與裔款言於公曰：「君盍誅於祝固、史嚚，以辭賓？」公説，告晏子。對曰：「不可爲也。山林之木，衡鹿守之。藪之薪烝，虞候守之。暴征其私，淫樂不違。民人苦病，夫婦皆詛。祝有益也，詛亦有損。君若欲誅于祝史，脩德而後可。」公説，使有司寬政，毀關，去禁，薄斂，已責。

臣若水通曰：疥，當作痎。痁，謂因痎變爲瘧疾也。梁丘據、裔款，齊嬖大夫也。衡鹿，官名。舟鮫曰薪，細曰烝。虞候，亦官名。毀關，謂毀偪介之關也。夫先王虞衡之官，以爲山林川澤也，其利廣矣，而晏子若以爲不可而告其君者何也？蓋虞衡可也，守之而弗與民公共，不可也。自夫官爲之守也，始有殺其麋鹿與殺人同罪者矣。壅其利也而民怨之，孰若文王之囿與民共之而民樂其樂乎！當是時，非無虞衡之官也，爲之厲禁而已。利不專於上而公于民，理財之大道也。晏子非知王道者也，一言而悟景公，毀關，去禁，薄斂，已責，先王之遺法復見，其利也不亦博乎！

〇國語周語：單子曰：「虞人入材，甸人積薪。」

臣若水通曰：虞人，掌山澤之官也。甸人，掌田賦芻草之事者。夫位事建官，所以制周。故周之秩官莫厥攸司，而虞衡之利興焉。罘山網澤，各供其材，凡祭祀、賓客於此焉需，惟正之供，備而無缺，神人上下咸以懷協，財之用大矣。爲人君者，可不愛天地自然之利，以制國用哉？

〇齊語：管子曰：「山澤各致其時，則民不苟。」

臣若水通曰：時謂虞衡之官禁令各順其時，則民之心不苟得也。夫先王之制，草木零落然後斧斤入山林，獺祭魚然後漁人入澤梁，所以撙節愛養天地自然之利，以富國足民也。人君治天下，有志於先王之治者，可不脩復之哉？

校記：

〔一〕「田」，原作「由」，據嘉靖本改。
〔二〕按下引山虞之職，今見周禮地官司徒下。
〔三〕「地」，原作「也」，據嘉靖本改。
〔四〕按下引川衡之職，今見周禮地官司徒下。

聖學格物通卷之七十七

脩虞衡下貢賦附

〇漢順帝永建元年，帝即位，以遺詔罷郡國鹽鐵之禁，縱民煮鑄。

臣若水通曰：鹽鐵者天地自然之利，先王之世與民同之。後世之君鑄山煮海，欲以富强於天下。至安帝收鹽鐵，固非先王公天下之利矣。順帝即位，以遺詔弛其禁而縱民以煮鑄，懲創前弊，其庶幾先王之意。

〇晉武帝咸寧四年，司、冀、兖、豫、荆、揚州大水，螟傷稼。度支尚書杜預上疏，以爲：「今者水災，東南尤劇。宜敕兖、豫諸州，留漢氏舊陂，繕以蓄水。餘皆決，令饑者盡得魚菜螺蜯之饒。此目下日給之益也。水去之後，填淤之田畝收數鍾，此又明年之益也。典牧種牛有四萬五千餘頭，可分以給民，使及春耕種，穀登之後，責其租稅，此又數年以後之益也。」帝從之，民賴其利。

臣若水通曰：大水，天地之災也。魚菜螺蜯、填淤之田，天地之利也。或決陂，或留陂，而反災爲利，杜預權時之宜，經畫出自意外，真得度支之體矣。周詩曰：「靡人不周，無不能止。」卹患之仁，固如是也。

○梁武帝天監五年四月，魏御史中尉甄琛表稱：「周禮，山林川澤，有虞衡之官爲之厲禁。蓋取之以時，不使戕賊而已。故雖置有司，實爲民守之也。夫一家之長，必惠養子孫。天下之君，必惠養兆民。未有爲人父母而吝其醯醢，富有群生而權其一物者也。今縣官鄣護河東鹽池而收其利，是專養口腹而不及四體也。乞弛鹽禁，與民共之。」

臣若水通曰：甄琛口腹四體之喻，可謂切至矣。君之於民如口腹四體，民胞物與之仁也。徒知榷民之利以奉上，而不知均利以養民，則民日貧而君亦不能獨富矣，不亦猶口腹四體與俱喪乎？故周禮山林川澤皆有厲禁，撙節培養以待用，無非爲民也。後世反以之自爲而榷其利，亦獨何哉？

○唐肅宗至德元載三月，第五琦爲山南等五道度支使。琦作榷鹽法，用以饒。

臣若水通曰：琦初變鹽法，就山海井竈近利之地爲鹽院。業鹽者免其雜徭，私市者論以法，使人不益税而上用以饒。當肅宗初年，間關戰伐，而琦也爲之經營國費，亦可謂能臣矣。惜乎不講於先王虞衡與民同利之政爾。

○代宗大曆十二年秋八月，霖雨，河中府池鹽多敗。判度支韓滉恐鹽户減税，奏雨雖多，不害鹽，仍有瑞鹽生。帝疑其不然，遣蔣震往視之。

臣若水通曰：鹽之爲物，天地自然之利，所以養人也。古之虞衡之官爲之厲禁，其實爲民守之也。韓滉之判度支，秋霖敗鹽，宜以實奏，乃復爲瑞鹽以進諛，則是罔上賊民也。以是爲富國之計，可乎？

○德宗建中元年五月，轉運使劉晏專用榷鹽法，充軍國之用。時自許、汝、鄭、鄧之西，皆食河東池鹽。汴、滑、唐、蔡之東，皆食海鹽。其江嶺間去鹽鄉遠者，轉官鹽於彼貯之，或商絶鹽貴，則減價鬻之，謂之常平鹽。由是國用充足，而民不困弊。

臣若水通曰：山林川澤之利，鹽其一也。禁之，是上下争利也。不禁，則民相争利也。求其下不至於互争其利，上不争民之利，夫然後不失先王之意也。唐至中葉起兵，天下軍穰禄俸皆仰給於鹽。夫以天下之大，其賦之多，而專利於鹽，則當時之民貧可知矣。劉晏雖善理財，獨非病民者乎？

○柳宗元零陵郡復乳穴記曰：石鐘乳，餌之最良者也，楚越之山多産焉。于連于韶者，獨名於世。連之人告盡焉者五載矣，以貢則買諸他部。今刺史崔公至逾月，穴人來，以乳復告。邦人悦是祥也，雜然謡曰：「甿之熙熙，崔公之來。公化所徹，土石蒙烈。以爲不信，起視乳穴。」穴人笑之曰：「是惡知所謂祥邪？嚮吾以刺史之貪戾嗜利，徒吾役而不吾貨也，吾是以病而紿焉。今吾刺史令明而志潔，先賴而後力，欺誣屏息，信順休洽，吾以是誠告焉。且夫乳穴必在深山窮林，冰雪之所儲，豺虎之所廬，由而入者，觸昏霧，扞龍蛇，束火以知其物，縻繩以志其返。其勤若是，出又不得吾直，吾用是安得不以盡告？今令仁而乃誠，吾告故也，何祥之爲？」士聞之曰：謡者之祥也，乃其所謂怪者也。笑者之非祥也，乃其所謂真祥者也。君子之祥也以政不以怪，誠乎物而信乎道，人樂用命，熙熙然以效其有，斯其爲政也而獨非祥也歟？

臣若水通曰：上下相與之際，公而已矣。上以公利之心感其下，下以公利之心應其上矣。柳宗元鐘乳廢復之說，得非在人情間哉？上苟以公不失民之利，則利之歸於上必多。故曰：「未有上好仁而下不好義者也。」又曰：「未有義而後其君者也。」故後之人君欲得天下之利，必先公天下之利，則其爲利也博矣。

○宋儒程顥劄子云：聖人奉天理物之道，在乎六府。六府之任，治於五官。山虞澤衡，各有常禁。故萬物阜豐，而財用不乏。今五官不脩，六府不治，用之無節，取之不時，豈惟物失其性，材木所資，天下皆已童赭，斧斤焚蕩，尚且侵尋不禁。而川澤漁獵之繁，暴殄天物，亦已耗竭，則將若之何？此乃窮弊之極矣。惟脩虞衡之職，使將養之，則有變通長久之勢。

臣若水通曰：虞廷之治，咨益作虞。周禮，虞衡屬於冬官，參贊化育，其職匪輕矣。自古以來，官得其人，則品物咸亨，國用不匱，而民賴以安。自夫山林川澤之禁弛，而萬物弗若其性，府庫空，民用困矣。故後世有圖治之君者，虞衡之脩，山澤之禁，乃王政之先務也。

○陝西曾有議欲罷鑄銅錢者，以謂官中費一貫，鑄得一貫，爲無利。程頤曰：「此便是公家之利。利多費省，私鑄者衆。費多利薄，盜鑄者息。盜鑄者息，權歸公上，非利而何？」又曾有議解鹽鈔欲高其價者，增六千爲八千。頤曰：「若增鈔價，賣數須減。鹽出既衆，低價易之。人人食鹽，鹽不停積，歲入必敷。」

臣若水通曰：鑄銅煮鹽，皆山澤之利也。鑄錢者利在收公權，而不在於多入也。論鹽鈔者利在乎廣食户、贏歲入，而不在乎高價也。是山澤之利，始以裕民，終以裕國。惟理之無其道，則始以求利，終以致害矣。程頤之言，其真見利害之實乎！然則理財之職，豈可任之匪人哉？是故治天下者，當知用人，又爲理財之本。

○程頤論鄭白渠書云：昔韓欲罷秦兵，使鄭國説以鑿涇水溉田。注填閼之水溉瀉鹵之地四萬頃，畝收常一鍾，關中遂爲沃壤，無凶年，秦以富强。至漢，白公復引涇水以溉田，民得其饒，歌之曰：「田於何所，池陽、谷口。鄭國在前，白渠起後。衣食關中，億萬之口。」此兩渠之功也。秦、漢而下，皆獲其利。

臣若水通曰：鄭國渠鑿涇水，自中山西抵瓠口爲渠，並北山東注洛三百餘里。白渠引涇水，首起谷口，尾入櫟陽，注渭中袤三百里。兩渠之利，秦、漢而下咸賴之。是故水利興則民食足，水利廢則民食匱。故自然之利在天，府事之脩在人。然則水利誠不可以不講也。有裁成輔相之責者，可不究哉？

○胡瑗在湖州置治事齋，學者有欲明治道者，講之於中，如治兵、治民、水利、筭數之類。嘗言劉彝善治水利，後累爲政，皆興水利有功。

臣若水通曰：財用，治國之首務也。水利，生財之大道也。是故水利興則上可以足國，下可以足民矣。劉彝以治水利有功，豈無自而然哉！嘗有言曰：「二股河北流，今已閉塞。然御河水由冀州下流，尚當疏導，以絶河患。」此其學之所見者也。雖然，天下之用皆原於心，教者以是爲教，而學者亦以是爲學。水利諸事，乃其心中所發之事業耳。

○楊時論金人入寇第二劄子有云：夫天地之藏，取之不竭，實在山澤。摘山煮海之利，天下財計所從出也。

臣若水通曰：自古有天下者，必厲山海之禁。何哉？蓋以天下之財，多山海之所生，其生也有時，其取也無窮故也。是故山澤之令弛，而財用困矣。楊時當金人入寇之急，而爲此言，似迂闊而遠於事情矣。然衣食者人之命，財賦者國之命，不可朝夕無者也。是故欲禦寇者在强兵，欲强兵者在富國，欲富國者在山澤。若外此以求富國之術如王安石之爲，則國未及富而國本已蹶矣。夫然後知時之説爲義利兩全，富强之至計也，奚其迂？然則虞衡之職，最今日所當重者。伏惟聖明留意焉。

○楊時上淵聖皇帝書畧云：自漢、唐以來，善治財賦者必以劉晏爲稱首。晏之言曰：「理財當以養民爲先，户口衆多，賦税自廣。」此至論也。然晏專用鹽利以充軍國之用，其爲法止於出鹽。鄉置官收買鹽户所煮之鹽，轉鬻商人，任其所之，無餘事也。其始江、淮鹽課歲不過四十萬緡，季年乃至六百餘萬緡，不啻相什百也。置當時可行，而今不可行耶？

臣若水通曰：劉晏之時，天下之賦鹽居其半，何脩而可以至此極也？不過剥削竈户，轉鬻商賈之所致爾。夫以天子萬民之父母，而爲轉販剥削之事，其於王道之愛民也，不亦遠乎？書曰：「利用厚生。」孔子曰：「因民之所利而利之。」所謂利者，皆爲民而言也。若夫瓊林、大盈之積，果足以爲利耶？人臣爲其君之深計者，固當以義爲利也。

○楊時上茶法劄子有云：榷茶自唐末〔一〕始有，祖宗蓋嘗行之矣。而官自鬻之，積年之久，流弊滋甚。仁祖令有司會榷茶净利，均〔二〕爲茶租而户輸之，弛其禁，使自興販，縣官坐收榷茶之利，而民得自便，無冒禁之患，可謂公私兩利也。故當時詔書有曰：「民被誅求之困，日惟咨嗟；官受濫惡之入，歲以陳腐。私藏盗販，犯者寔繁。嚴刑重誅，情所不忍。是以江湖數千里設陷穽以害吾民也。」

臣若水通曰：茶者天地自然之利，生人之所日用不可闕者也。人君與之以利民，宜矣。而唐德宗時趙贊議稅茶以爲常平本錢，然尋即亟罷。貞元九年，張滂又請以稅茶錢代水旱田租，民猶未至於病也。穆宗時王播增天下茶稅，率百錢增五十。及爲相，置榷使自領之。延及有宋，太祖乾德五年，又有私賣之禁，民之受害於是滋矣。仁宗始令有司會榷茶浄利，均爲茶租而户輸之，弛其禁，使自興販，楊時以爲公私兩利，似矣。雖然，書曰「以萬民惟正之供」，故先王之治天下，義有貢賦之正而不利榷酤之私，此又公私兩利之至道也。然則利害之辨，爲人君者，可不省念之哉？

○楊時鹽法劄子有云：熙寧間有獻議再榷者，方神考大有爲之時，凡可以益國而利民者，知無不爲。以是爲不可，沮其議而不行，是終不可行也。

臣若水通曰：利害公私之辨不明，由於聖學之不講爾。自管夷吾相齊，負山海之利，始有鹽鐵之征，以爲利國之術，而不知其大不利也。其論鹽，則曰少男少女所食，皆欲計之。其法自以爲詳，而不知其爲大疏也。自夷吾以下，又可知矣。宋熙寧間有獻議再榷者，神宗寢其議而不行。嗚呼，亦仁矣。語曰：「一之爲甚，而可再乎？」後之爲人君者，宜講明利害公私之極致，審於王霸之辨。神宗之爲君，管仲之爲臣，未足以法也。

○楊時鹽法劄子有云：山谷之民，食鹽之家十無二三。而州縣均敷鹽鈔，民間陪費與茶引等，迫於殿最之嚴，往往計口授之，以充歲額，人何以堪？

臣若水通曰：先王山海之禁，所以爲民畜利而已矣，無所利焉。後世管、商功利之説興，始有征其税者矣。又不已，則有榷其沽者矣。又不已，則有户收食鹽之鈔者矣。又不已，則又有不食鹽而亦取其鹽鈔者矣。此楊時所以感而有言乎！大學曰：「未有上好仁而下不好義者也。」上之取之剥刻無所不至，而望下之以義報其上，不亦難乎？爲人君者，可以思矣。

○楊時坑冶劄子有云：取鑛皆穴地而入，有深及五七里處，僅能容身。一有摧陷，則無遺類矣。非有厚利，人誰爲之？縱大興發，亦民間私自貨易，官中亦無所得。雖有重法，不能禁也。若以數千萬緡分在諸場中，使以時給與，則坑冶自興，不須他求也。

○楊時坑冶劄子又有云：元符中，亦嘗遣使踏逐坑冶。姦吏詭妄百出，乃以新坑銅量增價市之，歲終與舊坑銅通融，以充歲額。監官無虧課之責，不復檢束，而坑户得以自便，以舊爲新，冒取善價，而新坑實無有也。其欺罔莫此爲甚。

臣若水通曰：此二節，皆楊時坑冶奏劄中語也。金銀未成器謂之鑛。周禮：「丱人掌金玉錫石之地」，爲之厲禁，蓋防民之竊取，君未嘗利之也。楊時坑冶劄子前一節，懸價與坑户，以期坑冶之興。後一節，言以舊坑爲新坑，而欲禁奸欺之弊。其興利除弊，固無所不悉矣。臣愚以爲，人主者天下之表，上苟以利存心，則下莫不競於利。上下交利而能治者，未之有也。上苟以義存心，則下莫不趨於義。上下交義而不治者，未之有也。夫天下之大亨而利於正，利孰過焉？進言於君者，當正義利之辨。苟以利言矣，猶區區於得失利病之間，抑末矣。

○國朝教民榜：民間或有某水可以灌溉田苗，某水爲害可以隄防，某河壅塞可以疏通，里老人等會集踏勘丈量，畫圖貼説以憑，興利除害。

○諸司職掌：凡各處水道可灌田畝，以利農民者，務要時常整理疏浚。如有河水横流泛溢，損壞房屋、田地、禾稼者，須要設法隄防止遏，踏勘丈尺闊狹，及工力多寡。若本處人民不敷，令鄰近添助。所用木石，或見有支用，或附近采取。務要農隙之時興工，毋妨民業。其急於害民，功可卒成者，隨時脩築，以禦其患。

○憲綱：圩岸、垻堰、陂塘，行屬常川體勘。境内遇有坍塌壅塞，務要趂時脩濬，以備旱潦。

○問刑條例：河南地方盜決及故決河防，毁害人家，漂失財物，渰没田禾，犯該徒罪以上，爲首者充軍。

臣若水通曰：帝之命益曰：「往哉，汝諧。」孔子之稱禹：「盡力乎溝洫。」王制：「司空度地，居民山川沮澤，時四時，量遠近，興事任力。」蓋國依於民，民依於食，食依於地。水土之用，不亦大哉！害者除之，利者興之，而民斯樂業矣。書曰：「民非后不能胥匡以生我。」祖宗拳拳保民之至意，可以爲萬世元后者之法矣。

○宣德九年六月，行在工部尚書吴中言，湖廣及山西蔚州産木山場，宜禁民采伐。上曰：「卿爲國計，意甚厚。但山林川澤之利，古者與民共之，不必屑屑。其已之。」

臣若水通曰：文王之囿方七十里，民以爲小者，與民同其利故也。齊宣之囿方四十里，民以爲大者，不與民同其利故也。君不私其利而公於民，民不有其利而忠於君，上下懷仁義以相與，欲天下無治，不可得矣。君專其利而攘其民，民私其有而遺其君，上下懷利以相與，欲天下之治，不可得矣。此我宣宗弛山澤之禁而與民同之，雖三代公天下之心，何以過此？聖子神孫所宜萬世遵之而不可忘焉者也。旨哉！

校記：

〔一〕「末」，原作「未」，據嘉靖本改。

〔二〕「均」，原作「的」，據嘉靖本改。

聖學格物通卷之七十八

抑浮末上禁淫巧奢侈附

○易繫辭曰：日中爲市，致天下之民，聚天下之貨，交易而退，各得其所，蓋取諸噬嗑。

臣若水通曰：此聖人創爲市易，有噬嗑之象也。日中者，當日之中也。日中爲市者，民居有遠近，以日中爲期會爾。交易者，以有易無也。噬嗑卦，上離下震，日中而動，又虚中可藏貨，市之象。夫天下之民不同業，天下之貨不同用，立市以相易，則無者有所取，積者有所散，如是而退，各得所資，以安其所，乃所以相濟而非相病矣。然逐末之商多，則務本之農少。聖王有以爲之制，交易有時，其退有節，所以止而抑之者，禁其舍本而務末，登壟罔利者也。不抑則人心競趨於利，而務本者寡矣。抑之使歸於農，則財恒足矣，奚以逐末爲哉？雖然，縱己之欲而抑民之欲，難矣。故內本外末，先自人君始。後之人君，倡爲宮市，以率天下之逐末者，可慨也夫！

○禮記哀公問：孔子曰：「即安其居，節醜其衣服，卑其宮室，車不雕幾，器不刻鏤，食不貳味，以與民同利。昔之君子之行禮者如此。」

臣若水通曰：安其居，不妄遊以害人也。節醜者，即所謂惡衣服也。雕即刻鏤也。幾者，漆飾之有幾限者。夫天之生財也有限，不在上則在下，故上不侈靡暴殄之，則財聚於下而民足矣。節儉者，君人之美德也。是故古之人君寧儉以自處，而不敢傷天下之財者，所以陰遺其利於天下也。苟內作色荒，外作禽荒，而靡所不至，則何以利於蒼生哉？噫，秦皇、漢武之事，可以鑒矣。

○哀公問：又曰：「今之君子，好實無厭，淫德不倦，荒怠敖慢，固民是盡。午其衆以伐有道，求得當欲，不以其所。昔之用民者由前，今之用民者由后。今之君子，莫爲禮也。」

臣若水通曰：好實者，充積貨財也。固民者，取於民者力也。午作迕，逆人心也。當猶稱也。不以其所者，不問理之所在也。夫禮也者，理也。爲禮則理足以制欲，而好實、淫德、荒怠、午衆之失自無耳。此孔子之所以警哀公者至矣。厥後家臣作難而不能安其國，得非縱欲敗禮之所致歟？使其因孔子之言而改絃易轍，則魯固禮義之國，烏有不治也乎？吁，是固千古之大戒也，可畏哉！

○論語：子曰：「禹，吾無間然矣。菲飲食而致孝乎鬼神，惡衣服而致美乎黻冕，卑宮室而盡力乎溝洫。禹，吾無間然矣。」

臣若水通曰：此章孔子贊大禹薄於自奉而厚於神民，豐儉各適其宜也。間謂指其罅隙而非議之也。菲，薄也。惡，醜也。黻，蔽膝也。冕，冠也。溝洫，田間水道也。言德之未盛者，或得此失彼，可得指而議之，禹則盛德渾然。飲食、衣服、宮室皆所以自奉，禹則惡之，菲之，卑之。祭祀鬼神，所以祈報。黻冕，所以行禮。溝洫之設，則旱有所灌，澇有所洩，所以爲民之農事也。故致孝，致美，盡力焉，豐儉適宜如此。將以豐而議之，則豐所當豐。將以儉而議之，則儉所當儉。渾然合德，誠無罅隙可議矣。夫豐儉適宜，則國用自舒矣。然禹之豐儉，非强爲於外以舒國用而已，蓋允執厥中而汎應曲當，所謂由仁義行，非行仁義者也。若規規於有意而爲之，非禹之學矣。後世師禹之豐儉者，當求禹之心，學禹之學，惟精惟一而後可焉。

○左傳昭公四年：楚子示諸侯侈，椒舉曰：「夫六王、二公之事，皆所以示諸侯禮也，諸侯所由用命也。夏桀爲仍之會，有緡叛之。商紂爲黎之蒐，東夷叛之。周幽爲大室之盟，戎狄叛之。皆所以示諸侯汰也，諸侯所由棄命也。今君以汰，無乃不濟乎！」王弗聽。子産見左師曰：「吾不患楚矣。汰而愎諫，不過十年。」左師曰：「然。不十年侈，其惡不遠。遠惡而後棄。善亦如之，德遠而後興。」

臣若水通曰：六王，啓、湯、武、成、康、穆也。二公，齊桓、晋文也。仍，國名。緡、黎，亦國名。大室，中岳也。左師，宋向戌也。愎，狠也。汰，亦侈也。十年，數之小成也。遠惡後棄，謂惡及遠方，則人棄之也。楚靈王示諸侯以侈，於是乎不振矣。王會諸侯於申，濟霸之基也，而況宋之向戌、鄭之公孫僑，諸侯之良也，實在會焉。椒舉責之以禮，尚慮有失，況示之以侈乎！二子所以逆知王之敗者，誠以其無禮以自檢也。然則爲天下守財者，其可不以禮乎？

○哀公元年：吴師在陳，楚大夫皆懼，曰：「闔廬惟能用其民，以敗我於柏舉。今聞其嗣又甚焉，將若之何？」子西曰：「二三子恤不相睦，無患吴矣。昔闔廬食不二味，居不重席，室不崇壇，器不彤鏤，宫室不觀，舟車不飾，衣服財用，擇不取費。在國，天有菑癘，親巡其孤寡而共其乏困。在軍，熟食者分而後敢食。其所嘗者，卒乘與焉。勤恤其民，而與之勞逸，是以民不罷勞，死知不曠。吾先大夫子常易之，所以敗我也。今聞夫差次有臺榭陂池焉，宿有妃嬙嬪御焉。一日之行，所欲必成，玩好必從。珍異是聚，觀樂是務，視民如讎，而用之日新。夫先自敗也已，安能敗我？」

臣若水通曰：闔廬，吳先君光也。子西，楚令尹子申也。宮室不觀，謂所居宮室無觀美臺榭也。三宿以上曰次，一宿曰宿。用之日新，謂用之爭戰，日新不已也。昔孟子有言，生於憂患，死於安樂。闔廬以勤身節用而興，生於憂患者也。夫差以過欲敗度而亡，死於安樂者也。二君奢約之政不同，成敗之迹頓異。無他，亦一在乎敬肆之間而已。後之爲君者宜鑒焉。

○國語魯語：莊公丹桓宮之楹，而刻其桷。匠師慶言於公曰：「臣聞聖王公之先封者，遺後之人法，使無陷於惡。其爲後世昭前之令聞也，使長監於世，故能攝固不解以久。今先君儉而君侈之，令德替矣。」公曰：「吾屬欲美之。」對曰：「無益於君而替前之令德，臣故曰庶可以已乎。」

臣若水通曰：桓宮，桓公廟也。楹，柱也。桷，榱頭也。爲，猶使也。監，觀也，觀世成敗以爲戒也。攝，持也。先君，桓公。替，滅也。屬，適也，適欲自美之，非先君意也。已，止也。夫生財之道，本乎節用，禁淫巧又節之大者。莊公之爲桓宮也，欲丹其楹而刻其桷，廢先人之儉而替其德。充是以求，何所紀極？是故漸不可長也。夫人君好淫巧，天下法之皆淫巧，而天下危困矣。人君能戒之以節儉，則天下法之皆節儉，則天下安富矣，可不愼乎？

○晋語：知襄子爲室美，士茁夕焉，知伯曰：「室美夫？」對曰：「美則美矣，抑臣亦有懼也。」知伯曰：「何懼？」對曰：「臣以秉筆事君。志有之曰：『高山駿原，不生草木。松柏之地，其土不肥。』今土木勝，臣懼其不安人也。」

臣若水通曰：襄子，知伯瑶也。美，麗好也。士茁，知伯家臣。夕見曰夕。志，記也。峻，峭也。原，陸也。言其高險不安，故不生草木。松柏上茂盛，冬夏有蔭，故土不肥。夫堯舜茅茨土階，故巍巍莫及焉。苟不務脩德，而徒美其宫以自安，焉能庇天下乎？是不可以爲民上矣。士茁以美室而知知氏之不安人也，而懼其將亡，亦曰知哉。爲人上者，其毋興土木之役可也。

○楚語：楚靈王爲章華之臺，與伍舉升焉，曰：「臺美夫？」對曰：「夫美也者，上下、内外、小大、遠邇皆無害焉，故曰美。若於目觀則美，縮於財用則匱，是聚民利以自封而瘠民也，胡美之爲？夫君國者，將民之與處，民實瘠矣，君安得肥？且夫私欲弘侈，則德義鮮少。德義不行，則邇者騷離而遠者距違。」

臣若水通曰：靈王，楚恭王之庶子熊虔也。章華，地名。於目則美，德則否也。縮，取也。騷，愁也。離，畔也。邇，境内。遠，鄰國也。葢嘗聞之，國君服寵以爲美，安民以爲樂，而土木之崇高不與焉。靈王以章華之臺爲美，不亦異乎？上下、内外、小大、遠邇怨違胥興，而楚之殆也無日矣。人君欲上下、内外、小大、遠邇之歸，愼乃儉德，無輕動土木之役哉！

○楚語：王孫圉曰：「圉聞國之寶六而已。聖能制議百物，以輔相國家，則寶之。玉足以庇廕嘉穀，使無水旱之災，則寶之。龜足以憲臧不，則寶之。珠足以禦火災，則寶之。金足以禦兵亂，則寶之。山林藪澤足以備財用，則寶之。若夫譁囂之美，楚雖蠻夷，不能寶也。」

臣若水通曰：圉，楚大夫。玉，祭祀之玉也。憲，法也，取善惡之法。珠，水精，故以禦火災。金，所以爲兵也。譁囂，猶讙譊，謂若鳴玉以相者。夫天下之寶一也，寶得其寶則昌，寶失其寶則殃。若王孫圉之論六寶，是誠國之寶矣。就六者而擇之，聖爲上，山林澤藪次之，珠龜金玉又次之。後之主國家、襲世珍以供玩好者，謂之尤物移人可也，其於寶也何有？

○晉武帝咸寧四年十一月，太醫司馬程據獻雉頭裘，帝焚之于殿前。甲申，敕内外敢有獻奇技〔一〕異服者罪之。

臣若水通曰：書云：「不貴異物賤用物。」又曰：「所寶惟賢。」故物聚於好也，人君能惟賢是寶，則異物不至矣，不待乎焚之而後絕也。雉裘非可焚之物，殿前非可焚之地，武帝此舉，無乃爲名矣乎！未幾，羊車耽樂，儉不克終矣。噫，人君之德尚務其實，恭儉豈可以聲音笑貌爲之哉？

○晉武帝太康二年，傅咸上書曰：「先王之治天下，食肉衣帛，皆有其制。竊謂奢侈之費，甚于天災。古者人稠地狹而有儲畜，由于節也。今者土廣人稀而患不足，由於奢也。欲人崇儉，當詰其奢。奢不見詰，轉相高尚，無有窮極矣。」

臣若水通曰：財生於天地，而聚散則由乎人也。故民財聚者，民聚而國昌。民財散者，民散而國亡。聚散之機，在儉侈之間而已爾。晉自石崇、王愷以鬭富名，天下風俗日趨於靡，傅咸之言，救弊之藥石也。惜乎君不知體儉于上，而臣民不知從儉于下，晉因以亡矣。嗚呼，惜哉！

○晉穆帝永和七年三月，秦王健分遣使者問民疾苦，搜羅儁異，寬重斂之税，弛離宮之禁，罷無用之器，去侈靡之服。凡趙之苛政，不便於民者，皆除之。

臣若水通曰：秦王健，胡虜也。抑奢從儉，善政一行，遂據有關中之地。況中華之大君，其可不思所以從事於恭儉，以爲國家不拔之基哉？

校記：

〔一〕「技」，原作「枝」，據嘉靖本改。

聖學格物通卷之七十九

抑浮末中禁淫巧奢侈附

○宋文帝元嘉三十年秋七月辛酉朔，日有食之。詔省細作并尚方雕文塗飾，貴戚競利，悉皆禁絕。中軍録事參軍周朗上疏，以爲：「舉天下以奉一君，何患不給？一體炫金，不及百兩；一歲美衣，不過數襲。而必收寶連櫝，集服累笥，目豈常視，身未時親，是櫝帶寶、笥著衣也，何糜蠹之劇，惑鄙之甚邪！且細作始并，以爲儉節，而市造華怪，即傳於民。如此，則凡厥庶民，制度日侈，見車馬不辨貴賤，視冠服不知尊卑。尚方今造一物，小民明已睥睨。宮中朝製一衣，庶家晚已裁學。侈麗之源，實先宮闈。」

臣若水通曰：夫風俗之侈儉，自上倡之，自下成之爾。周朗之言，切中當時之弊，且知救弊之原矣。惜乎宋主不知信用之，使其自求解職，徒知禁侈，而不知禁人者自其身始，無怪其卒爲荒淫怙侈之主也哉。

○齊武帝永明五年九月辛未，魏孝文帝詔罷起部無益之作，出宮人不執機杼者。又詔罷尚方錦繡綾羅之工。

臣若水通曰：禹之卑宮菲食，文之卑服即功，蓋欲損上益下以爲民，盛德之至也。孝文貶戎狄之俗，脩帝王之政，而始終一致如此，其去撤端門樓、焚雉頭裘而不克終者遠矣。夫君民一體也，内外一道也。罷尚方綾錦之工，然後定上下貴賤之制於民焉，則道德一而風俗同矣。惜乎有仁心而不能行先王之道，而仁不覆於天下也。

○齊武帝永明六年，魏孝文帝訪群臣以安民之術，秘書丞李彪上封事，以爲：「豪貴之家奢侈過度，第宅車服，宜爲之等制。」

臣若水通曰：禮莫大於分，分莫大於名。惟名與器不可以假人。禮者爲國之要，所當謹也。服舍踰度，則名器亂而禮以亡，禍患之所由起也。魏之孝文有志變夷，而李彪對以抑奢崇儉之道，此魏之治所以爲五胡之傑出者與！

○梁武帝天監十五年初，魏宣武帝作瑤光寺，未就。是歲，胡太后又作永寧寺，皆在宮側。又作石窟寺於伊闕口，皆極土木之美。而永寧尤盛，有金像高丈八者一，如中人者十，玉像二。爲浮圖高九十丈，上刹復高十丈。每夜静，鈴鐸聲聞十里。佛殿如太極殿，南門如端門。僧房千間，珠玉錦繡，駭人心目。自佛瀍入中國，塔廟之盛，未之有也。揚州刺史李崇上表，以爲：「高祖遷都垂三十年，明堂未脩，太學荒廢，城闕府寺頗亦頹壞，非所以追隆堂構，儀刑萬國者也。國子雖有學官之名，而無教授之實，何異兔〔一〕絲燕麥，南箕北斗？事不兩興，須有進退。宜罷尚方雕靡之作，省永寧土木之功，減瑤光財瓦之力，分石窟鐫琢之勞，及諸事役非急者，於三時農隙脩此數條，使國容嚴顯，禮化興行，不亦休哉？」太后優令答之，而不用其言。

臣若水通曰：魏剥天下民之膏脂，極土木偶之文彩，而不知得爲天子者由於丘民，而不由於土木偶也；失天下之心，由於剥民之財，而不由於佛寺之不脩也。魏業之寖衰以亂，豈無自哉？

○陳宣帝太建元年五月，周高祖克齊之後，雕斵之物，並賜貧民。繕造之宜，務從卑朴。

臣若水通曰：司馬光云：「周高祖可謂善處勝矣。他人勝則益驕，高祖勝而益儉。」臣謂驕生於勝，而害勝者莫甚於驕。何也？夫勝心生則無憂，無憂則縱欲，縱欲則惟知己樂之遂，而不知天下之可憂。人君之欲，至於知有己而以天下奉一人，其民不亦毒乎？司馬光稱周高祖之善處勝，是也。以周高祖之制欲尚能貶損如此，況人君之學聖道以理自勝者乎！

○唐高祖武德元年，萬年縣法曹孫伏伽上表，以爲：「隋以惡聞其過亡天下，宜易其覆轍，務盡下情。人君言動，不可不慎。陛下今日即位，而明日有獻鷂鶵者。又，百戲散樂，亡國淫聲。近太常於民間借婦女裙襦，以充妓衣，擬五月五日玄武門遊戲，非所以爲子孫法也。」又言：「太子、諸王參僚，宜謹擇其人。」帝省表大悦，下詔褒稱，擢爲治書御史，賜帛三百匹，頒示遠近。

臣若水通曰：書云「人心惟危」，豈不信哉！人主以儉而興，以侈而亡。彼隋爲殷鑒，於唐不遠，何臨御未幾而鷂鶵、百戲以進？人心可謂危矣。向無孫伏伽之諫，唐之爲隋，未可知也。幸而天誘其衷，一言省悟，侈心以消，忠諫之臣，豈可無哉？

○武德四年五月，秦王世民觀隋宮殿，歎曰：「逞侈心，窮人欲，無亡，得乎？」命撤端門樓，焚乾陽殿，毀則天門及闕。

臣若水通曰：書以峻宇雕牆，未或不亡，故侈靡宫室，亡國之兆也；卑宫惡服，興王之基也。廢興存亡之機，苟不至於昏愚者，皆能辨之，而况於秦王世民乎！鑒隋之亡而去其侈，可稱賢主矣。其後漸不克終，何耶？書曰：「人心惟危，道心惟微。」若秦王者，豈非精一之學未之講哉？

〇武德四年七月，諫議大夫蘇世長嘗侍宴披香殿，酒酣，謂上曰：「此殿煬帝之所爲耶？」上曰：「卿諫似直而實多詐，豈不知此殿朕所爲而謂之煬帝乎？」對曰：「臣實不知，但見其華侈如傾宫、鹿臺，非興王之所爲故也。若陛下爲之，誠非所宜。臣昔侍陛下於武功，見所居宅僅蔽風雨，當時亦以爲足。今因隋之宫室，已極侈矣，而又增之，何以矯其失乎？」上深然之。

臣若水通曰：隋煬帝以侈宫室而亡，唐宜鑒于殷矣。夫既毀之而復蹈之，是惡人之過侈而已則自肆焉，而不知者何也？語曰：「人雖至愚，責人則明。人雖至明，恕己則昏。」豈謂是耶？昏明之機，天理人欲之主也，可不戒哉！是故唐高祖雖悟世長之諫，安能毁而焚之，如毁隋之宫室者乎？

○唐太宗貞觀七年十二月，工部尚書段綸奏徵巧工楊思齊，上令試之。綸使先造傀儡，上曰：「得巧工，庶供國事。卿令先造戲具，豈百工相戒無作淫巧之意耶？」乃削綸階。

臣若水通曰：傀儡，木偶人戲也。面目機發，淫巧之尤者也。月令曰：「毋作淫巧，以蕩上心。」書曰：「工執藝事以諫。」綸爲冬卿，見其君之惑於淫巧，猶當執藝事以諫，況又逢君之惡乎？孔子曰：「匹夫熒惑諸侯者，罪當誅。」況天子乎？太宗宜正其惑上之誅，乃止於削階，則過矣。豈太宗好侈之根猶在耶？是故克伐怨欲之不行，未可與其仁矣。人主欲崇恭儉者，當治其本焉。

○貞觀十七年二月，帝問褚遂良曰：「舜造漆器，諫者十餘人，此何足諫？」對曰：「奢侈者，危亡之本。漆器不已，將以金玉爲之。忠臣愛君，必防其漸。若禍亂已成，無所復諫矣。」帝曰：「然。朕有過，卿亦當諫其漸。朕見前世帝王拒諫者，多云業已爲之，或云業已許之，終不爲改。如此，欲無危亡，得乎？」

臣若水通曰：奢侈者，危亡之本。而忠臣諫君，必防其漸也。諫造漆器，舜以益聖。象箸玉杯，紂竟亡殷。此遂良防漸之説，與魏徵十漸之規，所以拳拳爲太宗言也。太宗即納其言而開其諫，其亦賢矣哉！

○唐高宗永徽三年，梁建方大破處月朱邪孤注。御史劾奏建方逗遛不進，高德逸敕令市馬，自取駿者。帝以建方等有功，釋不問。大理卿李道裕奏言：「德逸所取之馬筋力異常，請實中廄。」帝謂侍臣曰：「道裕法官，進馬非其本職，妄希我意，豈朕行事不爲臣下所信邪？朕方自咎，故不欲黜道裕爾。」二月甲寅，帝御安福門樓，觀百戲。乙卯，謂侍臣曰：「昨登樓，欲以觀人情及風俗奢侈，非爲聲樂。朕聞胡人善爲擊鞠之戲，嘗一觀之。昨初升樓，即有群胡擊鞠，意謂朕篤好之也。帝王所爲，豈宜容易？朕已焚此鞠，冀杜胡人窺望之情，亦因以自誡。」

臣若水通曰：高宗中材之主，可導而上下者也。即位之初，尊禮輔相，恭己以聽，永徽之政，庶幾貞觀。其責道裕駿馬之佞，其時侈心未萌也。及登樓觀百戲擊鞠之時，侈心萌矣，猶强遏而飾之，曰觀人情奢儉，又曰焚鞠自誡。然而潛滋暗長者，月異而歲不同，不數十年，悖謬昏惑，則前日之萌芽由拱把而枝葉扶疏，雖折斧柯不可爲矣，卒成武氏之禍，皆自其侈心之萌也。人君之欲脩儉德者，當於其根本而致力焉可也。孔子曰：「苟志於仁矣，無惡也。」

○唐中宗嗣聖五年二月，侍御史王求禮上書曰：「古之明堂，茅茨不翦，采椽不斲。今者飾以珠玉，塗以丹青，鐵鶩入雲，金龍隱霧。昔殷辛瓊臺、夏癸瑶室，無以加也。」太后不報。

臣若水通曰：瓊臺、瑶室，桀、紂以亡。唐之宫室，珠玉丹青，以窮其淫巧，夏、商之亡續爾。王求禮之言，可謂切矣，而不見聽，豈非樂其所以亡者哉！

○唐玄宗開元二年七月，上以風俗奢靡，乙未，制：「乘輿服御，金銀器玩，宜令有司銷毁，以供軍國之用。其珠玉錦繡，焚於殿前。后妃以下，皆無得服珠玉錦繡。」戊戌，敕：「百官所服帶及酒器、馬銜、鐙，三品以上，聽飾以玉，四品以金，五品以銀，自餘皆禁之。婦人服飾，從其夫子。其舊成錦繡，聽染爲皂。自今天下更毋得采珠玉，織錦繡等物，違者杖一百，工人減一等。」罷兩京織錦坊。

臣若水通曰：自天子至於庶人，其有降殺等威，乃天之秩禮，非人之所爲也。明皇乘輿服御，金銀則銷之，以充軍國之用，焚錦繡於殿前，而三品四品則聽用金玉之飾，自非天之秩、人之情也。其禁采珠玉，織錦繡，刻厲節儉，雖有善矣，君子知其不終焉。未幾，遣御史訪珍異於南方，卒以奢敗。蓋其崇儉去奢非實心，而其所以示樸者出於矯情，非實德也。然則人君可不慎乃儉德，以懷永圖哉？

○天寶九載二月，以姚思藝爲檢校進食使。時諸貴戚競以進食相尚，水陸珍羞數千盤，一盤廢中人十家之産。

臣若水通曰：上有所好，下必趨之。明皇窮口腹之欲，貴戚趨而媚之，至此極矣。其費非從天而下也，不在官則在民爾。以十家之産而供一盤之羞，有人心者忍下咽耶？及夫幸蜀之時，日中未食，市胡餅，獻糲飯，回視檢校進食之盛，悔將何及哉？謹録以告爲人君者覆轍之深戒焉。

○唐代宗大曆十四年五月，德宗即位，在亮陰中，動遵禮法。閏月，詔罷省四方貢獻之不急者，罷梨園使及樂工三百餘人。又詔天下無奏祥瑞及獻珍禽奇獸、怪草異木。内莊宅使上言諸州有官租萬四千餘斛，帝令分給所在充軍儲。放諸國所獻馴象於荆山之陽，凡四十有二。及豹、貀、鬭鷄、獵犬之類，悉縱之。又出宫女數百人。於是中外皆悦，淄青軍士至投兵相顧曰：「明主出矣，吾屬猶反乎？」

臣若水通曰：記云：「至誠無息，不息則久。」蓋有純至之心，固至誠而不息，其次在强勉而已。唐德宗，其天資刻薄人也，徒見代宗弊政，即位而强更之，若有抑末崇儉之意者，軍士投兵，固其所矣。然特出於一時聲音笑貌之爲，不數年之後，猜忌肆欲，遂致大亂，回視初年，若天淵然，本無其誠而强於暫爾，胡安國所謂假之不久而遽歸也。使由純王之學，勉强於誠，則天理日明，人欲日消，湯、武之所以反之者，何不至哉？故人主不可以不學也。

○唐懿宗咸通七年，上好音樂宴遊，殿前供奉樂工常近五百人。每月宴設不減十餘，水陸皆備，聽樂觀優，不知厭倦，賜與動及千緡。曲江、昆明、灞滻、南宮、北苑、昭應、咸陽，所欲遊幸即行，不待供置。有司常具音樂、飲食、幄帟，諸王立馬以備陪從。每行幸，内外諸司扈從十餘萬人，所費不可勝紀。

臣若水通曰：人主之治天下，當以儉約爲先。而佚遊之戒、淫聲之絶，所以養儉德而端大本也。懿宗遊宴無度，而音樂不離，賞賜不惜，至使有司隨處以具供應，諸王立馬以備扈從，可謂暴天物、窮人力而不恤者。唐之亡也，寧不決於斯哉？孟子曰：「師行而糧食，饑者弗食，勞者弗息。睊睊胥讒，民乃作慝。方命虐民，飲食若流。流連荒亡，爲諸侯憂。」其懿宗之謂乎！此天下萬世之所當鑒也。

校記：

〔一〕「兔」，原作「免」，據嘉靖本改。

聖學格物通卷之八十

抑浮末下 禁淫巧奢侈附

○賈誼新書曰：民棄完堅而務雕鏤纖巧，以相競高。作之宜一日，今十日不輕能成。用一歲，今半歲而弊。不耕而多食農人之食，是天下之所以困窮而不足也。故以末與民，民大貧；以本與民，民大富。〔一〕

臣若水通曰：耕桑者本也，工巧者末也。本末之勢，相趨而日相遠。是故知有耕桑，則不知有工巧矣。知有工巧，則不知有耕桑矣。一夫耕之，百夫食之，一婦蠶之，百人衣之，豈有不窮以亂乎？不耕不蠶，危亂立至。故抑末則財足，財足則民從善而天下平矣。

○劉向説苑：李克曰：「上不禁技巧，則國貧民侈。國貧，窮者爲奸邪，而富足者爲淫泆，則驅民而爲邪也。民以爲邪，因以法隨，誅之不赦，則是爲民設陷也。」

臣若水通曰：舜至質故貴陶，禹卑宮室故尊匠，湯疾禮樂之壞而尊梓，武王疾上下失其服飾而尊輿。古之聖帝明王，未有不以儉爲天下倡者。後世之君不知反樸，而民僞日滋，奸邪淫泆，寧能免哉？及陷於罪，從而誅之，是罔民也，豈仁人之所爲邪？然則人君欲禁之有道矣，在以身先之耳。

○韓愈錢重物輕狀曰：臣愚以爲錢重物輕，救之之法有四：一曰在物土貢。夫五穀布帛，農人之所能出也，工人之所能爲也。人不能鑄錢，而使之賣布帛穀米以輸錢於官，是以物愈賤而錢愈貴也。今使出布之鄉，租賦悉以布；出緜絲百貨之鄉，租賦悉以緜絲百貨。去京百里悉出草，三百里以粟。五百里之内，及河渭可漕入，願以草粟租賦，悉以聽之。則人益農，錢益輕，穀米布帛益重。二曰在塞其隙，無使之洩。禁人無得以銅爲器皿，禁鑄銅爲浮屠佛像鍾磬者。蓄銅過若干斤者，鑄錢以爲他物者，皆罪死不赦。禁錢不得出五嶺，買賣一以銀。盜以錢出嶺，及違令以買賣者，皆坐死。五嶺舊錢，聽人載出。如此則錢必輕矣。三曰更其文，貴之使一當五，而新舊兼用之。凡鑄錢千，其費亦千。今鑄一而得五，是費錢千而得錢五千，可立多也。四曰扶其病，使法必立。凡法始立必有病，今使人各輸其土物以爲租賦，則州縣無見錢。州縣無見錢，而穀米布帛未重，則用不足。而官吏之禄俸月減其舊三之一，各置鑄錢，使新錢一當五者以給之，輕重平乃止。四法用，錢必輕，穀米布帛必重，百姓必均矣。

臣若水通曰：此狀，韓愈之所以獻之於朝廷者也。其何以錢重物輕爲議？蓋五穀布帛非可與錢比，而錢顧有以重之，是乃率其本輕者而易夫至重，則宜乎天下不能生活，而生理爲之窮絶也。況夫布帛穀米之在天下，猶夫水火不可一朝而無。而錢之爲用，所以爲此而設也。今使之賣布帛穀米以輸錢於官，是物何賤而錢何貴也。故韓愈之意，寧以彼易此，而不欲以此易彼也。所以拳拳曰「出布之鄉，租賦悉以布。出緜絲百貨之鄉，租賦悉以緜絲百貨」。以至欲人無得以銅爲器皿，爲浮屠佛像鍾磬等物，而又嚴以死刑之令，至於更其文，以一當五，去其弊而使法必立，所以主張平錢不得以重，而穀米布帛不得以輕也。其抑末崇本之意至切矣。我國朝貴五穀而賤金玉，百姓誠蒙夫樂利之休也。韓愈之説，於是乎有驗焉。

〇宋仁宗天聖元年春正月，立計置司。時承平既久，兵籍益廣，吏員益衆，佛、老、夷狄蠹耗中國，百姓縱侈而上下困於財。三司使李諮請省浮費，鹽鐵判官俞獻卿亦言：「天下穀帛日耗，稻苗未生而和糴，桑葉未吐而和買。自天禧以來，日甚一日。宜與大臣議捄正之。」上納其言，乃立計置司，以張士遜、吕夷簡、魯宗道領之。

臣若水通曰：明王制民之産，百畝之田勿奪其時，五畝之宅樹之以桑，而又飲食、衣服、宫室、器用各有檢制，不得僭越，蓋重本〔二〕抑末之道也。後世以侈靡相尚，賤五穀而貴金玉，風俗日偷，民生日困，坐此弊耳。李諮、俞獻卿建省浮費救正之論，此計置司之所以立也。向使因二子之言，一脩先正之制，則禮有定則，用有常經，浮費自省，流弊不救而自正矣，何憂乎縱侈逐末哉？

○宋徽宗宣和三年正月，童貫承詔，罷蘇杭應奉局、花石綱。初，帝以東南之事付童貫，且曰：「如有急，即以御筆行。」貫至吴，見民困花石之擾，衆言賊不亟平坐此耳。貫即命其僚董耘作手詔罪己，罷諸應奉造作局及御前花石綱運并木石彩色等塲務，而帝亦黜朱勔父子弟姪之在職者，吴民大悦。

臣若水通曰：書云：「不作無益害有益，功乃成。不貴異物賤用物，民乃足。」此帝王恭儉之實德也。花石綱者，徒以供玩好，非所謂異物而無益者邪？應奉之局一開，則奔走承順于道路者曰亦不足，勞民傷財，欲民之足難矣，罷之誠是也。獨惜徽宗不以詢諸大臣，而以御筆付之童貫，反啓宦侍矯詔之漸耳。雖然，徽宗此舉，非特無實德，亦非實心也。特以方臘縱于内，金、遼迫于外，上下矯飾於一時，徒以鎮服人心耳。不然，何正月罷應奉局，五月方臘就平，即從王黼之請而復之，則矯僞之事豈可久哉？孟子曰：「侮奪人之君，惡得爲恭儉？」恭儉豈可以聲音笑貌爲哉？是故恭儉實德也，未有無實心而可以爲實德者，亦未有無實德而能禁淫巧者。後之人君，欲抑末崇本，則盍求其道矣。

○元成宗大德九年八月，賈胡獻寶珠。西域賈人有獻珍寶求售者，議以六十萬錠酧其直。省臣有謂左丞尚文者曰：「此所謂押忽大珠也，六十萬酧之，不爲過矣。」文問何所用之，答曰：「含之可不渴，熨面可使目有光。」文曰：「一人含之，千萬人不渴，則誠寶也。若一寶止濟一人，則用已微矣。吾之所謂寶者，米粟是也。有之則百姓安，無則天下亂。以功用較之，豈不踰於彼乎？」

臣若水通曰：書云：「不寶遠物則遠人格。」寶珠之獻，賈人所以中人主之欲，以窺中國也。使以六十萬錠酧其直，則不免爲其所中，而彼所以視中國亦輕矣。則遠人之不服，豈不由此乎？夫民爲國之寶，粟帛爲民之寶，寶得其寶，則所濟者博矣，豈若以一寶濟一人者哉？尚文之言，亦可謂知所本矣。雖然，大學之教，有財原於有土，有土原於有人，有人原於有德。治天下之道，莫要於脩德矣。

○元英宗至治元年正月，罷元夕張燈于禁中。帝欲以元夕張燈禁中爲鰲山，時張養浩以禮部尚書參議中書省事，遂具疏因拜住以諫曰：「世祖臨御三十餘年，每值元夕，閭閻之間，燈火亦禁。況闕庭宮掖之嚴邃，尤當戒慎。今燈山之構，所玩者小，所繫者大，所樂者淺，所患者深。」帝大怒，既而喜曰：「非張希孟不敢言。」即罷之，賜養浩尚服金織幣，以旌其直。

臣若水通曰：闕庭宮掖，所以風示天下之地，而人主一身，又天下臣民之主也。苟於禁中爲鰲山張燈之戲，而欲禁閭閻之燈火，亦難矣。苟一人爲侈靡之倡，而欲萬民爲質樸之俗，亦難矣。此張養浩所以有玩小繫大、樂淺患深之諫也。英宗始而怒，繼而喜，罷其事而旌之，亦可謂勇于悔過、善于納諫者矣。雖然，人君與其能改過，不若無過之可改。與其能納諫，不若無失之可諫。其要在謹獨，循天理以遏人欲矣。伏惟聖明留神焉。

○元順帝至元三年二月，定服色、器皿、輿馬之制。時服飾上下無別，帝初禁民間服麒麟、鸞鳳、白兔、靈芝、雙角五爪龍、八龍、九龍、萬壽字、赭黃等服。至是，復詔定其制。尋禁倡優盛服及戴笠乘馬。

臣若水通曰：先王之治天下，必議禮制度，服色、器皿、輿馬之制，皆有等威。非徒爲觀美也，蓋以一平民之心，而禁其淫侈也。夫禮莫大乎分，分莫大乎名。此而不謹，則倡優后飾，庶人帝服，而異政殊俗，僭亂之所由起矣。故孔子爲政，必以正名爲先，而繁纓之微，猶必惜之，凡以名器之不可假人耳。人主深居九重之上，豈能家察而人禁之？惟定其制度，躬儉樸以爲天下先，則無惡無射，庶幾可以永終譽矣。

○宋儒程頤劄子有云：古者四民各有常職，而農者十居八九。故衣食易給，而民無所苦困。今京師浮民數逾百萬，游手不可貲度。觀其窮蹙辛苦，孤貧疾病，變詐巧僞，以自求生而常不足以生。日益歲滋，久將若何？事已窮極，非聖人能變而通之，則無以免患，豈可謂無可奈何而已哉？此在酌古變今，均多恤寡，漸爲之業以救之爾。

臣若水通曰：務末機巧萬狀而恒不足者何也？爲無本也。是故明君制民之産，而使浮食游手者各歸耕其土，則人知務本矣。人知務本，則地之所出者無窮，而人之所資者不竭，然後家可足也。父母斯民者，其念之哉。

○程顥曰：村市酒肆，要之蠹米麥，聚閒人，妨農工，致辭訟，藏賊盜，州縣極有害。

臣若水通曰：沬邦淫酗，酒誥乃作。是故酒肆之設，王政之所必禁也。何也？逐末者日滋，致亂之道也。喪德喪邦，皆由於此，可不戒哉！是故欲五害之息，必自嚴酒肆之禁而始矣。長民者可不任其責耶？

○潛室〔三〕陳植曰：秦自商君立法，欲民務農力戰，故重耕戰之賞。以商賈務末，不能耕戰，故重爲謫罰以抑之，所以立致富强。

臣若水通曰：商君立法欲民務農，此古帝王之遺意也，豈不可哉？而事末者又有謫罰以抑之，宜其立致富强也。但以之爲力戰之謀，則開人主窮兵之端；嚴刑督責之慘，則去先王之道遠矣，是又人主不可以不辨者。

○張栻諭俗文云：一、訪聞鄉落愚民誘引他人妻室，販賣他處，謂之捲伴。詞訟到官，追治監錮，押往尋覓，緣此破蕩者，前後非一，不知懲戒。其捲伴之人，官司自合嚴行懲治外，亦緣細民往往不務安業，葺理農事，多往南州興販，逐錐刀之利，動經年歲，不返鄉閭，妻室無依，以至爲他人捲伴前去。自今各仰依分安常，營生自守，保其家室，無致招悔。

臣若水通曰：逐末者，所以趨利也。至於妻子爲他人所誘，害孰大焉？故曰求利未得，而害已隨之。然則人之大利，莫如葺理農事，而妻子相保，以樂天性矣。張栻諭俗之文及此，可謂能以利害開其迷而導其明，抑末務本之意至矣。爲人上求治理者，取之爲法焉可也。

○國朝辛丑七月甲子，太祖視事東閣。時天熱，坐久汗濕衣，左右更衣以進，皆經澣濯者。參軍宋思顔曰：「臣見主公躬行節儉，舊衣皆澣濯更進。禹之惡衣服，誠無以加矣，真可以示法於子孫也。臣恐主公今日如此，而後或不然，願始終如此。」太祖喜曰：「思顔之言甚善。他人能言，或惟及目前而不能及於久遠，或能及其已然而不能及於將然。今思顔見我能行於前，而慮我不能行於後，信能盡忠於我也。」乃賜之幣，以彰其直。復謂思顔曰：「汝在前朝頗有善譽，爲主者不能知汝。及歸於我，數進讜言，斯固可嘉。」

臣若水通曰：聖人之恭儉，必有爲之本者，非强制於外所能久也。伏覩我太祖高皇帝衣澣濯之衣，而參軍宋思顔以爲禹之惡衣服無以加，而有始終之願，可謂忠矣。然未知太祖恭儉之心與禹之心一也，此所謂本也，故能始終如一耳。不然，何以喜其及於久遠，而賜以彰之哉？聖子神孫，宜取法焉。

○吳元年二月癸酉，下令禁種糯田，曰：「余自創業江右，十有二年，德薄才菲，懼弗勝任。但以軍國之需，不免科徵于民。而吾民效順，樂於輸賦，固爲可喜，然竭力畎畝，所出有限，而取之過重，心甚憫焉。故凡有益于民者，必有行而又申告之。曩以民間造酒，破費米麥，故行禁酒之令。今春來麥稍平，予以爲頗有益於民。然不塞其源，而欲遏其流，不可也。其今農民今歲無得種糯，以塞造酒之源。欲使五穀豐積而價平，吾民得所養以樂其生，庶幾養民之實也。」

臣若水通曰：天之生物，惟穀於人爲最急，不可一日無者。是以自古善爲治者，莫不重穀。而糜穀者，莫過於酒也。是酒者侈靡之端，而禁糯者止酒之源也。先王既設官以幾謹之，又作誥以示戒之，然未有能禁絶其源者也。我皇祖敬天愛民，充好生之實心，爲養民之實政，重穀必先禁用酒，禁酒必先止種糯，則造酒之源塞，而五穀之積豐，國用由是以足，邦本由是以固，不煩酒誥之諄諄而自禁矣。是令也，其先王重本抑末之微意歟！大抵夏禹以惡酒而興，商受以酗酒而廢，興廢係一念之微耳。人君能體認於心，則天理日明，人欲日消，用酒有節，而穀不可勝食矣。生財之道，何以加此？

○洪武十八年九月，太祖諭户部曰：「人皆言農桑衣食之本，然棄本逐末，鮮有救其弊者。先王之世，野無不耕之民，室無不蠶之女，水旱無虞，饑寒不至。自什一之制湮，奇巧之技作，而後農桑之業廢。一農執耒而百家待食，一女事織而百夫待衣，欲人無貧，得乎？朕思足食在於禁末作，足衣在於禁華靡。爾宜申明天下四民，各守其業，不許遊食。庶民之家，不許衣錦繡。庶幾可以絶其弊也。」

臣若水通曰：語有之：「衣食足而後禮義興。」衣食之於人也大矣。食之不足者，恒起於遊食之多；而衣之不給者，每由於奢侈之過。此我太祖高皇帝所以拳拳於禁末作華靡之令也。足衣足食之道，豈外是哉？可謂慮民之深者也。聖子神孫，其則不遠矣。伊尹之告太甲曰：「王懋乃德，視乃烈祖，無時豫怠。」敢舉以爲今日聖明獻焉。

○洪武二十三年五月癸巳朔，以沈清爲工部尚書。誥曰：「昔聖人之世淳朴，民俗敦厚。宮室什器，制不飾華。故所司之工，皆無異技奇巧。然而功務雖簡，其成也必精，其廢也必當。故一舉而無再爲，一廢而無再造。所以民逸者多，勞者少，因是而官稱賢，君稱聖。後之人受職任事則不然矣。凡臨事之際，或務爲淫巧以勞人，或假公營私而害政。所爲如斯，豈有福臻而愆消者也？所以古人重其事而選用必在得人，今朕設工部，必法古制，將以爾清爲工部尚書，當敬事信工，無弊上下，汝惟良哉。」

臣若水通曰：古之儉，今之奢，人心豈固相遠哉？此無他，理欲之分爾。即其宫室什器而觀之，土階茅茨之樸與瓊宫、瑶臺之華，同一宫室爾；汙罇陶匏之質與象箸、玉杯之奇巧，同一什器爾。理欲之萌，其流不得不爾也。夫工簡而器必精，然財省而民逸矣。工煩而器亦靡，然財費而民勞矣。實用之與虚飾，何如哉？皇祖之誥沈清，深以淫巧爲戒，且責其敬事信工，以追古尚實，致君臣同有聖賢之美譽，得用人理財之道矣。是故儉者天理之所以存也，奢者人欲之所以肆也。是知崇儉去奢，明君風化之本也；沃心將順者，大臣輔治之責也。

○司天監進元主所製水精刻漏，備極機巧，中設二木偶人，能按時自擊鉦鼓。上覽之，謂侍臣曰：「廢萬機之務而用心於此，所謂作無益害有益也。使移此心以治天下，豈至滅亡？」命左右碎之。

臣若水通曰：書云：「不作無益害有益，功乃成。不貴異物賤用物，民乃足。」元主昧此而廢，我皇祖達此而興。興廢之間，在一念儉侈之微爾。夫更漏以審時刻，固爲政者之不可無也。元主製以水精，設以木偶，能按時自擊鉦鼓，則其異而無益，傷功害民，孰甚焉？皇祖疾其用心之侈，至命碎之，其杜奢示樸之意至矣。聖子神孫，能致謹於心術之微，而不役於耳目之好，則功成民足，永保丕緒，而胡元之侈靡，徒爲覆轍爾。

○國〔四〕朝稽古定制：官民房屋、墳塋、碑碣、服飾、器用，斟酌損益，著爲定制。其在京功臣，宅舍地寬者，後留空地十丈，傍留五丈。若舊居窄隘，左右前後皆軍民居止，仍舊不許挪移。其京城官員之家，往往窺覘近宅空地，日侵月占，圍作蔬園池塘，甚妨軍民居住，且泄地脈。今後有多留空地者，追出給還軍民。

○庶民所居房舍，不許用斗拱及彩色裝飾。官員人等衣服帳幔，並不許用玄、黄、紫色，及龍鳳織紋。

臣若水通曰：天地之間，其所產有限，故剥下則歸上，損上則益下，俗奢則財散，民儉則財聚。聚散損益者，乘除之數也。開國之初，俗染元侈，聖祖卑宫惡衣而以節儉化之，不特禁令之頒而已。今又治久俗靡，駸駸乎華侈之風矣。臣願聖明益加縞素，以風天下，幸甚。

○國朝〔五〕憲綱：一、斛斗秤尺，照依原降式樣，較勘相同，官民通用。仍將官降式樣常於街市懸掛，聽令比較。毋容勢利之徒增減作弊，欺詐小民。

○一、時估每月初旬取勘，逐一覆實，依期開報。毋致高擡時估，虧官損民。

臣若水通曰：周禮有市官治市，平物價，息争競，賦里布，征夫家，所以抑逐末、崇務本也。是故謹權量，定估值，而民知所趨向矣。

校記：

〔一〕以下三條，嘉靖本置于「元順帝至元三年」條下。

〔二〕「本」，原作「大」，據嘉靖本改。

〔三〕「潛室」，嘉靖本無。

〔四〕「國」，嘉靖本作「本」。

〔五〕「國朝」，嘉靖本無。

聖學格物通卷之八十一

飭百工

○易萃象曰：澤上於地，萃。君子以除戎器，戒不虞。

臣若水通曰：此聖人於萃卦示人以備器械之義也。物萃則争，亂之機也。除者，脩而聚之之謂。戒，猶備也。除戎器，以防其亂也。兑，西方，金。三、四、五互巽。巽木外有兑金，戎器之象也。坤，平地無險阻可恃，不虞之象也。蓋君子於萃而無虞之時，猶治器以戒備，安不忘危之心，天理之正也。鍛乃甲胄，鸓乃戎盾，皆其心之形於警備者也。先事有備，有備無患，而暮夜之戎勿恤矣。彼銷鋒鏑以鑄金人，與銷兵於不用者，豈非狃於安逸而不忘其器械之備乎？

○書虞書舜典：帝曰：「疇若予工？」僉曰：「垂哉！」帝曰：「俞，咨！垂汝共工。」

臣若水通曰：此帝舜命工官之言也。疇，誰也。若，順也。工者，百工之事，土工、金工、石工、木工、獸工、草工、皮工皆是也。僉，衆也。咨，嗟也。垂，舜臣名。俞者，然其舉也。共工，官名。帝舜詢於群臣，言誰能順其理而治我百工之事者乎？群臣同辭對曰，能順理而治百工者，其惟垂哉。於是帝舜即然其言，咨垂而告之曰，汝爲我共工之官也。然所謂順其理者何也？蓋聖人觀象制器，莫不各有自然之理焉。一不順其理，則欲心生。欲心生，必至於侈靡。侈靡則必至於淫巧，以蕩上心，耗民財。僭逼之禍，皆起於此矣。然則帝王於百〔工〕〔一〕之致謹，豈曰小小之故哉？

○禮記王制曰：作淫聲、異服、奇技、奇器以疑衆，殺。

臣若水通曰：淫聲，非先王之樂也。異服，非先王之服也。奇技、奇器，淫巧也。是皆滅天理、蕩人心、亂政治者，故不聽而刑，所以若天道、正人心，以保至治而使之不壞者也。

○月令曰：百工咸理，監工日號。毋悖于時，毋或作爲淫巧，以蕩上心。

臣若水通曰：此季春之令也。百工者，工之事非一也。咸理者，各治造作之器也。監工者，工師監臨之官也。日號者，每日號令，下文即其言也。言百工之事當因時而制，無或悖逆，又不得作爲過巧之工以獻于上，使上悦之而蠱惑其心志也。夫百工若小事也，以蕩上心，則其事之所關大矣。事有甚小而禍不可勝既者，非淫巧蕩心之謂乎！故監工之日號，不特使之順時以善其事，而又以淫巧爲戒。蓋物莫全於質而莫壞於文，而人之心因物有遷，亦必由之。況人君之心，衆欲所攻，由是而日滋焉，豈有紀極耶？故象箸之作，君子占知其終，而瓊宫、瑶臺，卒用此以喪天下，此固往事之明鑑也。然則後之人君，欲飭百工者，則如之何？亦惟曰日省月試，既稟稱事，庶乎其可爾。

○月令曰：是月也，命工師效功，陳祭器，按度程。毋或作爲淫巧，以蕩上心。必功致爲上。物勒工名，以考其誠。功有不當，必行其罪，以窮其情。

臣若水通曰：此孟冬之令也。霜降而百工休，至此物皆成也，故令工師百工之長效其功。諸器皆成，獨舉祭器者，蓋莫尊於祭器，君子不敢以其私褻同其所尊敬故也。所謂按度程者，觀其體制大小之合式與否，而又戒之勿作爲淫巧之工以蕩上心，恐玩之而奢侈之情或生也。必以功致爲上，惟欲精密工緻以久於用也。必物勒工名以考其誠。功有不當，如上不合度程，或淫巧、功不致者，則其不誠矣。必行其罪罰以窮其情，蓋所以稽而警之於後，使其不敢不誠于功也。如是則不信度、作淫巧者，無所容矣。先王之飭百工如此。然則今之命工效物，其亦以祭器爲先乎？而所以先於祭器者，亦惟令其可悦於心，抑誠於工以久於用乎？此固任工者之所當知也。

○周禮地官司市：凡市僞飾之禁，在民者十有二，在商者十有二，在賈者十有二，在工者十有二。

臣若水通曰：僞飾之禁，如用器不中度、布帛不中數之類也。凡此之禁，其目有十二焉，一曰圭璧，二曰金璋，三曰命服，四曰命車，五曰宗廟之器，六曰戎器，七曰用器，八曰兵車，九曰姦色，十曰錦文，十一曰珠，十二曰玉是也。故四民皆禁之者，以民不得畜，商不得資，賈不得鬻，工不得作。如此，則國無作僞之人，其於治也何有哉？

○夏官稾人：掌受財於職金，以齎其工。弓六物爲三等，弩四物亦如之。矢八物皆三等，箙亦如之。春獻素，秋獻成。書其等以饗工。乘其事，試其弓弩，以下上其食而誅賞。

臣若水通曰：齎工者，給市財用之直也。弓六物者，王、弧、夾、庾、唐、大也。三等者，因人强弱長短爲制也。弩四物者，視弓無王、弧也。矢八物者，枉、絜、殺、鏃、矰、茀、恒、庳也。箙者，載矢者也。素者，胎素也。書等饗工者，書其工拙之等降，制其饗食之厚薄也。乘其事者，計其事之成功也。試而上下誅賞者，考之善則上其食，尤善又賞之也。不然，則罰亦如之。故觀於稾人，而百工之職其可推矣。

○中庸：日省月試，既稟稱事，所以勸百工也。

臣若水通曰：此孔子告哀公九經中之一事也。既讀曰餼。餼稟，稍食也。周官太宰以九職任萬民，而必謹於百工、飭化八材者，以民生日用衣服器械之所由出也，而況於公府之地乎！不知有以飭之，則工不信度矣。故日以省之，月以試之，所以程其能也。既以廩之，必稱其事而上下之，所以償其勞也。由是事必效能，工必信度，而百工自勸。器按度程，功無不當，作奇技淫巧以蕩上心者，舉無所容矣，百工豈有不飭者哉！

○左傳昭公三十二年：士彌牟營成周，計丈數，揣高卑，度厚薄，仞溝洫，物土方，議遠邇，量事期，計徒庸，慮材用，書餱糧，以令役於諸侯。屬役賦丈，書以授帥，而效諸劉子。韓簡子臨之，以爲成命。

臣若水通曰：計丈數者，計所當城之丈數也。揣高卑、度厚薄，揣版榦高卑之宜，度本末厚薄之制也。仞溝洫、物土方，仞溝洫深淺之準，相取土之方面也。議遠邇、量事期者，議徒役之遠近，命時日之多寡也。計徒庸、慮財用、書餱糧者，知用幾人功，知費幾財用，知用幾糧食，以令於諸侯，使供其役也。夫周敬王欲罷戍周之役，合諸侯而城之，事委諸晉，無徵怨於百姓，其意良是也。范獻子知奉王命而以後事謂晉勿與知，其謀則非也。士彌牟營城之制，亦詳且備矣，獨不思君德不脩，徒欲徼福於成周，何爲也哉？故曰在德不在險。

○國語周語：內史過曰：「庶人工商，各守其業，以共其上，猶恐有墜失也。故爲車服、旗章以旌之。」

臣若水通曰：共與供同。旌，表也。車服旗章，上下有等，所以彰明貴賤，爲之表識。夫百工不飭，則利用不興。利用不興，則不可以爲國，況天下乎！故禹陳三事，利用與焉。孔陳九經，亦來百工。故日省月試，既稟稱事，所以勸之也。有天下以內史之言合觀之，夫然後知虞廷若工之命爲重務也。

○漢景帝後二年夏四月，詔曰：「雕文刻鏤，傷農事者也。錦繡纂組，害女紅者也。農事傷，則饑之本。女紅害，則寒之原。夫饑寒並至而能亡爲非者寡矣。」

臣若水通曰：淫巧之滋，非生財之道也。夫生財何道也？尚儉素而已矣。是故民樸素則財用足而風俗美也。於風俗而能反其本焉，天下其有不治哉？易賁之上九曰：「白賁，无咎。」知白賁之无咎，則知後世之事淫巧者皆咎矣。爲人上者，其可不革茲弊乎！

○宋武帝永初三年五月，嶺南獻入筒細布一端八丈，帝惡其精細勞人，即付有司彈太守，以布還之，并制嶺南禁作此布。

臣若水通曰：奇巧之物，人情所好也。宋武帝乃獨黜其人而禁其物者，蓋亦知奇巧者爲淫侈之漸，此而不禁，則天下從風而靡矣。宋武創業之君，備嘗艱苦，故崇樸戒侈，將以風天下、遺後嗣也。使其子孫世守其樸而不失焉，則豈至一再傳而恣淫肆侈，卒爲蕭氏所乘也哉？

○陳武帝永定二年六月，周左光禄大夫猗氏樂遜上言四事，其一曰：「頃者魏都洛陽，一時殷盛，貴勢之家競爲侈靡，使禍亂多興，天下喪敗。比來朝貢器服稍華，百工造作務盡奇巧，臣竊恐物逐好移，有損政俗。」

臣若水通曰：傳云：「夫有尤物，足以移人。」豈不信乎！甚矣，奇巧之能移人心也！人君之心一爲所移而無主，則流於欲而不知，蕩其情、鑿其性而風俗化之矣。然則百工者雖若末務，然敦本尚實必自百工始也。君天下者，可不務乎！

○唐高宗乾封二年正月，耕籍田，因閱耒耜有雕刻文飾，曰：「田器，農人執之，在於樸素，豈貴文飾乎？」乃命撤之。

臣若水通曰：語云：「上有好者，下必有甚焉者矣。」百工之淫巧，起於人主之所喜也。是故人主敦本尚質，而天下向風矣。若高宗者，撤雕文之耒耜，豈不足以爲法於後世乎？書曰：「不役耳目，百度惟貞。」人主之玩好，可不慎哉！

○國朝洪武十九年四月丙戌朔，定工匠輪班。初，工部籍諸工匠，驗其丁力，定以三年爲班，更番赴京，輪作三月，如期交代，名曰輪班匠，議而未行。至是，工部侍郎秦逵復議舉行，量地遠近以爲班次，且置籍爲勘合付之。至期，賫至工部聽撥，免其家他役，著爲令。於是諸工匠便之。

臣若水通曰：虞廷九官，共工居一。周禮，太宰以九職任萬民，五曰百工，飭化八材。是則工師之官所掌之事雖若輕而小，而其所以關繫者，華樸之間，君心之存亡係焉。夫人君一心，萬化之本，天下安危，生民休戚，皆由乎此。苟能體認天理於游藝之時，則凡身之所居，與夫服飾器用之奉，必不事侈靡、尚淫巧，以費民財、勞民力，則斂薄役輕而天下安矣。我皇祖昭明物理，體悉人情，知工匠之艱苦，命工部驗其丁力，定以輪班，免以他役，無非一念恭儉之發也。聖子神孫，其視法之哉。

校記：

〔一〕「工」，據嘉靖本補。

聖學格物通卷之八十二

屯田上授閒田水利附

○國語周語：虢文公曰：「民之大事在農，上帝之粢盛於是乎出，民之蕃庶於是乎生，事之供給於是乎在，和協輯睦於是乎興，財用蕃殖於是乎始，敦厖純固於是乎成。」

臣若水通曰：文公，虢仲之後，爲王卿士。粢盛，黍稷也。即所謂「國之大事，在祀與戎」。蕃庶，生育富庶也。供給，備祀戎之用者也。和協輯睦，謂交隣合衆也。蕃殖，謂積蓄也。敦厖純固，謂俗厚民安也。數者皆取給於農，農用不興，百事廢矣。故爲人君者，能因虢文公之言而有悟焉，則知重農力本，而天下國家之財用備矣。

○虢文公曰：陰陽分布，震雷出滯。土不備墾，辟在司寇。乃命其旅曰：「徇，農師一之，農正再之，后稷三之，司空四之，司徒五之，太保六之，太師七之，太史八之，宗伯九之，王則大徇。」

臣若水通曰：旅，衆也。徇，行也。滯，猶蟄也。辟，刑也。司寇，刑官卿。一二三四五六七八九者，言其行之先後也。大徇者，帥公、卿、大夫以徇行農事也。夫自天子公卿皆農籍躬行以先天下之農，所以教民力本也。周以農事而興，文公之言，其有所受之矣。治天下者，其毋以民事爲緩也哉。

〇魯語：仲尼曰：「先王制土，籍田以力，而砥其遠邇。賦里以入，而量其有無。」

臣若水通曰：制土，制其肥磽，以爲差也。籍田，謂稅也。砥，平也。平遠邇，因其道里以爲之差，而使之平也。里，廛也。以入，計其利入多少，而量其財業有無，以爲差也。夫先王體國經野，田賦有常，載之周官。若康子以井出賦，是以一井之田出十六井之賦，民有不堪矣。仲尼不答冉有之問，而私語先王之典，豈非欲其聞之而止也歟？爲民主者，其尚亦思之哉。

〇漢武帝征和四年六月，桑弘羊與丞相、御史奏言：「輪臺東有溉田五十頃以上，可遣屯田卒，置校尉三人分護，益種五穀。張掖、酒泉遣騎假司馬爲斥候。

募民壯健敢徙者詣田所，益墾溉田，稍築列亭，連城而西，以威西國，輔烏孫。」

臣若水通曰：屯田之事，所謂一舉而三善集焉者也，足食、足兵而民信矣。桑弘羊計利之臣也，其論輪臺屯田一事，司國計者有取焉。語曰：「君子不以人廢言。」後之人君，其尚采之哉！

〇宣帝神爵元年七月，趙充國上屯田奏曰：「計度臨羌東至浩亹，羌虜故田及公田，民所未墾，可二千頃以上，其間郵亭多壞者。臣前部士入山，伐材木六萬餘枚，在水次。臣願罷騎兵，留步兵萬二百八十一人，分屯要害處。冰解漕下，繕鄉亭，浚溝渠，治湟陿以西道橋七十所，令可至鮮水左右。田事出，賦人二十畮。至四月草生，發郡騎及屬國胡騎各千，就草爲田者遊兵，以充入金城郡，益積蓄，省大費。今大司農所轉穀至者，足支〔一〕萬人一歲食，謹上田處及器用簿。」

臣若水通曰：趙充國興金城之師，自急近功者觀之，非不可以歲月下，而彼獨持以經久之計者何哉？蓋固根本而不輕用乎技擊，務全勝而不徒恃乎兵力，所謂以逸待勞者也。卒之兵食俱足，虜不敢窺，而乃振旅凱旋，此固丈人之師也。留田之疏，至今流傳，度越漢家諸將之上矣。老成謀國者，宜取法焉。

○漢光武建武十一年，朝臣議欲棄金城、破羌之西。馬援上言不可棄，帝從之。民歸者三千餘口，援爲置長吏，繕城郭，起塢堠，開溝洫，勸以農桑，郡中樂業。又招撫塞外氐、羌，皆來附降。

臣若水通曰：金城、破羌之西，朝臣皆欲棄之矣，然脣齒之勢繫焉。馬援獨弗棄，又從而經理其務，勸課其業，使民既内安，而夷亦外附，則所以脱邊境於左衽，爲西邊之藩籬者，援之功也。後之司閫計者，能法援之計焉，夷夏其寧一矣。

○漢和帝永元十四年春，安定降羌燒何種反，郡兵擊滅之。曹鳳上言：「宜及此時廣設屯田，殖穀富邊，國家可以無西顧之憂。」帝從之，拜鳳爲金城西部都尉，屯龍耆。後增屯田，列屯夾河，合三十四部。

臣若水通曰：降羌之所以背服不常者，以其恃有大小榆谷土地肥美也。曹鳳廣設屯田之議，誠可以絶窺欲之源，省委輸之役，其利於國家大矣。然而三十四部之功垂立，而諸羌復叛，非其謀之罪也，此又不可以成敗論焉。

○漢順帝永建五年夏，帝以伊吾膏腴之地，傍近西域，匈奴資之以爲鈔暴。三月辛亥，復令開設屯田，如永元時事。

臣若水通曰：邊地可田而棄之外夷，誠所謂賫糧以資盜矣。順帝遵永元故事，令復屯田，則鈔暴可絶，邊儲可實，一舉而兩得，其爲國計之利豈小哉！

〇漢獻帝建安元年，羽林監棗祗請建置屯田，曹操從之。以祗爲屯田都尉，任峻爲典農中郎將，募民屯田許下，得穀百萬斛。於是州郡例置田官，所在積穀，倉廩皆滿。故操征伐四方，無運糧之勞，遂能兼并群雄。

臣若水通曰：曹操屯田之議，發之者毛玠，定之者棗祗，成之者任峻也。夫以曹操一奸雄耳，當亂離之餘，猶能聽從群謀，收富强之效，以成兼併之計。使明君乘無事之時而圖之，以助國計，以寬民租，則其效之所致，豈但如操而已哉？

〇漢後主建興四年，吴陸遜以所在少穀，表令諸將增廣農畝，吴主報曰：「甚善。今孤父子親受田，車中八牛，以爲四耦，雖未及古人，亦欲令與衆均等其勞也。」

臣若水通曰：增廣農畝，遜誠周於謀國矣，而吴主遂欲親執其勞。吴之君臣同心協力，此其所以鼎峙於江表也。

〇建興十二年四月，諸葛亮由斜谷伐魏。以前者數出，皆以運糧不繼，使己志不伸，乃分兵屯田，爲久住之計。耕者雜於渭濱居民之間，而百姓安堵，軍無私焉。

臣若水通曰：兵以食而强，古者兵農爲一，無事則耕，有事則戰，自食其力而無轉輸之勞，所在有備而無匱乏之患，則何所往而不成功也？諸葛亮伐魏，分兵屯田，則其志豈小小耶？噫，天不假年，而不使天下蒙其澤，奈之何哉？

○後主延熙四年，魏欲廣田蓄穀於揚、豫之間，使鄧艾行陳、項以東，至壽春。艾以爲：「昔太祖破黄巾，因爲屯田，積穀許都，以制四方。今三隅已定，事在淮南。令淮北二萬人，淮南三萬人，且田且守，歲充五百萬斛，以爲軍資。六七年間，可積十萬之衆五年食也。以此乘吴，無不克矣。」司馬懿善之，始開廣漕渠，每大興軍旅，汎舟而下，達於江、淮，資食有餘而無水害。

臣若水通曰：魏以偏安之國，有外敵之患，宜其應接不給矣。乃信用鄧艾，屯田淮潁，卒之國用有備而大功遂成，豈非富强之長策乎！人君享有天下，豈可緩民事而不知所以經理之，反視魏人之不若哉？

○晋武帝泰始五年，羊祜鎮襄陽，減戍邏之卒，以墾田八百餘頃。其始至也，軍無百日之糧，及其季年，乃有十年之積。

臣若水通曰：羊祜與陸抗之邊境相持，命使交通，抗與之亦孚信無疑，宜若無所事備矣。

至其墾田八百頃，致十年之積，其自治何其密哉！內備國用，外孚敵人，以安兩國之民，其爲邊計可謂萬全者矣。宜書之以爲後世耕守備邊之法焉。

○晉武帝太康元年，杜預還襄陽，引滍溝水以浸田萬餘頃，開楊口通零桂之漕，公私賴之。

臣若水通曰：甚矣，兵食資於農畝，農畝資於水利也。叔敖起芍陂，則楚受其惠。文翁穿腴口，則蜀以富饒。史起引漳於魏，而鄴旁有稻粱之詠。鄭國道涇於秦，而谷口有禾黍之謡。今杜預當倥偬多事之日，而能爲此兵農久遠之謀，其亦善於經畫者矣。

○宋文帝元嘉七年十二月，長沙王義欣鎮壽陽。壽陽土荒民散，城郭頹敗，義欣隨宜經理，見芍陂久廢，脩治堤防，引河水入陂，溉田萬餘頃，無復旱灾。

臣若水通曰：周禮，遂人主鄉遂，損膏腴之地以爲溝洫者多於田。匠人主都鄙，率井田之民以治溝洫者多於賦。而所以專主乎稻人者，以豬蓄水，雖旱不乾，以防止水，雖水不溢。此聖人經制之大利，湮廢已久，義欣鎮壽陽而能留心於此〔一〕，可謂知所先務矣。

○宋文帝元嘉十六年十二月，魏主壽問爲政何先，時魏多封禁良田，高允曰：「臣少賤，唯知農事。若國家廣田積穀，公私有備，則饑饉不足憂矣。」帝乃命悉除田禁，以賦百姓。

臣若水通曰：語云：「百姓足，君孰與不足？」地生物以養民，民輸賦以足國，上下富足而不治者，未之有也。若封禁良田，君專其利也。民有不堪，則亂亡至矣。允之對，其善矣哉！

○齊高帝建元三年，魏薛虎子上表，以爲：「國家欲取江東，先須積穀彭城。切惟在鎮之兵，不減數萬，資糧之絹，人十二疋，用度無準，未及代下，不免饑寒，公私損費。今徐州良田十萬餘頃，水陸肥沃，清、汴通流，足以溉灌。若以兵絹市牛，可得萬頭。興置屯田，一歲之中，且給官食。半兵芸殖，餘兵屯戍，且耕且守，不妨捍邊。一年之收，過於十倍之絹。蹔時之耕，足充數載之食。於後兵資皆貯公庫，五稔之後，穀帛俱溢，非直戍卒豐飽，亦有吞敵之勢。」魏人從之。

臣若水通曰：虎子屯田之疏，足食足兵，一舉而兩得矣。苟能行之不替，則萬世之利而萬全之計也。孝文從之，亦可謂知大計者哉。

○齊和帝中興二年東歸，以蕭憺爲荆州刺史。荆州軍旅之後，公私困乏，憺勵精爲治，廣屯田，省力役，存問兵死之家，供其困乏。

臣若水通曰：廣屯田，則兵食有所資。省力役，則屯種無所奪。故曰：「勿奪其時，八口之家可以無饑矣。」當五胡兵争之日，適禍變相尋之時，而蕭憺留心於此，可謂良刺史矣。

○陳文帝天嘉元年十二月，齊置屯田。初，齊顯祖之末，穀糴踊貴，濟南王即位，尚書左丞蘇珍芝建議脩石鼈等屯，自是淮南軍防足食。肅宗即位，平州刺史嵇曄建議開督亢陂，置屯田，歲收稻粟數十萬石，北境同贍。又於河内置懷義等屯，以給河南之費，由是稍止轉輸之勞。

臣若水通曰：齊以興屯田之政，其利所濟如此其大，況今天下之大，地有遺利，民有遺力，擇閒曠之田，以授天下之兵，則兵不必仰給於民，民不致轉輸於兵，國富人足而兵强矣。不然，東南之財賦有時而竭，兵亦何所賴耶？爲經國長久之計者，其尚留意於此焉。

○隋文帝開皇十年五月乙未，詔曰：「魏末喪亂，軍人權置坊府，南征北伐，居處無定，家無完堵，地罕苞桑，朕甚愍之。凡是軍人，可悉屬州縣，墾田籍帳，一與民同。軍府統領，宜依舊式。罷山東、河南及北方緣邊之地新置軍府。」

臣若水通曰：罷新置軍府而驅兵於衆，開皇之制善矣。蓋喪亂既平，兵有無事之夫，地有不耕之田，故兵授恒産以耕之，則衣食足矣。居則散而爲農，戰則聚而爲兵，兵農合一，古之制也。此開皇之治所以爲可觀也已。有國家者，豈可少隋之治，而以爲不足法耶？

校記：

〔一〕「支」，原作「友」，據嘉靖本改。

〔二〕「此」，原作「見」，據嘉靖本改。

聖學格物通卷之八十三

屯田下授閒田水利附

○唐高祖武德六年十月壬戌，并州大總管府長史竇静，表請於太原置屯田，以省餽運。議者以爲煩擾，不許。静切論不已，勑徵静入朝，使與裴寂、蕭瑀、封德彝相論難於上前，寂等不能屈，乃從静議，歲收穀數千斛。上善之，命檢校并州大總管。

臣若水通曰：餽運之勞，孰與坐食之安？閒曠之兵，孰與耕桑之利？狃於苟且而病其更張，天下國家之事無一可爲者矣。竇静之請屯田，其慮遠矣。裴寂輩習於一時之安而欲沮之，豈足與謀國者哉？唐祖從静之議而行之，豈特一時之利，此萬世之利也。

○唐高宗龍朔二年，劉仁軌鎮百濟，脩屯田，儲糗糧，訓士卒，以圖高麗。

臣若水通曰：國之大事在戎，而戎之大命在食。脩屯田，所以備食而即戎也。如從仁軌之言，高麗可以不圖而坐制矣。

○唐中宗嗣聖十八年十一月，以郭元振爲涼州都督，令甘州刺史李漢通開置屯田，盡水陸之利。舊涼州粟麥，斛至數千，至是一縑糴數十斛，軍糧支數十年。

臣若水通曰：元振都督涼州，率漢通脩屯田之政，盡水陸之利，以收富實之效。則天之時，功顯節完，如元振者，幾何人哉？

○唐玄宗開元五年，宋慶禮爲營州都督。慶禮清勤嚴肅，開屯田八十餘所。數年之間，倉廩充實，市里寖繁。

臣若水通曰：屯田之設，有古兵農之遺法。且耕且守，可以免内輓之勞，可以嚴外侮之備。農作相勵，守望相助，寇敵相保，以實待虚，以逸待勞，安邊足用之策，莫此爲善者也。慶禮營州之備，可以爲後世法矣。

○開元十二年五月，制聽逃户自首，闢所在閒田，隨宜收税，毋得差科征役，租庸一皆蠲免。仍以兵部員外郎兼侍御史宇文融爲勸農使，巡行州縣，與吏民議定賦役。

臣若水通曰：閒田而征科，則民未獲開墾之利，而已苦督責之患矣。玄宗聽逃户自首，所闢閒田隨宜收税，悉蠲租庸，可謂善於治地、舒於取利者矣，户口之蕃宜哉。

○唐德宗貞元九年五月，陸贄上奏，謂：「宜罷諸道將士防秋之制，令本道但供衣糧，募戍卒願留及蕃、漢子弟，多開屯田，官爲收糴。寇至則人自爲戰，時至則家自力農，與夫倏來忽往者，豈可同等而論哉？」

臣若水通曰：先王之時，所恃以爲萬全取勝之計者，以兵農爲一也。屯田之制，食出於民，亦備邊之良法也。陸贄所謂「寇至則人自爲戰，時至則家自力農」，其利一何博哉！惜乎德宗徒善其言，而不能盡用也。後之有天下者，必求其法，順天時，因地利，酌其宜而行之，則財無不豐而兵無不足矣。

○貞元元年，陸贄草大赦制曰：「朕憫念蒼生，務恤征討，頻有詔命，許其自新。其歸順百姓，仍委節度觀察使、刺史給空閒地，任便安居，優復終身，務令全濟。待事平已後，聽歸本貫。」又曰：「諸道有解退官健，州府長吏切務安存，仍量以空閒田地給付，免其差役，任自營生。」

臣若水通曰：帝王以好生爲德，法天因地，以盡利者也。是故閒地授于歸順之民，而民樂其生。閒田授于解退之官，而官遂其性。土膏無遺棄之利，生人無喪貧之嘆，王者之政也。嗚呼，世稱贄爲王佐之才，其近是耶！

○韓愈送水陸運使韓重華歸所治序曰：六年冬，振武軍吏走驛馬詣闕告饑。公卿廷議，以轉運使不得其人，宜選才幹之士往换之。吾族子重華適當其任，至則出贓罪吏九百餘人，脱其桎梏，給耒耜與牛，使耕其傍便近地，以償所負。釋其粟之在吏者四十萬斛不徵。吏得去罪死，假種糧，齒平人，有以自效，莫不涕泣感奮，相率盡力，以奉其令。而又爲之奔走經營，相原隰〔一〕之宜，指授方法。故連二歲大熟，吏得盡償其所亡失四十萬斛者，而私其贏餘，得以蘇息，軍不復饑。君曰：「此未足爲天子言。請益募人爲五十屯，屯置百三十人而種百頃。令各就高爲堡，東起振武，轉而西過雲州界，極於中受降城。出入河山之際，六百餘里，屯堡相望。寇來不能爲暴，人得肆耕其中，少可以罷漕輓之費。」朝廷從其議，秋果倍收，歲省度支錢千三百萬。八年，詔拜殿中侍御史，錫服朱銀。其冬來朝，奏曰：「得益開田四千頃，則盡可以給塞下五城矣。田五千頃，法當用人七千。臣令吏於無事時督習弓矢，爲戰守備，因可以制虜。庶幾所謂兵農兼事，務一而兩得者也。」大臣方持其議。吾以爲邊軍皆不知耕作，開口望哺，有司常僦人以車船自他郡往輸，乘沙逆河，遠者數千里，人畜死，蹄踵交道，費不可勝計，中國坐耗，而邊吏恒苦食不繼。今君所請田，皆故秦漢時郡縣地，其課績又已驗白，若從其言，其利未可遽以一二數也。

臣若水通曰：甚矣，屯田之爲務重，而有關於國家之大利也。今夫二人之鬭，必須之於力。力之足否，勝負之所由判。力之足者，食爲之也。況夫振武之告饑已非一人之命，非一軍之命，而一國之命脈所由係也。重華至則捐逋租，釋贓罪，而使之盡力於農，遂收其入以償四十萬斛之粟，由是而推廣之屯愈多，而利益博。使當時公卿不沮，盡行其説，其爲國家之賴，可量也哉？行之而不弛，則唐至今猶存可也。

○宋太宗淳化四年三月，以何承矩爲河北屯田制置使。時契丹撓邊，承矩請於順安砦西開易河蒲口，導水東注于海，東西三百餘里，南北五七十里，資其陂澤，築堤貯水，爲屯田以遏敵騎之奔軼。俟期歲間，關南諸河悉壅闐，即播爲稻田。其緣邊州軍臨塘水者，止留城守軍士，不煩發兵廣戍，收地利以實邊，設險固以防塞，春夏課農，秋冬習武，休息民力，以助國經。將見彼弱我强，彼勞我逸，此禦邊之要策也。太宗嘉納之。

臣若水通曰：邊陲之所需者，兵而已矣。兵之所急者，食而已矣。舍屯田以求足食之道，舍足食而求足兵之策，奚可得哉？是故屯田有法，則兵農合而守戰利，内輓之勞可省，而外侮之備可嚴矣。承矩之爲屯田也，兵農兼至，而國家大賴其利。安邊之要策，誠無以踰於此矣。有天下者，可不擇是人而用之哉？

〇宋仁宗天聖七年三月，給契丹流民田。契丹饑，流民至境上，帝曰：「皆吾赤子也。」詔給以唐、鄧州閒田，仍令所過給食。

臣若水通曰：契丹饑而來，以中國之有仁君也。及境而給田賜食，無内外彼此之私，所謂既來之則安之者矣。仁宗曰「皆吾赤子」，則愛民之心又與天地同體矣。吁，其仁矣哉。

〇宋高宗建炎三年七月，廣州教授林勳上本政書十三篇，言：「國朝兵農之政，大抵因唐末。今農貧而多失職，兵驕而不可用，地利多遺，財用不足，皆本政不脩之故。宜放古井田之制，使民一夫占田五十畝。其有羨田之家，毋得市田。其無田與游惰末作者，皆驅之使爲隸。農以耕田之羨者而雜紐錢穀，以爲什一之税。每十六夫爲一井，每井賦二兵、馬一匹。蠶婦之貢，絹三尺，綿一兩。非蠶鄉，則布六尺，麻二兩。」其説甚備。書奏，詔以爲桂州節度掌書記。其後朱熹甚愛其書，陳亮亦曰：「此書考古驗今，思慮周密，世之爲井田之學者，無以加矣。」

臣若水通曰：古者兵與農一，三時務農，一時講武，無事則耕，有事則戰，皆出於井田之制爾。後世則兵與農二，故有屯田之名。夫屯田，固不若井田矣。然今之所謂屯田者，抑豈如趙充國、諸葛亮之所經營者乎？林勳痛知此弊，欲復古制，以井田爲言，可謂豪傑之士矣。然井田之行，在有君有臣爾。高宗之時，奸檜當國，非其器矣，惜哉！

○宋高宗紹興四年七月，岳飛復襄陽等六郡。因奏：「金賊所愛惟子女金帛，志已驕惰。劉豫僭僞，人心終不忘宋。如以精兵二十萬直擣中原，恢復故疆，誠易爲力。襄陽、隨、郢，地皆膏腴，苟行營田，其利甚厚。臣候糧足，即過江北剿敵。」時方重深入之舉，而營田之議，自是興矣。

臣若水通曰：岳飛以恢復爲己任，此大事也。而以營田厚利爲請，必候糧足而後動，其慮遠矣。及其用兵規置，兀朮屢躓，至以父呼，豈非屯田之利助之也乎？使其志得行，不困於和議之非，恢復中原，特易易爾。

○宋高宗時，陳規守德安，嘗條上營屯田事宜，欲倣古屯田之制，合射士、民兵分地耕墾。軍士所屯之田，皆相險隘，立堡砦，寇至則保聚捍禦，無事則乘時田作。射士皆分半以耕屯田。民户所營之田，水田畝賦粳米一斗，陸田賦麥豆各五升。滿三年無逋輸，給爲永業。流民自歸者，以田還之。凡屯田事，營田司兼行；營田事，府縣官兼行，皆不更置官吏。詔嘉獎之，仍下其法於諸鎮。

臣若水通曰：營田、屯田，名雖不同，其爲足國之道一也。規守德安，條陳營屯田事，其説善矣。高宗既嘉奬之，又下其法於諸鎮，可不謂從善之君乎！

○宋儒楊時邊事劄子有云：聞燕地尚多閒田，不若募邊民爲弓箭手，如陝西例，蠲其租賦，使習騎射，亦足殺常勝軍之勢。仍立定額，無使增置，不三五年可漸消矣。

臣若水通曰：張闡有言：「非田之不可耕也，無耕田之民也。」此所以地多閒田乎！棄地之利，失民之天，禍莫甚焉。故募邊民以耕之，而因之以習騎射，開衣食之源，爲戰守之備，孔子所謂足食足兵，盡在於是矣。後之人君之制四夷，主將之爲邊備，盍亦倣法於是乎！

○張栻云：持節利路，興、洋間多營田，與民田錯。官軍怙强爲擾，田且多荒。張栻上其事于宣撫使，請令民亦得佃耕，穀用以廣。

臣若水通曰：軍民皆耕，足用之道也。然而民田與營田雜錯，則不無侵擾之患矣。所以治之者，必得以軍法行之，則軍民皆知畏法而各安其業矣。

○張栻述：吏部侍郎李浩奏曰「臣親見兩淮可耕之田盡爲廢地，心實痛之」，條畫營田便利甚悉。

臣若水通曰：土地之生物也，力勤者穰，力惰者荒，是故有沃人而無沃地矣。夫以兩淮之沃壤，棄而不耕，遂爲廢土，是天之所以養民者而使民棄之，此仁人之所宜痛心也。及其條畫營田便利，仁人君子之用心固如是乎。孟子曰：「仁者宜在高位。」人君得若人而用之，則民物各得其所矣。

○國朝洪武十九年九月庚申，西平侯沐英奏：「雲南土地甚廣，而荒蕪居多。宜置屯令軍士開耕，以備儲偫。」上諭户部曰：「屯田之政，可以紓民力，足兵食，邊防之計莫善於此。趙充國始屯金城而儲蓄充實，漢享其利。後之有天下者，亦莫能廢。英之是謀，可謂盡心，有志古人，宜如所言。然邊城久荒，榛莽蔽翳，用力實難，宜後其歲限之粟，使彼樂於耕作，數年之後徵之可也。」

臣若水通曰：屯田內有不費之惠，外有守禦之備，古今足兵食、守邊境之良法莫有過焉者也。是以善爲國者必因天時，盡地利，不以邊荒之地而輟人爲之功，廢天地自然之利也。雲南地廣而荒，沐英首建開墾置屯之議，可謂有志復古矣。皇祖知屯田之利而善之，可謂能用善謀矣。至於緩其歲徵之例，則又一念之仁而爲生財之本矣。惟聖明留意，聿脩祖德，俾守在四夷，社稷幸甚。

〇洪武三十二年己卯，詔遣延安侯唐勝宗、長興侯耿炳文巡視陝西城，督軍屯田。

臣若水通曰：邊守者，中國、夷狄之大防，而天下安危之所關也。邊兵之不足，以食之不給也。道路之遠，輸將之難，率數十倍而致其一。此鼂錯所以謂守邊備塞、勸農力本爲當世之急務也。我皇祖撥亂反治，安內備外之事，靡不悉舉。其屯田之制，則於閒曠之土，分軍以立屯堡，俾其且耕且守。守者十七，耕者十三，而更番之。遇有儆急，朝發夕至，是於守禦之中而收耕穫之利，一舉而兩得矣。至是詔遣二侯巡視城池，督軍屯種，其督責之法何其嚴也。臣竊以爲每人受田二十畝，出租六石，比之民爲重，恐軍人不堪，而屯法易廢也。伏願聖明體皇祖之心，擴優恤之令，較其腴瘠之分，均其輕重之入，宜稍倣井田之制，歲收公田之入，上無科徵之促，下無逋負之患，則屯種之軍樂於耕、勇於戰，既得以足軍國之儲，又得以遂室家之樂，公私兩便，上下俱足矣。

○諸司職掌：凡邊防郡縣守禦去處，新立衛分撥軍開墾荒田屯種，須計算頃畝數目，及田地肥瘠、人力勤惰，務在不曠征徭，不失軍餉。合用農器，有司鑄造發用。木杻自行采辦。牛隻不敷，移文索取，官厩數多發遣。如果路遠，官價收買給用。

○問刑條例：凡用强佔種屯田者問罪。官調邊衛，帶俸差操旗軍，軍丁人等發邊衛充軍，民發口外爲民，管屯等官不行用心清查者，糾奏治罪。

臣若水通曰：古者寓兵於農，屯田之設，其遺意與！語曰：「千里餽糧，士有饑色。」故趙充國屯田金城，孔明屯田渭上，誠足食足兵之要道也。然必廣設而多聚之，嚴禁而勤督之，其庶幾行而不廢，收久遠之利焉。

○永樂十一年四月，太宗皇帝坐御幄中，召問足食足兵之策。大學士楊榮對：「宜擇將帥力屯田，將得人則軍士弗擾，軍士既安則耕不違時，何患兵食之不足哉？」

臣若水通曰：屯田者，富國强兵自然之利也。然或將帥不得其人，則占役以違其時，刻剥以侵其利，而法遂廢爾。苟得其人，則軍士弗擾，而均得以力於農，將見食不求足而自足，兵不求强而自强矣。若大學士楊榮者，豈非謀國之善者哉。伏惟聖明爲經國久遠之圖，宜體太宗之意而推行之。如有占役侵利之將，即以軍法從事，則其事可脩舉而不壞矣。

○永樂二十二年十一月，仁廟諭户部尚書夏原吉曰：「古者寓兵於農而不奪其時，所以民無轉輸之勞而兵食足。後世莫善於漢之屯田。先帝所立屯田法甚善，蓋用心亦甚至。但後來所司數以征徭擾之，既失其時，遂無其效。所儲蓄十不及二三，有事不免勞民轉輸矣。其令天下衛所，凡屯田軍士，自今不許擅差，妨其農務。違者處以重法。」

臣若水通曰：兵農一則所謂足食、足兵、民信之矣。孟子云：「不違民時，穀不可勝食也。」是以古之聖王必以農事爲重，而不可輕役其民焉。我朝屯田之制甚善，其效不著者，以征役妨其時，而不得以盡力於南畝故也。仁廟之諭，洞見弊端，脩舉善政，且嚴其法禁，可謂知務之急矣。臣竊觀今日屯田之士，其困蓋有不止於昔時者，惟聖明深念之。

○憲綱：一、荒閒田土，行屬正官設法召民開墾，趂時布種。其合納錢糧，須候年限滿日科徵，毋致抛荒。

○問刑條例：河南、北直隸各處空閒地土，祖宗朝俱聽民儘力開耕，永不起科。若有占奪投獻者，照屯田及民田寺觀田例問發。

臣若水通曰：國以民保，民以土養。故易曰：「何以守位？曰仁。何以聚人？曰財。」郊野之有閒田，而使民得以耕焉，或徵收以限，或永不起科，恤其時而不妨其功，嚴其令使不奪其利，此我祖宗之仁，敬天勤民之意，其出於尋常萬萬矣，聖子神孫宜深體焉。

校記：

〔一〕「隰」，原作「濕」，據昌黎文集卷四改。

聖學格物通卷之八十四

馬政

○詩魯頌駉：駉駉牡馬，在坰之野。薄言駉者，有驈有皇。有驪有黄，以車彭彭。思無疆，思馬斯臧。

臣若水通曰：此詩言僖公牧馬之盛，由其立心之遠也。駉駉，腹幹肥張之貌。林外謂之坰。彭彭，盛貌。思無疆，言其思之深廣無窮也。臧，善也。記曰：「問國君之富，數馬以對。」則馬之盛衰，其有關於國家之盛衰矣。僖公之馬，薄言其在坰者，有驈皇驪黄而色無不備，以車彭彭而力無不齊，是豈偶然而致哉？蓋由其立心遠大，無見小欲速之私，故思及於馬。凡所以牧養而調用者，不循私以廢法，故馬之在官在民者，各無不善矣。苟立心不遠，輕謀淺慮，則凡施之國家，大小皆無成矣，豈獨一馬政哉？伏惟聖明於思無疆之學益深講求，以爲蓄牧富强之本焉。

○禮記月令曰：游牝别群，則縶騰駒，班馬政。

臣若水通曰：此仲夏之令也。别群者，離其群也。季春游牝於牧，至仲夏，姙孕已遂，故别群也。縶，維之也。騰駒者，騰躍之駒也。於此時縶騰躍之駒，恐踶齧以傷其孕也。二者皆以遂長養也。班，布也。馬政，養馬之政令也。

○月令曰：是月也，天子乃教於田獵，以習五戎，班馬政。

臣若水通曰：此季秋之令也。先王於季秋之月，天氣平和之時，教人田獵，以逐禽獸，因以習五戎之事，即車攻所謂因田獵以選車徒者也。斯時也，又班布馬政，必齊色度力，然後同乘焉。夫田獵所以得利，人之所欲，莫甚於利者。軍戎所以效死，人之所惡，莫甚於死者。以所惡寓所欲而習焉，先王之深意也。然必繼之以班馬政者，蓋行獵必以車，駕車必以馬，故必班馬政、比乘車，然後田獵之事可因之而舉，而軍戎之教寓於其中矣。今天下雖無事，然不可忘戰，而馬政亦所當脩。有太僕之官以專其事，有御史之烙以稽其弊，蓋亦甞備矣。伏惟聖明嚴加戒飭，以復先王之遺意焉。

○周禮夏官：馬質掌質馬，量三物，一曰戎馬，二曰田馬，三曰駑馬，皆有物賈。綱惡馬。

臣若水通曰：此周禮夏官之政也。馬質，官名。質，平也，主買馬而平其價者也。謂之量三物者，則三馬之材有高下之等，必有以量之，然後可以知其賈也。其材力可以供兵戎之事者曰戎馬，可以供田獵之事者曰田馬，以至駑馬則駑下之材，所以供宂事也。三者皆有物賈焉。曰綱惡馬者，以索綱而縶之，使不得奔逐踶囓也。此先王養馬之政，布在方册。後之人主果能行之，則馬生日蕃，而軍國之用無窮矣。

○校人掌王馬之政，辨六馬之屬：種馬一物，戎馬一物，齊馬一物，道馬一物，田馬一物，駑馬一物。凡頒良馬而養乘之。乘馬一師四圉。三乘爲皁，皁一趣馬。三皁爲繫，繫一馭夫。六繫爲廄，廄一僕夫。六廄成校，校有左右。駑馬三良馬之數，麗馬一圉，八麗一師，八師一趣馬，八趣馬一馭夫。天子十有二閑，馬六種。邦國六閑，馬四種。家四閑，馬二種。凡馬，特居四之一。春祭馬祖，執駒。夏祭先牧，頒馬，攻特。秋祭馬社，臧僕。冬祭馬步，獻馬，講馭夫。

臣若水通曰：此亦周禮夏官之馬政也。校人，掌蕃育之官也。種馬者，上善似母者也。物猶色也，毛色之不同也。六馬者，玉路駕種馬，戎路駕戎馬，金路駕齊馬，象路駕道馬，田路駕田馬，駑馬給宫中之役也。師、圉、趣馬、馭夫、僕夫，皆掌馬之官吏也。良馬者，即五路之馬也。乘馬，四馬也。四馬故四圉而一師也。由師而上，以至左右校，則良馬一種，爲匹四百三十二。五種，凡二千一百六十七匹也。駑馬三之，則爲匹千二百九十六。五良一駑，凡三千四百五十六匹，而王馬大備矣。麗也者，耦也。八皆當作六。駑馬師十二匹，則馭夫四百三十二匹矣，夫然後三之。其無僕夫者，不駕於五路，卑之也。閑，猶闌也。十二閑者，六厩成校，校有左右也。六閑者，齊馬、道馬、田馬爲三閑，而駑馬三之也。四閑者，良馬一、駑馬三也。四種、二種何也？四種無種與戎，二種田與駑也。特居四之一者，爲牝三也，欲其生之衆也。馬祖，天駟也。執駒者，春通淫之時，駒弱，恐乘匹傷之也。先牧，始養馬者也。攻特者，爲其蹄嚙，不可乘用也。馬社，始乘馬者也。馬步，神之爲馬災害者也。講馭夫者，簡練習熟馭馬之人也。

○左傳莊公二十九年：春，新作延厩。書，不時也。凡馬日中而出，日中而入。

臣若水通曰：不時者，非作厩之時也。凡馬，凡養馬之法也。日中者，春分、秋分也。春分則蒭繁而馬牧于野，秋分則水寒而馬還於厩也。書新者，則前此未有也。書新于春，非其時也。非其時而馬方出，而徒以妨農，非所以爲馬政矣。夫馬出入於日中，何也？所以順天之道，因地之宜，而盡物之性也。延厩之作，其意則異乎是矣。詩曰：「秉心塞淵，騋牝三千。」衛文公之所以復國也。夫以忘親釋怨如莊公者，又烏足以語此哉！

○漢文帝初年，廐馬止有百餘匹，下取給於邊郡。班氏居塞，則致馬數千群。橋桃居塞，則致馬千匹。是時内郡之盛，則衆庶街巷有馬，阡陌之間成群，乘牸牝者擯不聚。會邊郡之盛，則三十六苑分置西北邊。其良者以給乘輿。

臣若水通曰：動植之物，天之所生，地之所養，而人則參贊裁成焉。漢文之時，馬不過百餘匹。及班氏、橋桃馬政一脩，遂至阡陌成群。夫天地之生養如故也，其所以盛衰相遠者，則由人爾矣。司馬政者，當求得如班氏、橋桃者任之可也。

○漢景帝時，造苑馬以廣用。四年，御史大夫鄧綰奏：「禁馬高九尺五寸以上，齒未平，不得出關。」時太僕牧師諸苑三十六所，分布西北邊，以郎爲苑監，官奴婢三萬人，養馬三萬匹。

臣若水通曰：牧馬之政，在嚴法禁、明分數而已。法禁嚴，則馬無妄用，而得以盡其材。分數明，則人有定牧，而得以專其責。鄧綰所謂馬高九尺五寸以上，齒未平，不得出關者，其法禁之嚴乎！其奴婢三萬人，養馬三萬匹者，其分數之明乎！此所以人專其責，馬盡其材，而牧馬之所以蕃昌也歟！

○漢武帝征伐四夷，益盛養馬。以西河、上郡爲萬騎太守，而馬政始掌於郡二千石矣。蓄積厩馬，有四十萬。自遣衛、霍之師追匈奴，而馬大耗焉。晚年乃詔脩復馬令以補缺，使毋乏武備而已。

臣若水通曰：郡二千石掌馬政，此其創始乎。蓄馬之盛，古未有也。自此以還，而馬大耗於匈奴之遠追矣。嗚呼，蓄之難而棄之甚易。夫武王歸馬放牛，留有餘不盡之備於後也。孰謂武帝號爲雄材大畧之主，而乃計不出此耶？輪臺之悔，蓋亦晚矣。語曰：「前車覆，後車戒。」伏惟聖明察焉。

○漢昭帝元鳳二年，令郡國毋斂今年馬口錢。又令民有車騎馬一匹者，復卒三人。是時有馬者閒居則免三人之筭，有事則當三人之卒，其制優異，此内郡之制也。至於邊郡，則縱民畜牧而官不禁。

臣若水通曰：漢初内郡之盛，則衆庶有馬，阡陌成群。邊郡之盛，則三十六苑分置西北。而昭帝之時，申明舊制，并其所謂馬口錢者而去之，其意亦善矣。昭帝能法祖以脩馬政之善如此，可以爲後世嗣君率由舊章之法矣。

○漢靈帝光和四年春正月，初置騄驥厩丞，領受郡國調馬。豪右辜榷，馬一匹至二百萬。

臣若水通曰：馬政乃兵戎之重務，國之命脈繫焉，不可不預爲之備也。漢至靈帝，國事已去，始置厩丞領受調馬。豪右辜榷，又從而踊騰其直。雖有非子司其事，亦末如之何矣。有天下者，宜鑒戒之。

○唐玄宗開元十三年十一月，以王毛仲爲開府儀同三司。初，隋末國馬皆爲盜賊及戎狄所掠，唐初纔得牝牡三千匹於赤岸澤，徙之隴右，命太僕張萬歲掌之。萬歲善於其職，自貞觀至麟德，馬蕃息及七十萬匹，分爲八坊四十八監，各置使以領之。是時，天下以一縑易一馬。垂拱以後，潛耗大半。玄宗初即位，牧馬有二十四萬匹，以王毛仲爲内外閑厩使，張景順副之。至是，有馬四十三萬匹。上之東封，以牧馬數萬匹從，色別爲群，望之如雲錦，加毛仲官。

臣若水通曰：唐承周、隋亂離之後，四方征伐之餘，馬政之廢也久矣。鳩括殘騎，但得赤岸澤之牝牡三千爾。及其徙之隴右，掌之張萬歲，馬大蕃息，有一縑一匹之盛。迨至玄宗，掌之以毛仲，馬復大蓄，有望如雲錦之美。是蓋唐都關中，其地宜馬，而又監牧之得其人，芻牧之有其法，是何患乎馬之不盛也？後之脩馬政者，當取法於是焉。

○開元十五年，聽突厥於西受降城爲互市，每歲齎縑帛數十萬匹就市戎馬，以助軍旅，且爲監牧之種，由是國馬益壯焉。

臣若水通曰：馬莫壯於西北，以其風氣剛勁而牧地茂碩也。唐群牧之馬既富，而又市戎馬以爲之種，此唐之馬政所以駕秦、漢而獨盛也。故謂開元、天寶時海内富實，此非其驗歟！

○唐德宗建中元年，市關輔馬三萬實内厩。貞元三年，吐蕃、羌、渾犯塞，詔禁大馬出潼、蒲、武關者。元和十年，伐蔡，命中使以絹一萬市馬河曲。其始置四十八監，據隴西、金城、平凉、天水，圓廣千里，繇京度隴，置八坊爲會計都領，其間善水草腴田〔皆隸之〕〔一〕。厩旋以給貧民及軍吏，間及佛寺、道館，幾千頃。十一年，厩使張茂宗舉故事，盡收岐陽坊地，失業者甚衆。十三年，以蔡州牧地爲龍陂監。十四年，置臨漢監於襄州，牧馬三千二百，費田四百頃。

臣若水通曰：天地之性，人爲貴。土地所以養民也，戎馬所以衛民也。二者並行而不以相害可也。故牧地與農畝各有界限，牧地必不可耕，可耕者必不雜以爲牧地，則二者有相濟而無相妨矣。若德宗之初，牧地有定，民田有界，固無不善矣。及張茂宗之爲厩使，牧馬三千二百，費田四百頃，則是以其所衛民者而害養民者矣。此司其事者所當致謹焉。

○宋太祖以五代時監牧多廢，官失其守，國馬不蕃息，時但有左右飛龍院，帝始置養馬之務，歲遣中使諸邊州市馬。自是閑廄始充矣。

臣若水通曰：五代監牧廢弛而馬不蕃息，宋祖市馬脩政而閑廄始充，是故事之廢興，皆由乎人，匪由乎天也。然則脩舉廢墜，在君臣之責爾。

○宋太宗既平太原，遂觀兵范陽，得汾、晉、燕、薊之馬凡四萬二千餘匹。國馬增多，乃詔於景陽門外新作四廄，名曰天駟監，左右各二。以左右飛龍使爲左右天廄使，閑廄使爲崇儀使。内廄馬既充牣，始分置諸州牧養。雍熙初，禁邊臣於邊外市蕃馬勿得虧其直。改太廄院爲騏驥院，天駟監爲天廄坊。自河北、洛陽至許州，鎮監凡十八監。又詔北虜未平，方資戰騎，分遣使臣收買京城諸道私家所産之馬。

臣若水通曰：宋初廄馬之盛，由太宗馬政之脩舉有以致之者矣。至於市蕃馬虧直之禁，則又所以明中國之信義，而致外蕃之名馬，其利又不可勝言矣。

○宋太宗〔淳化二年〕[二]，通利軍上十牧草地圖，帝慮畜牧之地多侵民田，乃遣中使檢視，晝其疆界。又從内侍趙守倫之請，於諸州牧龍坊畜牝馬萬五千匹，逐水草放牧，不費芻秣。所生駒可資軍用，自是諸牧馬頗蕃息。

臣若水通曰：軍之所資，馬爲用以衛民者也。使牧馬用侵民田，反有以害之矣，可乎？太宗遣使而檢視之，則軍民農牧之分明，而二者並濟矣。否則疆界不立，牧地日廣，民田日削，而斯民亦耗甚矣，馬雖蕃，將焉衛哉？太宗之見，後世莫及。若夫不遣司馬之官而遣中使，使弊生其間，則亦終必害而已矣。

○宋真宗咸平三年，群牧司總内外馬政。其後，歲遣判官一人巡行諸監，取孳生駒二歲已上者點印之。左右騏驥院、六坊監止留馬二千餘匹，餘皆三月出就牧放，秋冬而入。其御馬準備用者在京師。

臣若水通曰：馬之生也日蕃，而人之僞也日滋。真宗取其駒而點印之，防隱匿也。夫隱匿之弊也久矣，惟智者爲能防其未然而弊可已也。然則宋真宗可謂智哉！我國家則既行之矣，事久法玩，在戒飭之而已耳，伏惟聖明留神焉。

○宋仁宗時，舊制以群牧司總天下馬政，其屬有左右騏驥院，分領左右天駟監、左右天厩坊。其畜病馬，有收養上、下監。牧兵校長有提舉、指揮使、副使。諸監之在外者，知州、通判兼領之。各據芻地列棚，並課士卒春夏出牧，秋冬入厩，孳息有賞，耗亡有罰，其爲條教甚備。丁度爲群牧使，上言：「天聖中，牧馬至十餘萬。其後言者以天下無事，遂廢八監。陝西、河東歲市馬一萬二百，尤能補京畿、塞下之闕。自用兵數年，所市馬比〔三〕常歲特三之一，請下令河東、京東、京西、淮南籍丁壯爲兵處有能蓄一戰馬者，與免二丁，仍不升户等，以備緩急。如此，則國馬蕃矣。」

臣若水通曰：宋制掌馬之官甚備，而牧馬之政甚詳。丁度請爲蓄馬免丁之令，脩數年市馬之缺，亦良策也。馬之蕃盛，固其宜矣。由是而觀，馬之盛衰係法之脩否。司是政者，不可不因時以補其弊也。

○宋英宗時，唐介知太原，請於交城縣置馬監。詔比部員外郎崔台符相視，得汾州故牧地三千餘頃。其千二百餘頃民以租佃者，令入租以給寒月芻豆。已從介請置監，自沙苑發牝馬五百匹往交城。帝謂文彥博曰：「馬政之盡善，繇群牧判官，國冀其蕃息以給騎兵。」遂以台符權群牧判。尋詔台符及劉航删修群牧司敕令。

臣若水通曰：兵之有馬，猶身之有足也。身非足則無以行，兵非馬則無以進。知身之不可以無足，則知兵之不可以無馬矣。唐介之請，英宗之言，其亦有見於此也乎！是故人君之脩馬政，非以外觀也，所以備用也，其可不盡心乎！

○宋神宗即位，留意於馬政。於是樞密使邵亢請以牧馬餘田脩稼政，以資牧馬之利，而群牧司言：「馬監草地四萬餘頃，今以五萬爲率，一馬占地五十畝，大名、廣平四監，餘田無幾，宜且仍舊。而原武、單鎮、洛陽、沙苑、淇水、安陽、東平等監，餘田萬七千頃，可賦民以芻粟。」從之。又詔河南北分置監牧使，以劉航、崔台符爲之。又置都監各一員，其在河南者爲孳生監。凡外諸監，並分屬兩使。諸監官吏若牧田縣令佐，並委監牧使舉劾，專隸樞密院，不隸於群牧制置。

臣若水通曰：周禮：「圉人掌養馬芻牧之事，以役圉師。」皆屬於大司馬。若夫樞密所掌者，調度機務大事，而以下侵群牧之職，不亦謬乎！蓋牧所以放馬者也，放之即所以養之爾。惟其養之也專，則生息多而壯健，緩急之用有備矣。此神宗即位之初而拳拳於馬政，其亦知國之所賴者兵，而兵之所賴者馬歟！後之爲人君，欲詰爾戎兵者，取法焉可也。

○宋高宗謂輔臣呂頤浩曰：「若復孳生馬，當就水草地。」是日，條畫於饒州四望山等處以爲牧地。郡守帶提領，選差使臣五員，專管牧養事。

臣若水通曰：高宗謂兵以馬政爲先，可謂知守備之要矣。然牧之在有其地，掌之在得其人。有其地而又有其人矣，在專其任。知斯三者，則唐之雲錦成群之效，豈不可見哉？爲人君脩馬政者，宜知此三要焉，否則徒文具爾。

○國朝洪武三十年乙巳，曹國公李景隆還自西蕃。先是，命景隆賫金符往西蕃以茶易馬，凡用茶五十餘萬斤，得馬一萬三千五百一十八匹。至是還命，分給京衛騎士操養。

臣若水通曰：周禮，夏官卿掌兵而以司馬名之，是兵戎之用在於馬，古先王未嘗不以此爲重也。欲脩馬政，必聖人在上，盡人之性，而有以盡物之性，又必得同心一德之臣以分職於下，則芻牧有道，而生育蕃息矣。我皇祖拳拳留意於馬政，兼用前代之善。在内地則散於民，即宋户馬之令也。在邊地則牧於官，即唐監牧之制也。至於川、陝，又有茶馬之設，豈非宋之市於夷者乎？令臣賫符以茶易馬於西蕃，歸則分給京衛騎士操養，可謂得之不費而處之有方矣。夫戎人得茶，不能爲我害，中國得馬，足以爲我利，其潛移默奪之機則密矣。但承平日久，法玩弊生，詰爾戎兵，亦聖學中之一事也。伏惟聖明體皇祖立法之心，爲國家先事之圖，幸甚！

○國初都金陵，設太僕寺于滁州。其後定都于北，又設太僕寺于京師。凡兩淮及江南馬政，則屬于南。其順天等府暨山東、河南馬政，則屬于北。其後又用言者，每府州若縣，添設佐貳官一員，專管馬政。在外設行太僕寺於山西、陝西、遼東，凡三處。苑馬寺亦三處。陝西、甘肅各轄六監二十四苑，遼東僅一監二苑焉。内地則民牧以給京師之用，外地則官牧以給邊方之用。又於四川、陝西立茶馬司五〔四〕，以茶易蕃戎之馬，亦用以爲邊備。

臣若水通曰：此我朝國馬之制也。夫國之大事莫大於戎，戎之所急莫急於馬。故我朝於戎馬之政尤甚詳焉。其地屬有南北，各以其便。以茶易馬，又有其法。自内及外，周悉詳備。此馬之用所以無乏絶也。然今之蕃育生息，不知能如國初之盛者乎？其所司之官，不知能如前之得人乎？脩廢振弊，惟在聖明之一心爾。

校記：

〔一〕「皆隸之」，據新唐書卷五十兵志補。

〔二〕「淳化二年」，據文獻通考卷一百六十兵考十二補。

〔三〕「比」，原作「此」，據嘉靖本改。

〔四〕「司五」，原作「五司」，據皇明名臣經濟録等書引丘濬牧馬之政改。

聖學格物通卷之八十五

漕運

○漢文帝時，賈誼上疏曰：「天子都長安，而以淮南東道爲奉地，鏹道數千，不輕致輸，郡或乃越諸侯而遠調均發徵，至無狀也。古者天子地方千里，中之而爲都，輸將繇使，遠者不在五百里而至。公侯地百里，中之而爲都，輸將繇使，遠者不在五十里而至。輸者不苦其繇，繇者不傷其費，故遠人安。及秦不能分人寸地，欲自有之，輸將起海上而來，一錢之賦，數十錢之費，不輕而致也。上之所得甚少，人之所苦甚多也。」

臣若水通曰：此漢賈誼上文帝之疏也。長安即關中也。夫關中，漢之所都也。漢都關中，則固資淮南以爲奉地矣。然自淮至關中數千里，甚遠地之輸將，類皆費數十錢始能致一錢之賦。其間或有越諸侯之境而調均發徵者。是以所費者多，而所致者少，至無謂也。夫古天子、諸侯地不過千里、百里，都其中土，四面輸將，其道里天子止五百里，諸侯止五十里爾。至秦併天下，都關中，去海有數千里之遠，其輸將由邊海而至都，又數十錢之費乃致一錢矣。然則人君不可不以節財用爲先務也。臣故揭之以爲後世規焉。

○漢武帝元光六年春，大司農鄭當時言：「穿渭爲渠，下至河，漕關東粟徑易，又可以漑渠下民田萬餘頃。」春，詔發卒數萬人穿渠，如當時策。三歲而通，人以爲便。

臣若水通曰：鄭當時穿渠之利有二焉，一則可以通漕粟，一則可以利漑田。暫勞而永逸，論者至今稱之。蓋由當時講求水利，毋邀近功，無惜小費，毅然任之而不疑。然非武帝之明決，未必不沮之於群議，廢之於慮始也。然則啓之者當時之功，用之者武帝之明，是宜並書之。

○漢明帝永平十三年夏，汴渠成。河、汴分流，復其舊迹。

臣若水通曰：軍國之儲，屯種爲上，漕運次之，飛輓爲下，海運則不得已而用之也。蓋費力漸多，則漸爲下策爾。史稱明帝時河、汴決壞，久而不脩。至是，遣王景發卒脩汴渠隄十餘里。隄既成，則河東北入海，而汴東南入泗，兖、豫之民得以安居，而運道通矣。明帝之爲國計也，不亦善哉。

○漢後主建興十二年二月，丞相諸葛亮勸農講武，作木牛流馬運米，集斜谷口。治斜谷邸閣，息民休士，三年而後用之。

臣若水通曰：蜀地出褒斜，不通舟楫，轉運甚艱，故亮爲木牛流馬之法。今其制不可考，而蜀道崎嶇，飛輓咸集，要非尋常智謀所可辦者。非振古之奇才，其孰能神其術如是哉？

○晉惠帝永寧元年四月，成都王穎表稱：「大司馬前在陽翟，與賊相持既久，百姓困敝。乞運河北邸閣米十五萬斛，以振陽翟饑民。」

臣若水通曰：國之儲積，爲軍國計也。穎表運河北邸閣之粟十五萬，以振陽翟饑民者何哉？蓋軍國之所以存亡勝敗，以其有民也。故曰「民爲重，社稷次之，君爲輕」，而況軍國之需乎！穎之計，可謂有深長之慮矣。後之人君爲瓊林、大盈之積，或乃多聚内帑以爲私財而不恤民饑者，亦何心哉？

○晉惠帝永興元年正月，羅尚遣別駕李興詣鎮南將軍劉弘求糧，弘綱紀以運道阻遠，且荆州自空乏，欲以零陵米五千斛與尚。弘曰：「天下一家，彼此無異。

吾今給之，則無西顧之憂矣。」遂以三萬斛給之。又遣治中何松領兵屯巴東，爲尚後繼。時流民在荆州者十餘萬户，羈旅貧乏，多爲盜賊，弘大給其田及種糧。

臣若水通曰：綱紀，弘之幕官也。夫天下如人之一身，四肢百骸，氣相通貫，則爲康强，否則病且死矣。世之爲人臣者，多以分職自私不相應，如痿痺之人血氣不貫，其不悮人國家者鮮矣。荆州、巴、涪相爲唇齒，巴、涪軍乏，固荆州之憂也。劉弘不以分職自私，慷慨許尚以漕米三萬，可謂公以存心，忠於所事矣。噫，賢矣哉！

○唐都關中，歲漕東南之粟。高祖、太宗之時，用物有節而易贍，水陸漕運不過二十萬石。

臣若水通曰：李唐創業之初，漕運不若繼世之多，而主國計者未嘗以財屈告，何也？用之有節也。是故天之生財有限，人之運力有窮，不可不節也。使用之無節焉，則雖罄民之貲，竭民之膏，而其用亦有所不足矣。故運事無善，節用其善。爲人君者，可不究心哉？

○唐太宗貞觀十八年，上將征高麗，敕閻立德等詣洪、饒、江三州，造船四百艘，以載軍糧。以韋挺爲饋運使，又命蕭鋭運河南諸州糧入海。

臣若水通曰：太宗親征遠夷，預爲足食之計，命官造船，置使督運，可謂輕民命而暴民財矣。夫以中國之命之財，而事帝王所不治之夷狄，譬猶竭心腹氣血而以益於指爪皮毛，不可得也，其不亡亦幸矣。臣特書以爲人君遠運虛内事外者之戒焉。

○唐玄宗開元二十一年，關中久雨，穀貴。上將幸東都，裴耀卿謀之曰：「臣聞貞觀、永徽之際，歲漕關中一二十萬石，足以周贍。今若使司農租米悉輸東都，自東都轉漕以實關中，則關中有數年之儲，而水旱無憂矣。且吴人不習河漕，請於河口置倉，使吴船輸米而去。官自雇載，分入河、洛。或開山路，車運而過，則無留滯矣。」上深然其言。

臣若水通曰：耀卿此謀，節級轉運，不滯於遠船，不疲於遠輦，雖用民力而民不知其勞，誠爲轉運之良法也。開元之盛，君子彙進，雖轉運之司而其建明有如此者，其可嘉也夫。

○開元二十二年，裴耀卿爲江淮河南轉運使。於河口置輸場，於輸場東置河陰倉，西置柏崖倉，三門東置集津倉、西倉、鹽倉。又令江、淮舟運悉輸河陰倉，更用河舟運至含嘉倉及太原倉，自太原倉入渭，輸關中。凡三歲，運米七百萬斛，省僦車錢三十萬緡。

臣若水通曰：耀卿轉運之計善矣，省僦車錢三十萬而官不告乏，凡三四遞運而民不告勞，其獲效多而所費少，自漢以來，莫之過也。開元、天寶間海内富實，而京師之府庫益充，非斯人之功也哉？

○天寶元年正月，陝州刺史李齊物穿三門運渠。

臣若水通曰：齊物鑿砥柱爲門以通漕，開其山巔以爲輓路，自以爲計得矣。至於棄石激水，舟不得入，乃候水漲而以人輓之，曠日久而用力多，非徒無益，而又害之也。卒之賂宦官以蔽主，其人烏足齒哉？臣故書之以爲後戒。

○天寶二年，江淮租庸等使韋堅引滻水抵苑東望春樓下爲潭，以聚江、淮運船。役夫匠通漕渠，發人丘壟。自江、淮至京城，民間蕭然愁怨。

臣若水通曰：堅之計非欲便於國，益於民，將以飾觀視之美，而逢君之欲也。玄宗見其連檣數里，珍貨滿目，則侈然自足矣，而復恤其民怨而國危乎？天寶去開元無幾，而轉運之弊如此，乘輿播遷，豈徒歸諸天哉？噫，可以爲世鑒矣。

○唐肅宗乾元二年，諸軍屯戍日久，財竭糧盡。段秀實獨運芻粟以奉鎮西行營，相繼於道。

臣若水通曰：兵以食彊也，食足則兵足而民信之，斯無往不利矣。食盡則兵憊，士心必貳，其果能信乎？秀實獨運芻糧以給行營，其知當務之急者歟！

○唐代宗廣德二年三月，劉晏爲轉運使，以江、汴、河、渭水力不同，各隨便宜，造運船，教漕卒。江船達揚州，汴船達河陰，河船達渭口，渭口達太倉，其間緣水置倉，轉相受給。自是每歲運穀，或至百餘萬斛，無升斗沉覆者。

臣若水通曰：劉晏轉運之法，世稱理財之善也。蓋由躬執籌筭，自昕逮晦，雖休澣不費務，其專精於此也久矣。而又取濟於鹽利，宜其事之易辦而成其功也。雖然，大學曰：「未有上好仁而下不好義者也，未有好義〔一〕其事不終者也。」晏亦專利之臣爾，未聞以仁義之利事其君者。故曰：「長國家而務財用者，必自小人矣。」然則晏亦非國家之大利也。

○唐德宗貞元二年四月，關中倉廩竭，禁軍或自脱巾呼於道曰：「拘吾於軍而不給糧，吾罪人也。」帝憂之甚。會韓滉運米三萬石至陝，李泌即奏之，帝喜，遽謂左右曰：「米已至陝，吾父子得生矣。」時禁中不釀，命於〔二〕坊市取酒爲樂。又遣中使諭神策六軍，軍士皆呼萬歲。時比歲饑饉，兵民皆瘦黑。至是麥始熟，市有醉人，當時以爲嘉瑞。人作飽食死者，復五之一。數月，人膚色乃如故矣。

臣若水通曰：經曰：「制節謹度，滿而不溢，所以長守富也。」德宗以聚斂爲良臣，以掊克爲長策，而不節無度，既已久失人心，而肇禍亂矣。播遷之餘，乃至倉廪匱竭，上下乏食，是不守其富矣。韓滉運米至陜，而帝有得生之喜，軍有萬歲之呼，然則非糧〔三〕運則寃怨生變，即有不得生之禍矣。轉運之利於國家豈小也哉？昔者公劉好貨，詩曰「乃積乃倉，乃裹餱糧。于槖于囊，思戢用光」。帝之好與公劉同，而其效相反者，蓋天理人欲之不同情爾。人君可不以德宗爲戒，而以公劉爲法哉？

○陸贄奏議：贄告德宗曰：「陛下誠能聽臣愚計，不受沮傷，百日之間，收貯總畢，轉運常行之務，既無失於舊規；太倉歲入之儲，亦不闕其恒數。圖慮至熟，更無所妨，謹具揚榷上陳，惟陛下留意省察。舊制以關中王者所都，萬方輻輳，人殷地狹，不足相資。加以六師糗糧，百官禄廪，邦畿之税，給用不充。所以控引東方，歲運租米，冒淮、湖風浪之弊，泝河、渭湍險之艱，所費至多，所濟蓋寡。習聞見而不達時宜者則曰：『國之大事，不計費損。故承前有用一斗錢運一斗米之言，雖知勞煩，不可廢也。』習近利而不防遠患者則曰：『每至秋之時，但令畿内和糴，既易集事，又足勸農，何必轉輸，徒耗財賦。』臣以兩家之論，互有短長，各申偏執之懷，俱昧變通之術。其於事理，可得粗言。夫聚人以財，而人命在食。將制國用，須權重輕。食不足而財有餘，則弛於積財，而務實倉廩。食有餘而財不足，則緩於積食，而嗇用貨泉。若國家理安，錢穀俱富，烝黎蕃息，力役靡弛，然後可操羨財，益廣漕運，雖有厚費，適資貧人。三者不失其時之所宜，則輕重中權，而國用有制矣。開元、天寶之際，承平日久，財力阜殷，禄食所頒，給用亦廣。所以不計糜耗，勵贍軍儲，至使流俗過言有用一斗錢運一斗米之説。然且散有餘而備所乏，雖費何害焉？斯所謂操羨財以廣漕運者也。貞元之始，巨盜初平，太倉無兼月之儲，關輔遇連年之旱，而有司奏停水運，務省脚錢，至使郊畿之間，煙火殆絶，都市之内，餒殍相望，斯所謂覩近利而不防遠患者也。近歲關輔之地，年穀屢登，數減百姓税錢，許其折納粟麥，公儲委積，足給數年，田農之家，猶困穀賤。今夏江、淮水潦，漂損田苗，比於常時，米貴加倍。甿庶匱乏，流痛頗多。關輔以穀賤傷農，宜加價糴穀，以勸稼穡。江淮以穀貴民困，宜減價糶米，以救凶災。今宜糴之處則無錢，宜糶之處則無米，而又運彼所乏，益此所餘，斯所謂習見聞而不達時宜者也。今淮南諸州，米每斗當錢一百五十文。

從淮南轉運至東渭橋，每斗船脚又約用錢二百文。計運米一斗，總當錢三百五十文。其米既糙且陳，尤爲京邑所賤。今據市司月估，每斗只糶得錢三十七文而已。耗其九而存其一，餒彼人而傷此農，制事若斯，可謂失矣。頃者每年從江西、湖南、浙東、浙西、淮南等道運米一百一十萬石，送至河陰。其中減四十萬石，留貯河陰倉，餘七十萬石送至陜州。又減三十萬石，留貯太原倉。唯餘四十萬石，送赴渭橋輸納。臣詳問河陰、太原等倉留貯之意，蓋因往年蟲旱，關輔薦饑，當崔浩作相之初，懲元琇罷運之失，遂請每年轉漕米一百萬石以贍京師。比之中途，力殫歲盡，所以節級停減，分貯諸倉。每至春水初通，江、淮所般未到，便取此米入運，免其停滯舟船。江、淮新米至倉，還復留納填數。輪環貯運，頗亦協宜，不必每歲加般，以增不給之費。所司但遵舊例，曾不詳究源由，邇來七年，積數滋廣。臣近勘河陰、太原等倉，見米猶有三百二十餘萬石。河陰一縣所貯尤多，倉廪充盈，隨便露積，舊者未盡，新者轉加，歲月漸深，耗損增甚。縱絶江、淮轉輸，且運此米入關，七八年間，計猶未盡。况江、淮轉輸，船次不停，但恐過多，不慮有闕。今歲關中之地，百穀豐登，京尹及諸縣令，頻以此事爲言，憂在京米粟大賤，請廣和糴，以救農人。臣今計料所糴多少，皆云可至百餘萬石。又令量定所糴估價，通計諸縣貴賤，并雇船車般至太倉，穀價約四十有餘，米價七十以下。此則一年和糴之數，足當轉運二年。一斗轉運之資，足以和糴五斗。比較即時利害，運務且合悉停。臣竊慮運務若停，則舟船無用。舟船無用，則壞爛莫脩。儻遇災凶，復須轉漕，臨時鳩集，理必淹遲。夫立法裁規，久必生弊。經略之念，始慮貴周。不以積習害機宜，不以近利隳永制。不貴功於當代，不流患於他時。慮遠防微，是其均濟。臣今所獻，庶近於斯。減所運之數，以實邊儲。存轉運之務，以備時要。其於詳審，必免貽憂。」

臣若水通曰：陸贄論轉運一事，變通盡利，至爲詳悉。視此處歲穀之豐歉餘乏，以爲彼處轉運之盈縮多寡，達時宜而不溺於見聞，防遠患而不狃于近利，贄可謂通達國體者矣。後之人君講運事者，宜采擇焉。

○宋定都於汴，漕運之法分爲四路：江南、淮南、浙東西、荊湖南北六路之粟，自淮入汴，至京師。陝西之粟，自三門、白波轉黄河入汴，至京師。陳、蔡之粟，自閔河、蔡河入汴，至京師。京東之粟，歷曹、濟及鄆入五丈渠，至京師。四河惟汴最重。

臣若水通曰：汴梁，四衝八達之地也。宋建鼎於此，故其運道所至凡四路，蓋因其勢而爲之也，若漢漕仰於山東，唐漕仰於江淮，則異於是矣。是故法無古今，便民者爲良法也。

○元史食貨志：元都于燕，去江南極遠，而百司庶府之繁，衛士編民之衆，無不仰給於江南。自伯顏獻海運之言，而江南之糧分爲春夏二運。蓋至於京師者，歲多至三百萬餘石。民無輓輸之勞，國有儲蓄之富，豈非一代良法歟！

臣若水通曰：虞集云：「至元十二年，既平宋，始運江南糧。以河運弗便，至元二十九年用伯顏言，初通海道漕運，抵直沽，以達京城。立運糧萬户府三，以南人朱清、張瑄、羅璧爲之。初歲運四萬餘石，後累增及三百餘萬石，春夏分二運至。舟行風迅，有時自浙西不旬日而達於京師。內外官府、大小吏士，至于細民，無不仰給于此。臣愚亦以爲此一代之良法也。夫所謂法之良者，豈直以爲足國之用而已乎？蓋其法有三利焉。夫漕河係於地者也，舟輓係於人者也，海運係於天者也。係於地者，地或得以阻之。係於人者，人亦得以玩之。係於天者，惟能順天之時，地阻、人力不得而與焉。是故有順天之利一也，無漕河之阻二也，免輓舟之勞三也，此所以爲良法也。雖然，今之漕河疏濬，地利已非元之比矣。督運嚴密，人事已非元之比矣。此其萬世之經也。若夫海運之法，費力甚少而致粟甚多，其説亦不可廢。必不得已而用之，其亦權一時之變乎？

○程顥曰：饋運之術，雖自古亦無不煩民、不動摇而足者。然於古則有兵車，其中載糗糧，百人破二十五人。然古者行兵在中國，又不遠敵。若是深入遠處，則決無省力。且如秦運海隅之粟以饋邊，率三十鍾而致一石，是二百倍以來。今日師行，一兵行一夫饋，只可供七日，其餘日必俱乏食也。且計之須三夫而助一兵，仍須十五日便回。一日不回，則一日乏食。以此較之，無善術。故兵也者，古人必不得已而用者，知此爾。

臣若水通曰：程顥謂一夫可饋一兵，七日而計，三夫助一兵，蓋有見乎運餉之難，至精密矣。是故古者慎於用兵，非獨不忍驅無罪之民而置之鋒鏑之下也，亦以饋運之難耳。蓋用兵所以利民也，至於疲其力，傷其財，則是以其所利之者反害之矣。故古之用兵，須精而少，静而制動，蓋爲省饋餉之費爾。

○張栻云：北邊方用兵，總財賦者議調西州民轉餉，張棁謂有三不可。西州賦重於三路，不待調夫民力已疲矣。自蜀至利，役夫徒手走千里始得負糧而行，又千里乃至西和。古人以爲「千里饋糧，士有饑色」，今且倍矣，獨奈何？且劍、利調夫，一人之費，爲錢八萬。西州道遠，費必倍。以一夫十六萬錢計之，直米五十石，致六斗之粟，利害又相絶矣。卒寢其議。

臣若水通曰：轉餉之役病民。以二千里之遠而轉餉，又病民之至者也。張棁三不可之説，深見其病，可謂能知時務者矣。若以爲不達時務而泥於守常者，豈知棁者哉！後之爲國計者，當如棁之深稽其弊，然後可以謂之永圖也。

〇列傳記楊時陳時政之弊，有曰：燕、雲之師，宜退守内地，以省轉輸之勞。募邊民爲弓弩手，以殺常勝軍之勢。

臣若水通曰：轉輸之事，用民力則病民者也。地愈遠，則爲病愈甚。宋運江、淮以南之米去燕、雲，甚遠矣。時言退守以省民勞，募邊民以爲弓弩手，可謂知兵食之至計者矣。

〇楊時上淵聖皇帝書，其畧曰：祖宗設制置發運司，蓋得劉晏之遺意。朝廷捐數百萬緡與爲糴本，使總六路之計，通融移用，以給中都之費。六路豐凶，更有不常。一路豐稔，則增糴以充漕計。饑凶去處則罷糴，使輸折斛錢而已。故上下俱寬，而中都不乏，最爲良法。自胡師文以糴本爲羨餘以獻，而制置發運司拱手無可爲者，此直達之議所從起也。今復轉般，而糴本乃取之諸路。昔者諸路每歲一路所得鹽課，無慮數十萬緡。自鈔法行，鹽課悉歸榷貨務，諸路一無所得，漕計日已不給。今又斂取之，非出於漕臣之家，亦取諸民而已。

臣若水通曰：運餉之法，莫善於轉般，莫不善於直達。是時雖復轉般之名，而直達之實猶在。諸路漕米至真、揚、楚、泗，未嘗入廒，徒爲取支文具而已。夫鹽法與轉般，相因以爲利也久矣。自直達行而鹽法隨變，所謂相因爲利者，咸失之矣。今復轉般之名，而無轉般之實，豈非徒然哉？此楊時之論所以有感於時弊，而爲後世變法者之戒矣。

○國朝洪武二十六年八月，上命崇山侯李新往溧水縣督視有司開臙脂河，上諭之曰：「兩浙賦税，漕運京師，歲實浩繁。一自浙河至丹陽，捨舟登陸，轉輸甚勞。一自大江泝流而上，風濤之險，覆溺者多。朕甚憫之。今欲自畿甸疏鑿河流，以通於浙，俾運輸者不勞，商旅獲便，故特命爾往督其事。爾其臨事雖勤，役民勿暴。」新頓首受命而行，暨河成〔四〕，人皆便之。

臣若水通曰：食者軍民之大命，而漕運又朝廷之大命也。聖祖命李新往督開臙脂河，且諭之以轉輸之浩繁，與夫輸輓覆溺之勞苦，遂欲河流大通，往來獲便，所以利國計而寬民力者至矣。然是特運於南都者爾，今日都北，自揚、淮至於會通而達京師，其道路之遥，洪閘之險，浩繁勞苦，又不可勝言者矣。聖明宜體皇祖之心，以備國而恤民，使其所養者皆有功於國、有益於民之人，不徒費可也。不然，何以苦我有用之民，而養彼無用之人，爲彼無益之事哉？誠使授一官，興一役，費一物，必以此爲念，而痛爲之撙節焉，國用其有不給，民生其有不安者乎？伏惟聖明留意焉。

○洪武三十年，海内運糧七十萬石給遼東軍餉。永樂初，海運七十萬石至北京。至十三年會通河通利，始罷海運。

臣若水通曰：此國朝罷海運之始也。夫轉運糧米，取以資京師而已。今之漕運，盡善而盡美也。至於海運，一切罷之，臣竊以爲非所以備意外之虞，而示人以不可窮之計也。故漕運以爲萬世之經，海運所以備一時之變，二者並存，斯得之矣。然欲舉海運，必屬之近海之藩司，庶乎知海港之勢，而爲操舟趨避之方，則萬全無失，可使一費而收百利矣。

○國朝諸司職掌：凡有軍馬去處，所需錢糧等項，本部必先查考某處蓄積有餘，某處歲用不給，量其水陸路程，地里遠近難易，計其人夫多寡，明白具奏，差官於糧多去處撥運缺糧衛分支用。

臣若水通曰：轉運之法，國家大計。其在歷代行之，其法不同，然大要不過隨其地之豐歉，量其里之遠近難易，而權宜之而已矣。此不易之法也。我朝著爲法令，提其大綱，挈其要領，可謂至約而博矣。

○永樂四年六月，廣東布政司奏：「每歲海外番夷入貢方物，水路以舟楫運載。惟南雄至南安，舟楫不通，自今請用民力接運。」太宗曰：「爲君務養民，今番貢無定期，而農少暇日。假令自春至秋，番夷入貢不絕，皆役民接運，豈不妨其農事？自今番夷入貢，如值農務之時，其方物並於南雄收貯。俟十一月農隙，却令運赴南安。著爲令。」復顧侍臣曰：「民不失其養，雖勞之鮮怨。民失所養，雖休之不德。」

臣若水通曰：古之王者，不以邊遠窮人之力。故禹貢之制，止於甸服千里之內，猶曰百里賦納總，二百里納銍，三百里納秸，四百里粟，五百里米。因其地之遠近，爲之輕重。而於侯綏要荒之外，則無賦也。晁錯曰：「人情莫不欲逸，三王節其力而不盡，蓋以爲民也。」觀我太宗之言，誠有以合古帝王之意。繼世而有天下，盍以太宗爲法乎！

校記：

〔一〕「義」，原作「善」，據嘉靖本改。

〔二〕「於」，原作「吴」，據資治通鑑卷二百三十二唐紀四十八改。

〔三〕「糧」，原作「良」，據嘉靖本改。

〔四〕「成」，原作「城」，據嘉靖本改。

聖學格物通卷之八十六

勸課

○易繫辭：包犧氏没，神農氏作，斲木爲耜，揉木爲耒。耒耜之利，以教天下，蓋取諸益。

臣若水通曰：此是聖人制耒耜之器，有益卦之象也。作者，肇於神農而創制之也。斲謂削而鋭之。起土者耜也。揉謂柔而曲之。運耜者耒也。益之上巽二陽，象耒之自地上而入。下震一陽，象耜之在地下而動也。耒耜興而天下皆知耕矣，民無遺力而遊食禁矣，地無遺利而閒曠治矣。取諸易卦之益者，蓋天下之益莫大於農，五穀熟而民人育，衣食足而禮義生，皆農之功也。周之有天下，皆起於后稷之農畝。故國家以農爲本，爲人君者，可不知所先務乎？

○書虞書大禹謨：禹曰：「戒之用休，董之用威，勸之以九歌，俾勿壞。」

臣若水通曰：大禹陳養民之政，此則勸懲以保其治也。戒，諭也。休，美也。董，督責也。大禹言今六府三事，九功惟叙，九叙惟歌矣。然人情恒勤於始，怠於終，則已成之功能保其不廢乎？故勤於是者，則戒諭而休美之。其怠於是者，則督責而懲戒之。戒之董之，雖以激勵其憂勤之心，而不能使之優游厭飫，自趨事赴工而不已也。故復即其前日歌咏之言，協之律吕，播之聲音，用之鄉人，用之邦國，以勸相之，使歡欣鼓舞，趨事赴工，不能自已，而前日之成功，得以久存而不壞也。夫農桑者，小民衣食之源，人君足國之要。此大禹所以拳拳於課功之政也，爲治者宜以爲先務焉。漢世去古未遠，故文、景之君頻下勸農詔，且設力田之科，雖未講於大禹戒董勸歌之政，然亦庶幾先王之遺意矣。仰惟聖明，勵精圖治，欲復三代之隆，幸于兹而留意焉。

○詩鄘風定之方中：靈雨既零，命彼倌人，星言夙駕，説于桑田。匪直也人，秉心塞淵，騋牝三千。

臣若水通曰：此衛人美文公之詩，而述其勸課之事也。靈，善。零，落也。倌人，主駕者也。星，見星也。説，舍止也。秉，操。塞，實。淵，深也。馬七尺以上爲騋。言善雨既落之時，東作方興，則命駕車之人戴星早駕其車，而舍止于桑田之間，以勸勞農作之人，秉持其心，實而且深，而騋馬之牝有三千之富矣。夫富國之道在豐民財，在勤勸課。故巡行阡陌，勸課農桑，亦王政之一事也。文公以勸農桑而致富，庶有騋牝之盛，成興復之功，而稱衛之賢君，宜哉！嗚呼，文公秉心塞淵，勤於政事，特有所感激懲創於破滅之餘，猶能有爲如此，況人主實有勤政之心，而居之無倦，行之以忠，其致富庶、興大業於天下，又當何如哉？

○小雅甫田：曾孫來止，以其婦子，饁彼南畝。田畯至喜，攘其左右，嘗其旨否。禾易長畝，終善且有。曾孫不怒，農夫克敏。

臣若水通曰：此詩述公卿有田禄者力於農事，而此則言其省耘勸農之事也。曾，重也。曾孫，主祭者之稱。饁，餉也。攘，取也。旨，美也。易，治也。長，竟也。有，多也。敏，疾也。夫國本於食，食本於農。然人情好逸，使上之人不知所以勸課而鼓舞之，則亦無以使之盡力於耕耘也。故曾孫當黍稷薿薿之餘，以省耘而來止，適見農夫之婦子來餉耘者於南畝之中，其時田畯亦至而喜之，乃取左右之饋而嘗其旨否，其上下相親如此。又見其禾之易治，實穎實栗，竟畝如一，是知其他皆然，終當善而且多。是以曾孫不怒其惰，而農夫益以樂於趨事赴工而爲之益疾矣，又何食有不足者哉？噫，下之興起由於上之感動如此，則夫勸〔一〕課之典，上之人信有不可不舉者矣。

○禮記月令曰：命野虞出行田原，爲天子勞農勸民，毋或失時。命司徒循行縣鄙，命農勉作，毋休于都。

臣若水通曰：此孟夏之令也。野虞，虞人之掌田野者。高平曰原，郊外謂之鄙。休于都，則遊手不務田矣。言孟夏之月，則命野虞代天子勞農夫耕作之勞，以勸之不可失此耕耘之時。又命司徒之官循行縣之都鄙，使民勉於耕作，禁之不得游手好閒，以休逸於都邑也。夫古之王者，所以重民食也。故孟子曰：「民事不可緩也。」夫食者民之命，農者食之本。故天子及農祥之月，恐民之怠且荒也，則野虞有命，司徒有戒，所以勸課而督責之者盡矣。雖然，天子所以立民之食者，是其所以自立也。後世以田舍翁嗤其昔之人者，宜其不足以享國哉。

○月令曰：天子乃以元日祈穀于上帝，乃擇元辰，天子親載耒耜，措之于參保介之御間，帥三公、九卿、諸侯、大夫，躬耕帝藉。天子三推，三公五推，卿、諸侯九推。反，執爵于大寢。三公、九卿、諸侯、大夫皆御，命曰勞酒。

臣若水通曰：此孟春之令也。元日祈穀者，郊祭天，配以后稷，因祈穀也。元辰者，郊後吉日也。參者，參乘之人也。介者，衣甲也。參保，謂勇士爲車右而衣甲者也。御也者，御車之人也。天子在左，御者居中，車右在右而爲參也。帝藉，藉田千畝也。勞酒者，勞其耕之勤勞也。夫躬耕帝藉者何也？民之所生者命也，命之所依者食也，食之所依者土穀也。故天子耕藉，上以祭神明，下以重民命也。是故天下無不耕之人，所以示勸課之典也。

○月令曰：后妃齊戒，親東鄉躬桑。禁婦女毋觀，省婦使，以勸蠶事。蠶事既登，分繭稱絲效功，以共郊廟之服，毋有敢惰。

臣若水通曰：此季春之令也。東鄉，迎時氣也。躬桑，親自采桑也。禁毋觀，不得爲容觀之飾也。省婦使，減省其箴線之事也。登，成也。分繭，分布衆婦之繅者也。效功，校其功之上下也。后妃躬桑勸蠶者何也？所以重本也。故天下無不蠶之婦也，所以示勸課之典也。以供祭服何也？所以致誠敬也。

○月令曰：乃命有司趨民收斂，務蓄菜，多積聚。乃勸種麥，毋或失時。其或失時，行罪無疑。

臣若水通曰：此仲秋之令也。趨收斂者，先有收斂之政，此又促之也。務蓄菜者，以助穀之不足也。多積聚者，凡可以備歲者皆聚之也。勸種麥者，所以續舊穀及新穀之際者，尤利於民也。罪無疑，所以重惰民之罰以重麥也，廣養民之利也。

○月令曰：令告民出五種，命農計耦耕事，脩耒耜，具田器。

臣若水通曰：此季冬之令也。五種者，五穀之種也。耦，二人相偶也。田器，鎡基之類也。夫季冬而備農事者何也？乘陽動也。陽，事之始也，將以爲來春播種之計也。

○周禮地官載師：凡宅不毛者，有里布。凡田不耕者，出屋粟。凡民無職事者，出夫家之征。以時徵其稅賦。

臣若水通曰：不毛者，謂不種桑麻者也。布，帛也。三夫爲屋。民無職事者，謂遊惰也。宅不種桑麻者則有罰，使出一里二十五家之布，所以勸織也。田不耕者則有罰，使出三家之粟，所以勸耕也。以至遊惰之民，則皆兼不毛、無職事二者之惰矣。使出一夫百畝之稅，一家力役之征，又所以勸勤業者也。夫王者之民，宜其鼓舞而不倦，而顧有不盡然者，此所以厪先王之慮，而昭示其罰也。尤必取之以時焉者，恐其有以病民。惟如是，庶幾下無所困，而上無所匱。其視後世頭會箕斂，并取一時以厲民者，大不侔矣。

○國語周語：虢文公曰：「三時務農而一時講武，故征則有威，守則有財。若是，乃能媚於神而和於民矣。則享祀時至，而布施優裕也。」

臣若水通曰：優，饒也。裕，緩也。先王之政，務農爲重，而講武爲輕。故四時，農居四之三，武居四之一，則其勸農之義可見矣。是故足食足兵而民信，兵農合一故征守有備，是故神民協和而外侮不至也。

○魯語：公父文伯之母曰：「社而賦事，烝而獻功，男女效績，愆則有辟，古之制也。君子勞心，小人勞力，先王之訓也。自上以下，誰敢淫心舍力？」

臣若水通曰：社，春分祭社也。事，農桑之屬也。冬祭曰烝，烝而獻五穀、布帛之功也。績，功也。辟，罪也。古之人君勞民勸相，與時偕行，故賦事於社，獻功於烝，皆各以其時也。否則縱淫心，舍力本，何以阜成財用，以享安富尊榮之福也？爲人君者，不可不脩先王勸農之法焉。

○漢宣帝地節四年，以龔遂爲水衡都尉。初，遂爲渤海太守，齊俗奢侈，好末技，不田作，乃躬率以儉約，勸民務農桑，令口種一樹榆，百本薤，五十本葱，一畦韭。家二母彘，五母雞。春夏不得不趨田畝，秋冬課收斂，益畜果實菱芡。郡中皆有畜積，吏民富實，徵爲都尉。

臣若水通曰：生財有大道，務本以開其源，儉用以節其流而已。渤海富實，有由然哉！

○建武十五年十一月，拜張堪漁陽太守。堪視事八年，匈奴不敢犯塞。勸民耕稼，以致殷富。百姓歌曰：「桑無附枝，麥秀兩岐。張君爲政，樂不可支。」

臣若水通曰：農耕者，民食之本。張堪守漁陽，勸民耕稼，百姓殷富，至有德政之歌，此教民務本之明效也。有民社者，可不法乎？

○章帝建初元年，詔：二千石勉勸農桑。罪非殊死，須秋案驗。有司明慎選舉，順時令，理冤獄。

臣若水通曰：章帝建初之詔，其要有三，曰勸農桑，曰明選舉，曰理冤獄。然三者必以農桑爲首令，則其重農務本之意可見矣。後之君天下者，宜視以爲法焉。

○漢章帝時，秦彭爲山陽太守，興起稻田數千頃。每於農月，親度頃畝，分別肥瘠，差爲三品，各立文簿，藏之郡縣。於是姦吏跼蹐，無所容詐。彭乃上言：「宜令天下齊同其利。」詔以其所立條式頒下州郡。

臣若水通曰：王道莫先於養民，養民莫先於仁政。後世農桑法廢，民既失養，而征斂無經，貪暴之吏，因緣爲奸，邦本日蹙，有自來矣。秦彭爲郡，乃能開稻田以養貧民，立法制以繩姦吏，不私於一郡，而又推之以與天下同其利焉，蓋庶幾仁政保民之公矣，獨非百世循吏之法歟？

○北魏孝文帝時，元淑爲河東太守。河東俗多商賈，罕事農桑，人有年三十不識耒耜者。淑下車勸課，躬往教示，二年間家給人足，爲之謡曰：「泰州河東，杼軸代春。元公至止，田疇始理。」

臣若水通曰：先王制四民之序，農次於士而先於商賈，所以重農也。夫國之貧富興衰，視其本末分數而已。務本者多，雖欲無富，不可得也。逐末者多，雖欲無貧，不可得也。民富而知禮義，雖欲無治，不可得也。民貧而喪廉恥，雖欲無亂，不可得也。是以先王之世，必重農事。孟子嘗曰：「民事不可緩也。」是故農事舉，而百姓可以足食矣。元淑化商賈之民而歸之農畝，變逐末之俗而使之務本，蓋其下車之始，勸課教藝，一二年間，遂有田疇始理之謡，誠可以爲守令之法矣。

○宋文帝元嘉二十一年正月，魏太子晃課民稼穡，使無牛者借人牛以耕種，而爲之芸田以償之。凡耕種二十二畝而芸七畝，大畧以是爲率。使民各標姓名於田首，以知其勤惰。禁飲酒遊戲者。於是，墾田大增。

臣若水通曰：勸課農桑，爲政之務也。晃立勸課之法，令貧者以芸工易牛力，標姓名以稽勤惰，禁遊飲以專農功，三事舉而農政脩矣。墾田大增，宜哉！

○齊武帝永明五年七月，春夏大旱，魏代地尤甚。齊州刺史韓麒麟上表曰：「古先哲王，儲積九稔。逮於中代，亦崇斯業。今京師民庶，不田者多。遊食之口，三分居二。自承平日久，豐穰積年，競相矜夸，遂成侈俗。臣請凡珍異之物，皆宜禁斷。吉凶之禮，備爲格式。勸課農桑，嚴加賞罰。數年之中，必有盈贍。」

臣若水通曰：風俗夸侈，由於不務本農也。韓麒麟請禁珍異，定禮式，革侈俗，斥遊食，所以務農桑以崇積蓄，以追復古先哲王之治，可謂知務矣。

○唐玄宗開元十三年二月，以御史中丞宇文融兼户部侍郎，制以所得客户税錢均充所在常平倉本。又委使司與州縣，議作勸農社，使貧富相恤，耕耘以時。十四年，上躬耕藉田，且命有司勸課農桑。明年大熟，民遂富安。

臣若水通曰：孔子云：「先之勞之。」故人君之欲教民，必躬先其勞而後可使從也。明皇作勸農社，使貧富相恤，耕耘以時，使不躬耕藉田以爲之先，雖有勸課農桑之令，而民未必從也，其何以能臻富安之效也哉！

○宋太祖建隆二年正月，度民田。周世宗末年，嘗命官詣諸州度民田，而使者多不稱。至是，宋主謂侍臣曰：「度田，蓋欲勤恤下民，而民敝愈甚。今當精擇其人。」遂分遣官詣諸州。尋詔州縣課民種植，長吏以春秋巡視，著爲令。又置義倉，官所收二税，每一石别輸一斗貯之，以備凶歉。

臣若水通曰：度民田，周世宗行之，宋太祖亦行之矣。然而收效有不同者，文具之與實政異也。宋太祖之實政有三，曰精擇人，曰課種植，曰時巡視。三者舉，則虚僞者自無所容於其間矣。此勸課之要務，爲人君之所當法焉。

○國朝洪武二十年二月乙未，躬耕藉田，遣官享先農。禮成，宴群臣于壇所。太祖曰：「耕藉田，古禮也。一以供粢盛，二以勸農務本也。朕即位以來，恒舉行之，惟欲使民知勸，盡力於田畝，以遂其生養，非事虛文也。今禮成，與爾群臣享胙于此，非徒爲宴飲之樂，正欲群臣知重農之意。」

臣若水通曰：周之興也，自后稷以農爲務，而子孫世其業焉，此實王業之根本也。我太祖奮起農畝，以一華夏之統，屢舉藉田之禮，所以勸農務本，即后稷之藝農業，文王之即田功者矣。聖子神孫，克遵遺烈，則所以垂億萬年無疆之休者，不在茲乎？

○洪武二十七年三月，命天下種桑棗，謂工部臣曰：「人之常情，安於所忽，飽即忘饑，暖則忘寒，不思爲備，一旦卒遇凶荒，則忙然無措。朕深知民艱，百計以勸督之，俾其咸得飽暖。比年以來，時歲頗豐，民庶給足，田里皆安，若可以無憂也。然預防之計，不可一日而忘。爾工部其諭民間，但有隙地，皆令種植桑棗。或遇凶歉，可爲衣食之助。」

臣若水通曰：明主之於民也，兼所愛則兼所養，凡可以加意於窮民者，無所不至矣。我皇祖愛養萬民之心，其文王惠鮮懷保之心乎！既勸民盡力於農畝，以爲衣食之本，而又憂其凶荒患難之不虞，圖爲預防之計，諭民種植桑棗，以爲衣食之助。勸督之周如此，所謂以不忍人之心，行不忍人之政矣。聖子神孫，可不體皇祖之心，而思所以裕民於樂利之休也哉？

○國朝〔二〕教民榜：農民有等懶惰，不肯勤務農業，以致衣食不給，已嘗差人督併耕種。今出號令，止是各里老人勸督，每村置鼓一面，凡遇農種時月，五更擂鼓，衆人聞鼓下田。老人點閘，不下田者責決，務要嚴督。見丁著業，毋容惰夫遊食。若老人不肯督勸，農人窮窘爲非，各治其罪。

○教民榜：今天下太平，百姓除糧差之外，別無差遣。各宜用心生理，以足衣食。如法栽種桑、麻、棗、柿、綿花。每歲養蠶，所得絲綿，可供衣服。棗、柿豐年可以賣鈔，儉年可當糧食。里老常督，違者治罪。

臣若水通曰：書言：「養民之政，勸之用休，董之用威。」易曰：「説以使民，民忘其勞。」古者春省耕，秋省斂，皆所以勸課平民，爲衣食計也。蓋人情莫不欲逸，率而使之，君之道也。周公之告成王，見於詩有若七月，見於書有若無逸，欲其知稼穡之艱難，與小人之依。張栻以爲帝王所傳心法之要端在於此。伏覩國家教民榜此二節所諭樹藝之道、勸課之政備矣，非易之說以使民，書之菫勸無逸，詩之七月之教乎？仰惟聖明時舉而脩之，俾勿壞焉，則天下萬民之幸也。

校記：

〔一〕「勸」，原作「動」，據嘉靖本改。

〔二〕「國朝」，嘉靖本無。

聖學格物通卷之八十七

禁奪時

○詩小雅十月之交：抑此皇父，豈曰不時。胡爲我作，不即我謀。徹我墻屋，田卒汙萊。曰予不戕，禮則然矣。

臣若水通曰：此詩皇父役民不以其時，而致民怨之之詞也。抑，發語詞。時，農隙之時也。作，勤也。即，就也。卒，盡也。汙，停水處也。萊，草穢也。戕，害也。夫三時務農，一時服役，固使民之常也。然有仁心者，尤必憫其勤勞，不忍煩其役，以疲民之力也。今皇父不然，故民之怨而作詩，言此皇父之役我民，不自以其役使之非時，而胡爲動我以徙，而不就我之謀，以恤其私，使我至於徹其墻屋，而家居爲之廢毁，荒其農畝，而卑者以汙，高者以萊，亦已忍矣。然且曰非我戕害于汝民也，下供上役，乃其禮則然爾。是誠何心哉？蓋由其心之不仁，故痛癢不知，休戚不關，以致此也。然則人君於使民之際，誠存不忍之心，則必知農事之重而不奪其時矣。不奪其時，則財阜民安，而國家無事矣。否則一念不仁，則土木煩興，戰伐遊田不息，而勞民傷財以斂怨於天下，亦何所不至哉？

○春秋隱公七年：夏，城中丘。九年夏，城郎。

臣若水通曰：隱公，魯君，名息姑。中丘，河内之邑。郎，魯邑也。謂之城者，完舊也。此魯隱將爲宋而伐邾，是以有中丘之城。尋復爲鄭伐宋，于是有郎邑之築也。然則何以書？譏不時也。夫人君之道在愛其民，故土功龍見而戒事，火見而致用，水昏正而栽，日至而畢，時也。隱公城中丘、城郎而皆以夏，則妨農務而非時矣，其如君國子民之道何哉？

○禮記王制曰：用民之力，歲不過三日。

臣若水通曰：此古者役民之制也。人君之所以尊，爲其有民也。欲得其民心，當節其力也。役之以道，斯民不怨勞而事集矣。然恐役之者且不恤其民力之弗堪也，故又制爲三日以限之。三日之限，又隨其年之豐者以爲等。若中年、無年，則惟一日二日而已爾。古人之於民，節其力而不盡也如此。秦不師古，爲長城、阿房之役而不恤民之怨，以至於亡天下。然則人君之虐役其民力者，非徒以病民，且反以自斃也，可不戒哉！

○月令曰：耕者少舍，乃脩闔扇，寢廟畢備。毋作大事，以妨農之事。

臣若水通曰：此仲春之令也。少舍者，播種稍畢，可暫息也。闔者，木門。扇者，竹門也。寢廟者，前曰廟，後曰寢也。大事，大興作之事也。仲春耕少舍者，以養民力也。脩門者，以時風雨也。脩寢廟，以時祭也。禁大事，以重農也。

○月令曰：不可以興土功，不可以合諸侯，不可以起兵動衆。毋舉大事，以搖養氣。毋發令而待，以妨神農之事也。

臣若水通曰：此季夏之令也。土功，板築之事。舉大事者，即興土工也。合諸侯，謂起兵也。搖養氣，散長養之氣也。發令而待，謂未及役期先發民待之也。神農，主農事之神也。夫季夏耕耘之時，故戒工役，戒興兵，恐上散養氣，下妨農工也。

○論語：子曰：「使民以時。」

臣若水通曰：此聖人言治國之要也。時，農隙之候，春耕、夏耘、秋收之時。凡有興作，必於此時之隙乃役之也。臣謂此章，孔子於上文既言「道千乘之國，敬事而信，節用而愛人」，此又言人君若興土工，動大衆，而不以其時，則妨農害稼，民食不足，是無愛民之實。民貧怨生，雖有城郭之固，無與守宮室之成，無與居臺池之美，不得以享其樂矣，不可輕用民力也。

○孟子曰：不違農時，穀不可勝食也。

臣若水通曰：此孟子告梁惠王以王道之始事也。違，失也。時者，耕作之時也。不可勝食，言多也。蓋謂凡興土功，動大衆，不失其春耕、夏耘、秋收之時，則民得盡力於農畝，而所入無窮，用之不盡矣。夫軍國需於五穀，五穀成於農時。時也者，其君民貧富之所關也。奪其時，是自奪其食矣。人君而自奪其食，則將何以守國乎？是故民事不可緩也，而況可以少違之乎？蓋食者民之天也，民者君之天也。民非食罔生，君非民罔守。然則爲人君者，可不先於勸農，以行養民之政哉？

○左傳莊公二十九年：冬十二月，城諸及防。書，時也。凡土功，龍見而畢務，戒事也。火見而致用，水昏正而栽，日至而畢。

臣若水通曰：龍見畢務者，謂今九月，周十一月，龍星角、亢晨見東方，三務始畢也。戒事者，戒民以止土功之事也。火見致用者，謂大火心星次角、亢，見者致築作之物也。水昏正而栽者，謂十月定星昏而中，於時樹板榦而興作也。日至，日南至，微陽始動，故土功息也。書曰：「食哉惟時。」夫國以民爲本，而民以食爲天。時也者，民之所由以資食者也。爲人君而違農時，則將何以養民而裕其國乎？春秋書莊公以冬城諸及防之役，以時也。時而書之，又以見不〔一〕違民時者寡，而民力所當重也。聖人之意微矣。

○襄公十七年：宋皇國父爲大宰，爲平公築臺，妨於農收。子罕請俟農功之畢，公弗許。築者謳曰：「澤門之晳，實興我役。邑中之黔，實慰我心。」子罕聞之，親執朴以行築者而抶其不勉者，曰：「吾儕小人皆有闔廬以辟燥濕寒暑。今君爲一臺而不速成，何以爲役？」謳者乃止。或問其故，子罕曰：「宋國區區，而有詛有祝，禍之本也。」

臣若水通曰：妨農收者，謂奪收斂之時也。親執朴者，親朴杖以董役也。然平公之築臺，速之者皇國父，緩之者子罕也。謳者之言似矣。子罕始欲緩役，終則督役者何邪？此蓋子罕分謗弭禍之深意也。然而重農務本之意則可法矣。

○昭公八年：春，石言于晉魏榆。晉侯問於師曠曰：「石何故言？」對曰：「石不能言，或馮焉。不然，民聽濫也。抑臣又聞之曰：『作事不時，怨讟動於民，則有非言之物而言。』今宮室崇侈，民力雕盡，怨讟並作，莫保其性。石言，不亦宜乎？」於是晉侯方築虒祁之宮，叔向曰：「子野之言，君子哉！」

臣若水通曰：石言者，晉魏邑之榆地有石作人言也。然春秋不書，豈亦傳者之訛乎？然師曠以爲春築虒祁之應者，亦因事獻忠之義爾。噫，可以爲崇工作、雕民力、興怨讟、召災異者之戒矣。

○昭公九年〔二〕：冬，築郎囿。書，時也。季平子欲其速成也，叔孫昭子曰：「詩曰：『經始勿亟，庶民子來。』焉用速成？以其勦民也。無囿猶可，無民其可乎？」

臣若水通曰：昭公築郎囿，何以書時也？冬者農事之暇也，故工築其時也。然築囿遊觀之玩，無益之役也，雖得時矣，亦非聖人之所取也，特取其不以遊觀無益之務而妨農作之時爾。季平子乃欲速成之，叔孫昭子是以有速成勦民之言，可無囿不可無民之戒，可謂知重民事矣。後之人君，鑒昭公之過，取昭子之言，念小民之依，憫農事之重，愛養民力，奉若天道，實生民之福，社稷之福也。

○國語周語：單子曰：「不奪農時，不蔑民功，有優無匱，有逸無罷。」

臣若水通曰：農時，農作之時也。蔑，棄也。民功，農功也。優，有餘也。匱，乏也。罷，勞憊也。夫財出於民，而農務爲本，故曰：「收而場功，偫而畚挶。營室之中，土工其始。」先王之教藝，所以重農務也。然則逐末之流爭刀錐，競淫巧，不亦徒棄農民之功，罷百姓之力，而匱天下之財乎？故市廛之法，抑其末而使務本也。

○齊語：管子曰：「陸、阜、陵〔三〕、墐、井、田、疇均，則民不憾。無奪民時，則百姓富。」

臣若水通曰：高平曰陸，大陸曰阜，大阜曰陵。墐，溝上之道也。八夫爲井，井間有溝。穀地曰田，麻地曰疇。均，平也。民時，農務之時也。天地養萬物，聖人養萬民，不過曰時而已。故井地雖均，違奪其時，則慢天虐民。民貧而憾怨，不可以一朝居矣。管子言陸、阜、陵、墐、田、疇之均，而必繼之以不奪民時，其知養民富國之道者歟？

○楚語：伍舉曰：「先王之爲臺榭也，榭不過講軍實，臺不過望氛祥。故榭度於大卒之居，臺度於臨觀之高，其所不奪穡地，其爲不匱財用，其事不煩官業，其日不廢時務。瘠磽之地，於是乎爲之。城守之本，於是乎用之。官寮之暇，於是乎臨之。四時之隙，於是乎成之。」

臣若水通曰：積土曰臺，無室曰榭。講，習也。軍實，戎事也。凶氣爲氛，吉氣爲祥。大卒，王士卒也。度，謂足以臨見之。磽，确也。隙，農務空閒時也。夫先王施令德於遐邇而小大安之，未聞侈臺榭以爲務也。是故僅足以備講武之用，而不傷乎稼地、官業、財用、農務之本焉。爲人君者，其可不以爲法哉？

○宋文帝元嘉十六年二月，荆州刺史義季嘗出畋，有老父被苫而耕，左右斥之。

老父曰：「盤于遊畋，古人所戒。今陽和布暖，一日不耕，民失其時，奈何以從禽之樂而驅斥老農也？」義季止馬，曰：「賢者也。」命賜之食。辭曰：「大王不奪農時，則境内之民皆飽大王之食，老夫何敢獨受大王之賜乎？」義季問其名，不告而退。

臣若水通曰：田間老父因被斥而出正言，戒義季遊畋以妨農時，亦其偉矣。及賜之食，又推以廣惠于境内之民，若老父者，其有道而隱者與？義季不能載之而歸，以薦諸朝，使其抱負不得盡施，以飽天下之民焉，惜哉。

○唐太宗貞觀五年春正月，有司上言：「皇太子當冠，用二月吉，請造兵備儀仗。」上曰：「東作方興，宜改用十月。」少傅蕭瑀奏：「據陰陽，不若二月。」上曰：「吉凶在人，若動依陰陽，不顧禮義，吉可得乎？循正而行，自與吉會。」

臣若水通曰：書云：「欽若昊天，敬授民時。」然則重農時以奉若天道，其爲陰陽之時，休祥孰大焉？況冠期可改，而農時不可改也。無害乎冠禮，而信陰陽之説，以違農事之時，瑀可謂惑矣。太宗不以私愛而廢民務，非明哲之主，其能之乎？後世務農之君宜取法焉。

○貞觀十四年八月，上將幸同州校獵。劉仁軌上言：「今秋大稔，民收穫者十纔一二，使之供承獵事，治道葺橋，動費一二萬功，實妨農事。願少留鑾輿旬日，俟其畢務，則公私俱濟。」上賜璽書嘉納之。

臣若水通曰：書云：「若農服田力穡，乃亦有秋。」夫三農舉家勤勞於春、夏，正以有秋之望也。幸而大稔，而君乃以校獵違其收穫之期，則天固生之，君固殺之也。家食且無備，而國稅將何徵乎？劉仁軌上言而太宗竟寢其事，其亦有惠於民矣。

○唐高宗顯慶元年夏，謂侍臣曰：「朕思養人之道，未得其要，公等爲朕陳之。」來濟對曰：「昔齊桓公出遊，見老而饑寒者，命賜之食。老人曰：『願賜一國之饑者。』賜之衣，曰：『願賜一國之寒者。』公曰：『寡人之廩庫，安足以周一國之饑寒？』老人曰：『君不奪農時，則國人皆有餘食矣。不奪蠶要，則國人皆有餘衣矣。』故人君之養人，在省其征役而已。今山東役丁，歲則數萬，役之則人大勞，取庸則人大費，臣願陛下量公家所須外，餘悉免之。」上從之。

臣若水通曰：齊國老人所謂不奪農時，則國人皆有餘食，不奪蠶要，則國人皆有餘衣，是故勸課農桑則足以衣食四方矣。因民之利而利之，惠而不費，何憚而不爲乎？唐高宗因來濟所陳而能從其言，以罷山東之役，其知重農者矣。臣謹録之，爲人君之取法焉。

〇高宗儀鳳二年四月，詔遣崔謐等分道存問賑給，御史劉思立上疏曰：「今麥秀蠶老，農事方殷，敕使撫巡，人皆悚忭，聚集參迎，妨廢不少。望且待秋務閒出使。」疏奏，謐等遂不行。

臣若水通曰：奪時之事，非特行兵工役而已，一巡一遊，靡不關係焉。麥秀蠶老而有巡行存問之舉，則其所傷豈小哉？夫以農事方殷，一年衣食之計，一家長幼之望，正切於此。於此時而遣使以存問，則柳宗元所謂鷄犬爲之不寧，名雖爲惠，實則爲暴，將以利之，適以害之，所得不能償其所失矣。思立疏以止之，其知以民事爲重者乎！

〇中宗嗣聖十三年十月，狄仁傑爲魏州刺史。前刺史獨孤思莊畏契丹猝至，悉驅百姓入城，繕脩守備。仁傑至，悉遣還農，曰：「賊猶在遠，何煩如是？萬一賊來，吾自當之。」百姓大悅。

臣若水通曰：脩守備雖以禦寇，妨耕農是又無異乎寇之先至者也。仁傑莅魏之初，能改前政，驅民歸農，藹然仁心之發矣。且曰「萬一賊來，吾自當之」，凜然義氣之激矣，是宜百姓之大悅也哉。

〇玄宗開元元年，脩大明宫，未畢。夏五月，敕以農務方勤罷之，以待閒月。

臣若水通曰：五月乃農夫耘苗之時也，一日作之，百日食之，一夫力之，八口仰之，可不重歟！至於閒月，乃農功告畢，歲晚務閒，可以興作之時也。玄宗罷大明宫之脩，以待閒月，可謂重農時矣。他日海内富實，謂不本於此乎？

○後晋高祖天福三年六月己丑，金部郎中張鑄奏：「竊見鄉村浮户，非不勤稼穡，非不樂安居，但以種木未盈十年，墾田未及三頃，似成生業，已爲縣司收供徭役，責之重賦，威以嚴刑，故不免捐功捨業，更思他適。乞自今民墾田及五頃以上，三年外乃聽縣司徭役。」從之。

臣若水通曰：庶民之心，惟其利而趨避之爾。利在農則趨農，否則有思他適爾。今使種木未及十年，墾田未及三頃，業未成而遽有征徭之責，是害生於農也，亦何怪其民之他適哉？後晋高祖從張鑄之請，墾田三年外乃聽役，其亦知重農之意歟。

○賈誼新書曰：天有常災，必與奪民時。

臣若水通曰：孔子曰：「使民以時。」蓋使以時，則力本者得以自盡。故財以時阜，民以財富，而休徵至矣。故天之災，人能備之，其不能備之者，人之災也。夫災莫大於奪農時矣。故雖有九年之水，而民不告病，雖有七年之旱，而民不致饑者，人能備之也。

○劉向說苑：晉平公春築臺，叔向曰：「不可。古者聖王貴德而務施，緩刑辟而趨民時。今春築臺，是奪民時也。夫德不施則民不歸，刑不緩則百姓愁。使不歸之民，役愁怨之百姓而奪其時，是重竭也。」平公曰：「善。」乃罷臺役。

○趙簡子築臺於邯鄲，天雨而不息。謂左右曰：「可無趨種乎？」尹鐸對曰：「公事急，厝種而懸之臺，夫雖欲趨種，不能得也。」簡子釋然，乃釋臺罷役。

臣若水通曰：養民之道，地以生之，人以作之，天以時之。不違農功，則三才合德，而民得其養矣。夫先王之政不奪民時，故周禮均人：「凡均力政，以歲上下。豐年則公旬用三日，中年公旬用二日，無年公旬用一日，凶札則無力政。」蓋恐民勞逸之不均也。先王有絜矩之心，故能用民力而民不知倦。晉平公罷臺役，不忍民重竭，趙簡子釋臺罷役，使民趨種，雖未必合先王均力之政，亦庶幾不奪民時矣。君人者苟有愛民之心，必知民事之艱難。知民事之艱難，必能愛養夫民力。愛養民力而民生不殖者，未之有也。

○國朝洪武十八年八月，遣使齎敕諭宋國公馮勝。時勝督工建周王宮殿于開封府，將以九月興役，以其時民當種麥，敕諭之曰：「中原民食所恃者，二麥爾。近聞爾令有司集民夫，欲以九月赴工，正當播種之時而役之，是奪其時也。過此則天寒地凍，種不得入土，來年何以續食？自古治天下者，必重農時。朕封建諸子，將以福民。今福未及施而先奪民時，朕恐小民之怨咨也。敕至，其即放還，俟農隙之時赴工未晚也。」

臣若水通曰：孟子云：「先王有不忍人之心，斯有不忍人之政矣。」蓋仁政由心生者也。我皇祖因馮勝督建周王府，欲九月興役，妨民種麥之時，而諭使放還，以俟農隙，且拳拳於奪時續食之憂，諄諄乎分封福民之義，可謂不忍人之政矣，得非由於一念仁民愛物之心所發乎？臣謹録之，以爲聖子神孫萬代勤恤小民之法焉。

〇永樂二十二年十一月，仁宗皇帝諭户部尚書夏原吉等曰：「農者生民衣食之原。耕耘收穫，不可失時。自今一切不急之役，有當用人力者，皆俟農隙。前代蓋有不恤農事而以徭役妨耕作、召亂亡者矣，不可不謹。」

臣若水通曰：民者國之本，食者民之心，而農時又衣食之本也。古者役民於農隙之時，蓋有其道矣。夫奪其時者，奪其食也。奪其食，傷其心也。傷其心而民弗叛國不亡者，未之有也。仁宗皇帝當嗣位之初，鑒前代之失，以是諭夏原吉等，此蓋仁民之心本於天性者也，真能慎農時、重民食而保國家於無疆者矣。伏惟聖明以仁祖之心爲心，則天下不勝幸甚。

校記：

〔一〕「不」，原作「六」，據嘉靖本改。

〔二〕「九年」，原作「八年」，據左傳改。

〔三〕「陵」，原作「陸」，據嘉靖本及國語改。

聖學格物通卷之八十八

省國費一 冗官、冗食、冗兵、冗役附。

○易損：曷之用？二簋可用享。

臣若水通曰：此文王損卦之彖辭，示人於損下益上之時，當儉其用也。二簋者，禮之至薄也。享者，祭享也。言當損之時，既損下以益上矣。夫既損下而益己，則己亦當自損其用。然當何所損哉？雖二簋之至薄，亦可以用於祭享也。夫鬼神無常享，享于克誠。多儀備物，以表其誠者也。雖多儀而誠不足，則神不享矣。雖損其物而誠敬益至也，則神必享矣。故曰「曷之用？二簋可用享」。夫於祭祀能損其用如此，則其他賓客軍國之用可知矣。故於宫室而知損，則無峻宇雕墻。於飲食而知損，則無酒池肉林。於征伐而知損，則無窮兵黷武。凡當損之事，皆能損之以節用矣。

○節象曰：天地節而四時成。節以制度，不傷財，不害民。

臣若水通曰：此孔子傳節之象，而極言節之之道也。天地一氣之運，而節也者陰陽之相推也。寒極則節之以暑，爲春爲夏。暑極則節之以寒，爲秋爲冬。分至啓閉，不爽其候，而春夏秋冬之四時成矣。體天地之節者，聖人也。人有無窮之欲，聖人有一定之節。名物器用，各循其制度之則。故財以給用者有常經，而民之輸財有常賦，不至於掊克民之膏脂而虐害其下矣。是故節之道大矣，天地之成歲功，聖人之成治功，夫豈能外於節也哉？

○詩國風揚之水：彼其之子，不與我戍申。懷哉懷哉，曷月予還歸哉。

臣若水通曰：此平王遣畿内之民以戍申國，而戍者怨思之辭也。揚，悠揚也，水緩流之貌。彼其之子，戍人指其室家而言也。戍者，屯兵以守也。申，姜姓之國，平王之母家也。懷，思也。詩言彼水之悠揚，而室家則不與我而俱往戍於申乎？遂懷思不已，而嘆其何月而得歸也。蓋畿内之民不可戍也，平王遣之而遠爲申侯以戍守，徒知有母而不知有其父，知有申侯立己之恩而不知斯民爲邦國之本，師行而糧食，役冗而民勞，傷財害民，莫甚於此，則民心安得而不怨哉？後之人君宜以此詩爲鑒戒，以省役節財爲得民保國之計焉可也。

○大雅桑柔：維此〔一〕惠君，民人所瞻。秉心宣猶，考順其相。維彼不順，自獨俾臧。自有肺腸，俾民卒狂。

臣若水通曰：此芮伯刺厲王之詩。惠，順也，順於義理也。宣，徧也。猶，謀也。相，輔也。狂，惑也。古者官不必備，惟其人。苟非其人而徒備其員，則冗矣。官冗則食冗，以有限之民財而供無益之冗費，非生財之道也。故詩言維此順理之君，秉持其公心，以宣徧其謀，猶以謹慎考察其輔相之臣，其能與否也，必衆以爲賢者而後用之。而所謂冗濫者，在所必汰矣。彼不惠順義理之君，秉心不公，爲謀不審，自是其私見而以爲善，自有其肺腸而不通衆志，於沙汰之法，或疏如此。事本一人之職，或倍之數員。此官本不可充位，猶姑留在職，徒以虛靡廩禄而無益於事，所以使民眩惑，卒至於狂亂也。所謂受若直，怠若事，又盜若貨器，得罪於民者不少矣。故欲節冗費者，在省冗官爾。

○大雅常武：赫赫明明，王命卿士，南仲太祖，太師皇父。整我六師，以脩我戎。既敬既戒，惠此南國。

臣若水通曰：此宣王自將以伐淮北之夷，而親命太師以三公治其軍事也。卿士，即皇父之官也。太祖，始祖也。曰南仲太祖者，稱其世功，以美大歆動之也。太師，皇父之兼官，而皇父其字也。整，治也。六師，六軍也。天子六軍。戎，兵器也。夫國家之事莫重於軍，而其費亦莫甚於軍。宣王之伐淮夷也，赫赫其威，明明其整。蓋王命卿士，有南仲太祖者，承世功之藉；有太師皇父者，整治其從行之六軍。選其精鋭，汰其冗濫，簡其什伍，脩其器械，以除淮夷之亂，以惠南國之人焉。若宣王，可謂深得治兵之法者也。此其所以兵不冗，食不濫，而動有功，大振中興之業，豈無自而然哉？

○春秋莊公九年：冬，浚洙。

臣若水通曰：此魯莊畏齊之來侵，故浚洙水以備之也。洙，水名，在魯北，通齊之路也。胡安國曰：「固國以保民爲本。輕用民力，妄興大作，邦本一摇，雖有長江巨〔二〕川限帶封域，洞庭、彭蠡、河、漢之險，猶不足憑，而況洙乎？書『浚洙』，見勞民於守國之末務而不知本，爲後戒也。」臣謂妄興民役，則濫費國用，匪但摇邦本，又將傷其心，蠹其根株，而邦國隨以滅亡也，可不戒哉！

○莊公三十年：冬，齊人伐山戎。

臣若水通曰：此山戎伐燕，齊桓公救之，遂往伐焉。然則曷爲而書？譏妄用兵也。曷爲知其譏也？夫山戎，燕之外戎也。以齊至燕之邊，千里之外矣。王者不治夷狄，不窮兵於遠，今齊爲山戎不職貢於燕之故，上無天子之命，下無與國之會，而率意妄興師於千里之遠，以伐帝王不治之夷，勞中國而事夷狄，捨近政而貴遠略，困吾民之力，争不毛之地，其勞人費食有不可勝言者矣。後之人君，宜以齊侯爲戒也。

○莊公三十有一年：春，築臺于郎。夏，築臺于薛。秋，築臺于秦。

臣若水通曰：胡安國云：「何以書？厲民也。天子有靈臺，以候四時。諸侯有時臺，以候四時。去國築臺于遠而不緣占候，是爲游觀之所，厲民以自樂也。厲民自樂而不與民同樂，則民欲與之偕亡，雖有臺，豈能獨樂乎？」臣謂莊公末年無敵國外患之警，肆其崇侈縱欲之心，一歲三時築臺于郎、于薛、于秦者，凡三焉。其勞民也，費時也，傷財也，亦三失焉。春秋書之，其譏之不一而足矣。夫長府之爲重本也，閔子猶止之曰「何必改作」，蓋恐其勞民傷財也。莊公爲民父母，不能休養而生息之，固已非矣，又重以一歲築臺之三役，其何以爲民父母哉！

○成公元年：三月，作丘甲〔三〕。

臣若水通曰：何以書？譏益兵也。魯成憂齊難方殷，慮武事之未備，于是作丘甲，以備乎齊焉。古者九夫爲井，四井爲邑，四邑爲丘，四丘爲甸。甸地方八里，旁加一里爲成，所取於民者出長轂一乘，此司馬一成之賦也。今爲增一甲於一丘之内，取百人於一甸之中，兵愈冗而食愈費矣。故書「作」以譏之也。

○禮記王制曰：冢宰制國用，必於歲之杪。五穀皆入，然後制國用。用地大小，視年之豐耗，以三十年之通，制國用，量入以爲出。

臣若水通曰：古者國用之制於冢宰，而用未嘗不足，何也？隨其凶豐，量入以爲出。今之賦幾倍於古矣，而大司農動必告乏，何也？出入無經故也。夫人之常情，其貲少饒，其欲寖廣，一旦而荒歉，以民力有限之積，爲情慾無窮之求，其何以能支之哉？是以民窮而斂急，斂急而用益困。即有緩急，則束手無措，必至於僨事矣。司國計者，尚其念之哉！

○王制曰：國無九年之蓄曰不足，無六年之蓄曰急，無三年之蓄曰國非其國也。三年耕必有一年之食，九年耕必有三年之食。以三十年之通，雖有凶旱水溢，民無菜色，然後天子食日舉以樂。

臣若水通曰：蓄，積也。國非其國者，言財不足以守之也。一年、三年之食，謂其餘積如此也。通三十年之耕，則有九年之蓄矣。故雖有水旱，民無菜色，以其有備也。如是則國用長足，民生可遂，而人君之食乃可下咽。天子食日舉以樂者，萬物得其所然後和，故樂日作焉。

○月令曰：收禄秩之不當、供養之不宜者。

臣若水通曰：此季秋之令也。收謂奪之也。禄秩不當，謂不應得而濫錫之者。供養不宜，謂僭侈踰制者。夫國用之不足，冗食蠹之也。人君欲足國用，而不去其所以蠹財者，而惟財之務，是猶以水注漏巵而欲其滿也，其可乎？故禄秩有定序，而於不當者則收之，不應得而濫錫之者無有矣。供給各有常分，而於不宜者則收之，而僭侈踰制者無有矣。二者既收，則國用無冗濫，費有常經，而財恒足矣。我國家今日因秩頒禄，固無有不當不宜者矣。抑猶或有之，則爲國用無窮之計，誠有仰於聖明之留心遠慮焉。

〇月令曰：是月也，不可以稱兵。稱兵必天殃。兵戎不起，不可從我始。毋變天之道，毋絶地之理，毋亂人之紀。

臣若水通曰：此孟春之令也。稱，舉也，謂我興兵也。不得已而禦寇猶可也，若兵自我起，是無事而興兵，則變天之生道，斷地之生理，亂人之生事。故變天則傷生，絶地則傷財，亂人則傷力矣，其可以不戒乎？

〇玉藻曰：君無故不殺牛，大夫無故不殺羊，士無故不殺犬豕。

臣若水通曰：無故者，無祭祀、賓客、享食之事也。無故不殺，先王節用之禮也。

〇又曰：年不順成，君衣布，搢本，關梁不租，山澤列而不賦，土功不興，大夫不得造車馬。

臣若水通曰：年不順成者，陰陽不和，故五穀不生也。衣布，着布衣也。士以竹爲笏，以象飾本。搢本者，君插士之笏也。關梁者，關市魚梁，年凶免其租税也。山澤之利，皆不使之賦。凡板築之工，皆不舉。大夫禁不造車馬，皆自貶以省用也。夫君相所以燮理陰陽者也，陰陽不和，百穀不蕃，君相之責也。故節縮財用，使不至於困乏，先王之制國用，隨其年之豐凶而節之也。

○雜記：孔子曰：「凶年則乘駑馬，祀以下牲。」

臣若水通曰：先王之於財也，視年之凶豐，以上下其用，仁之至也。休戚之極，相與流通，猶之癢疴疾痛然，觸則覺之，無所不至。國有凶荒，則殺其禮，所乘者駑駘之馬，所祭祀者下品之牲，所以順變也。其心有不容已焉者，以其性之一也。性一則情通，唯先王爲能通天下之情，則所存者可識矣。若夫民就窮而斂愈急，豈所謂仁者損上益下之心哉？

○周禮太宰：以九式均節財用，一曰祭祀之式，二曰賓客之式，三曰喪荒之式，四曰羞服之式，五曰工事之式，六曰幣帛之式，七曰芻秣之式，八曰匪頒之式，九曰好用之式。

臣若水通曰：此周禮太宰之職也。式者，用財之節度也。均，平也。喪荒者，有喪又年凶也。羞者，飲食之物也。工者，作器物也。幣帛，所以贈勞賓客者也。芻秣者，養牛馬禾穀〔四〕也。匪頒者，王所分賜群臣也。好用者，燕好所賜予也。然皆有節度焉，不得以或過也。是故用有常經，而取有定制，上下皆省矣。後世此禮既廢，而軍國之用無節，至於工事、賜予、燕好，任其君喜好之情而不以禮，則安能節財之流，而使財恒足也哉？

○冬官廩人〔五〕：凡萬民之食，食者人四鬴，上也。人三鬴，中也。人二鬴，下也。若食不能人二鬴，則令邦移民就穀，詔王殺邦用。

臣若水通曰：此周禮冬官廩人之職也。六斗四升曰鬴。謂之四鬴、三鬴、二鬴者，一月所食之米也。而其食不能人二鬴者，蓋以年之不足也。是故爲人上者，不忍坐視斯民之困而畧不加之意，於是有救荒之術，移民以就都鄙之有粟者，又進而告于王，凡國之常費一切省用焉。所以上回天變，下救民窮，雖有饑荒，而亦不至於困也。後世如梁惠王移民就食而使狗彘食人之食，是不免於率獸食人，豈先王殺邦用之仁哉？

○左傳僖公十九年：梁亡。不書其主，自取之也。初，梁伯好土功，亟城而弗處，民罷而弗堪，則曰「某寇將至」。乃溝公宮，曰：「秦將襲我。」民懼而潰，秦遂取梁。

臣若水通曰：梁亡者，梁國之滅也。不書其主者，不書取梁者之國名也。土功，謂營繕城築之事。溝公宮，謂鑿池而塹其宮也。子夏云：「信而後勞。其民未信，則以爲厲己也。」梁伯信未孚於民，役民以土功，難矣。況又懼之以寇將襲，是又教之以不信矣。民以爲厲，不亡奚待？然則秦非亡梁也，梁自亡爾。

○僖公二十八年：晋侯圍曹。三月丙午，入曹，數之以其不用僖負羈，而乘軒者三百人也。

臣若水通曰：數之者，數曹之罪。僖負羈，曹之賢者也。軒，大夫車也。晋數曹不用僖負羈之賢，無德而居大夫之位者三百人也。夫朝無倖位則食者寡，固大學生財之道也。曹蕞爾小國，其賦入無幾也。一僖負羈而不能用，乃至乘軒者三百人焉，甚矣制禄之無經也，國欲不貧，得乎？晋文公入而數其罪也，宜矣。

○國語晋語：史蘇曰：「昔者之伐也，起百姓以爲百姓也。是以民能欣之，故莫不盡忠竭勞以致死。」

臣若水通曰：昔者謂古明王也。爲百姓，爲百姓除害也。欣，欣戴也。傳曰：「以佚道使民，雖勞不怨。」先王利用征伐，除殘去暴，凡以爲民也，故勞而能亡，死不怨殺。獻公之伐驪戎，是亦不可以已乎？又使太子將下軍，其賊親罷民莫甚焉。爲國者宜以爲戒。

○士蔿曰：古之爲軍也，軍有左右，闕從補之，成而不知，是以寡敗。若以下貳上，闕而不變，敗弗能補也。變非聲章，弗能移也。聲章過數則有釁，有釁則敵入，敵入而凶。救敗不暇，誰能退敵？

臣若水通曰：左右，左右部也。不知者，敵不能窺其有闕也。聲，金鼓也。章，旌旗也。釁，隙也。軍法，進旗鼓有數，過數則有隙。凶，恐懼也。退，卻也。夫軍有左右，左右各專則有闕從而補之，是以變合無迹，敵莫能窺兵之神妙也。苟以下軍貳上軍，則有掣肘，有闕而莫知從補，則釁彰而敵入，豈善治軍者乎？

○晉語：公屬百官賦職任功，棄責薄斂，施舍分寡，救乏振滯，匡困資無，輕關易道，通商寬農，茂穡勸分，省用足財。

臣若水通曰：屬，會也。賦，授也。授職事，任有功也。棄責，除其宿責也。施，施德也。舍，舍禁也。分寡，分少財也。救乏，救乏絶也。振，拯也，拯淹滯之士也。匡，正也，正窮困之人也。輕關，輕其關税也。易道，除盜賊也。寬農，寬其政，不奪其時也。秦伯納衛三千人，實紀綱之僕，而省費之道無弗具焉。且國何以用？曰財。財何以充？曰儉。苟費出無經，則公私並耗，國求其植，得乎？故善理財者，去不急之官，省無益之費，而冗兵冗役一切檢制，然後用舒而財足也。君天下者，可不以是爲首務乎？

○魯語：仲尼曰：「任力以夫，而議其老幼，於是乎有鰥、寡、孤、疾。有軍旅之出則征之，無則已。」

臣若水通曰：力謂傜役。以夫，以夫家爲數也。議其老幼，老幼則有復除也。又議其鰥、寡、孤、疾而不役也。征，徵鰥、寡、孤、疾之賦也。已，止也。無軍旅之出，則止而不賦。夫力役之征，聖王所不免，而又議其人與力焉。征之者義也，議之者仁也。仁義並行，帝王之術也。故閭左亡秦，景陽亡隋，征力于民者，可不法仲尼之訓乎？

校記：

〔一〕「此」，原作「彼」，據詩經改。
〔二〕「巨」，原作「臣」，據嘉靖本改。
〔三〕「丘甲」，原作「兵甲」，據春秋改。下同。
〔四〕「禾穀」，原作「木穀」，據周禮天官鄭注改。
〔五〕按：廩人，今本周禮列地官司徒下。

聖學格物通卷之八十九

省國費二冗官、冗食、冗兵、冗役附。

○漢武帝元封元年，桑弘羊領大農，盡管天下鹽鐵。作平準之法，令遠方各以其物如異時商賈所轉販者爲賦而相灌輸。置平準於京師，都受天下委輸，盡籠天下之貨物，貴即賣之，賤則買之，欲使富商大賈不得牟大利而萬物不得騰踊。至是，天子巡狩郡縣，所過賞賜用帛百餘萬匹，錢金以巨萬計，皆取足大農。

臣若水通曰：議秦者謂其取之盡錙銖，用之如泥砂。漢武帝以弘羊言利而寵之以賜爵，用其計盡籠天下之利，與民爭利盡錙銖矣。及其巡狩所過，賞賜幣帛金錢以巨萬計，非所謂如泥砂乎？然而取之盡則足以斂怨，用之費人亦不以爲恩，向無輪臺之悔，漢其爲秦乎！大學曰：「長國家而務財用者，必自小人矣。彼爲善之小人之使爲國家，菑害並至。」其漢武與弘羊之謂乎！

○新莽三年，王莽恃府庫之富，欲立威匈奴，乃遣孫惠等率十二將，分道並出。嚴尤諫曰：「匈奴爲害，所從來久矣，未聞上世有必征之者也。後世三家周、秦、漢征之，然而未有得上策者也。周得中策，漢得下策，秦無策焉。今天下比年饑饉，北邊尤甚。大用民力，功不可必。臣伏憂之。」莽不聽。

臣若水通曰：嚴尤三策，吕祖謙謂其所言誠是也，其所與言之人則非也，信矣。臣愚獨取其所謂未聞上世有必征之者，及比年饑饉，大用民力之語。蓋夷狄可不必征，征必師行糧食。費多食於饑饉之年，與勞民力於萬里之外，無一可者也。後世好大喜功之君，其亦可以爲戒哉。

○漢光武建武二年冬十月，詔徵鄧禹還，曰：「慎毋與窮寇爭鋒。赤眉無穀，自當來降。吾以飽待饑，以逸待勞，折箠笞之，非諸將之憂也，無得復妄進兵。」

○建武六年六月，詔曰：「張官置吏，所以爲民也。今百姓遭難，户口耗少，而縣官吏職所置尚繁。其令司隸、州牧，各實所部，省減吏員。縣國不足置長吏者併之。」於是併省四百餘縣，吏職減損，十置其一。

臣若水通曰：建武二年之詔，罷兵而以飽待饑。六年之詔，省官而以寡御衆。斯二計者，皆不易之良圖也。其成中興之業，光復舊物，不亦宜乎！夫外無冗兵，朝無冗員，則所謂食之者寡，用之者舒，則財恒足矣。世祖罷兵省官之詔，真可以爲人主足國之法矣。

○建武十三年，時兵革既息，天下少事。文書調役從簡寡，至乃十存一焉。初，平帝時河、汴決壞，久而不脩。建武十年，光武欲脩之。浚儀令樂俊上言：「民新被兵革，未宜興役。」乃止。

臣若水通曰：春秋重民力，謹土功。光武於兵革既息之餘，調役務從寬簡，議脩汴、河，亦以諫止，則所以勞民力、傷民財者鮮矣，其亦仁矣哉。

○建武二十七年五月，詔曰：「務廣地者荒，務廣德者彊。今無善政，災變不息，而復欲遠事邊外乎？誠能舉天下之半，以滅大寇，豈非至願？苟非其時，不如息民。」自是諸將莫敢復言兵事者。

臣若水通曰：兵，凶器。戰，危事。聖人伐罪弔民，不得已而用之也。無事而興兵，則費國家之財，戕生民之命，可勝言哉？若世祖罷邊息民之詔，世之窮兵者可以鑒矣。

○漢明帝永平十四年，初作壽陵。制令流水而已，敢有所興作者，以擅議宗廟法從事。

臣若水通曰：工役之興，與食相爲糜費者也。明帝作壽陵，惟令流水，可謂省役以省大費者矣。至於滹沱之役，豈亦能推其類也乎？

○漢章帝建初三年四月，罷治滹沱、石臼河。初，顯宗之世治滹沱、石臼河，從都慮至羊腸倉，欲通漕。太原吏民苦役，連年無成。章帝以鄧訓上言，詔罷其役，更用驢輦，歲省億萬計，全活徒士數千人。

臣若水通曰：滹沱之役，死者無筭，民甚苦之。章帝用鄧訓之言，罷其役，更用驢輦，多所全活。前可以爲戒，後可以爲法矣。

○章帝建初八年正月，欲爲原陵、顯節陵起縣邑。東平王蒼上疏諫曰：「造無益之功，虛費國用。」帝乃止。

臣若水通曰：書曰：「不作無益害有益。」示人不可傷財以害民也。夫財者軍國之所賴，可謂有益矣。章帝欲興大役，爲原陵、顯節陵起縣邑，果何益乎？賴東平一言而止，仁人之言其利博哉！

○漢殤帝延平元年六月己未，太后詔減大官、導官、尚方、内署諸服御珍膳靡麗難成之物。自非供陵廟，稻粱米不得導擇，朝夕一肉飯而已。舊大官、湯官經用歲且三萬萬，自是裁數千萬。及郡國所貢，皆減其過半。悉斥賣上林鷹犬〔一〕。離宫别館儲峙米糒薪炭，悉令省之。

臣若水通曰：大官，典天子御膳者也。導擇者，導官掌擇御米者也。尚方，掌作御刀劍諸器物。内署，掌内府衣服。湯官丞主酒，屬大官令。臣謂延平一省冗官，去靡費，遂裁減數千萬，郡國減過半，則上下皆足而國家可保矣。此爲人君者之所當法也。

○安帝永初二年春正月，御史中丞樊準以郡國連年水旱，民多饑困，上疏請令大官、尚方、考功、上林、池籞諸官，實〔二〕減無事之物。五府調省中都官吏、京師作者。太后從之。

○三年，太后以陰陽不和，軍旅數興，詔歲終享遣〔三〕衛士勿設戲作樂，減逐疫侲子之半。

臣若水通曰：侲，善也。善童子，逐疫之人也。災異荐臻，陰陽不和之所致也。永初二年、三年，減官役，減長物，去戲禁樂，以寬水旱饑民之困，可謂知重民力而不作無益矣。抑不知陰陽不和，水旱爲災，皆女主之應耳。以鄧后之賢而不能歸政嗣君，委任宰輔，和人心，順天道，以消災異，祈休祥，何明於彼而昧於此耶？

○漢桓帝永壽三年閏月庚辰晦，日有食之，京師蝗。或上言：「民之貧困，以貨輕錢薄，宜改鑄大錢。」事下四府群僚及太學能言之士議之。太學生劉陶上議曰：「當今之憂不在於貨，在乎民饑。夫欲民殷財阜，要在止役禁奪。今民衆而無所食，群小競進，並噬無厭，恐卒有役夫窮匠，投斤攘臂，使愁怨之民響應雲和，雖方尺之錢，何能有救其危也？」遂不改錢。

臣若水通曰：衣食之於人，大矣。人而無食，雖父母之至愛，不能以保離散之子；雖皇羲之純德，不能以保愁怨之民，豈不可畏也？使桓帝能因劉陶之言，不但不改錢而已，必能止役禁奪，則民殷財富而國可安矣。惜乎其不足以語此。

○桓帝延熹六年冬十月丙辰，上校獵廣成，遂幸函谷關、上林苑。光禄勳陳蕃上疏諫曰：「安平之時遊畋宜有節，況今有三空之厄哉？田野空，朝廷空，倉庫空，加之兵戎未輯，四方離散，又前秋多雨，民始種麥，今失其勸種之時，而令給驅禽除路之役，非聖賢恤民之意也。」書奏不納。

臣若水通曰：遊獵，禽荒也，冗役也。桓帝當三空兵亂之時，乘農田種藝之候，肆其遊獵而不知恤民，欲國之不亂亡，得乎？書之以爲人君侈費之戒。

○漢靈帝光和三年十二月，作罼圭、靈昆苑，司徒楊賜諫止。帝以問侍中任芝、樂松，對曰：「昔文王之囿百里，人以爲小。齊宣王四十里，人以爲大。今與百姓共之，無害於政也。」帝悅，遂爲之。

臣若水通曰：靈帝與文王之囿，所謂天理人欲同行異情者矣。文王經始勿亟，庶民子來，靈帝免於民怨乎？文王之囿以蕃草木鳥獸，芻蕘雉兔者往焉，靈帝之囿遊觀而已，寧免以麋鹿而殺人乎？楊賜之諫，帝欲止役而卒爲之者，芝、松二臣妄引古義以逢君之惡，以殃民者也，豈容於堯舜之世哉？雖然，崇侈縱奢而不恤民食者，亦帝之心素蠱矣，二臣特巧中其欲耳，人怨天譴，何所逃哉？

○晉武帝咸寧五年十二月，詔問朝臣政之損益，長史傅咸上書，以爲：「公私不足，由設官太多。舊都督有四，今并監軍乃盈於十。禹分九州，今之刺史幾向一倍。户口比漢十分之一，而置郡縣更多。虚立軍府，動有百數，而無益宿衛。五等諸侯，坐置官屬，諸所廩給，皆出百姓，此其所以困乏也。當今之急，在并官息役，上下務農而已。」

臣若水通曰：傅咸此書，切中時弊矣。夫官多則民擾，役重則民困。朝廷設官分職，本以爲農民也，而反冗官冗役以病農，如此而望天下之治，可得乎？

○咸寧五年十二月，又議省州郡縣吏半以赴農功，中書監荀勗以爲：「省吏不如省官，省官不如省事，省事不如清心。昔蕭、曹相漢，載其清静，民以寧一，所謂清心也。抑浮説，簡文案，略細苛，宥小失，有好變常以徼利者必行其誅，所謂省事也。以九寺併尚書，蘭臺付三府，所謂省官也。」

臣若水通曰：荀勗省吏、省官、省事、清心之説善矣。昔者禹爲司空，兼任百揆。一人而兼任四岳，當時之事亦無不治，正以能清心故也。第惜勗知清心之説，而不知聖賢精一執中爲清心之道，乃以蕭何清静當之，由學之不講也。

○晋惠帝永寧元年，嵇紹與齊王冏書曰：「唐虞茅茨，夏禹卑宫。今大興第舍，及爲三王立宅，豈今日之急耶？」

臣若水通曰：唐虞、夏禹當豐亨之盛，而猶儉于用財，而不敢侈。晋之時何時也？姦臣擅權，兄弟相殘，兵戈四起，天下民窮財盡極矣。而冏猶營造不已，糜財困民而不恤。雖以嵇紹之言而不知禁止，此所以卒至敗也歟？

○晋愍帝建興元年三月，漢主聰欲作鵄儀殿。廷尉陳元達切諫，以爲：「天生民而樹之君，使司牧之，非以兆民之命窮一人之欲也。晋氏失德，大漢受之，蒼生引領，庶幾息肩。是以先文皇帝身衣大布，居無重茵，后妃不衣錦綺，乘輿馬不食粟，愛民故也。陛下踐阼以來，已作殿觀四十餘所，加之軍旅數興，餽運不息，饑饉疾疫，死亡相繼，而益思營繕，豈爲民父母之意乎？」

臣若水通曰：同一財也，散之於下則爲兆民之命，聚之於營作則供一人之欲而已。一人之欲無窮，兆民之命有限，幾何而不怨以叛〔四〕乎？劉聰暴夷，不足與圖存者。其窮奢極欲，所謂安其危，利其災，樂其所以亡者乎！元達之言，後之人君所當戒也。

○元帝太興四年，張茂築靈均臺，基高九仞。武陵閻曾夜叩府門呼曰：「武公遣我來言，何故勞民築臺？」有司以爲妖。茂曰：「吾信勞民，曾稱先君之命以規我，何謂妖乎？」乃爲之罷役。

臣若水通曰：勞民築臺，此冗役也。冗役必有大費，民之膏脂竭矣。閻曾託武公以爲諫，權而不失正者也。張茂聞言即止，其庶幾能補過者乎！

○晋明帝大寧三年十二月，凉州將辛晏據枹罕，不服，張駿將討之。從事劉慶諫曰：「霸王之師，必須天時、人事相得，然後乃起。辛晏凶狂安忍，其亡可必。奈何以饑年大舉，盛寒攻城乎？」駿乃止。

○晋穆帝永和元年，燕參軍封裕上疏，謂：「今官司猥多，虚費廩禄。苟才不周用，皆宜澄汰。」

臣若水通曰：冗兵冗官，皆國家之大蠹也。劉慶之諫，駿乃息兵。封裕上疏，虚禄沙汰。冗費去而國用舒矣，亦曰有利哉！

○宋武帝大明二年二月，魏以高允爲中書令。魏起太華殿，給事中郭善明性傾巧，説帝大起宫室。高允諫曰：「太祖始建都邑，其所營立，必因農隙。况建國已久，永安前殿足以朝會，西堂温室足以宴息，紫樓足以臨望。縱有脩廣，亦宜馴致，不可倉猝。今計所當役，凡三萬人。老弱供餉，又當倍之。期半年可畢。一夫不耕，或受之饑。况四萬人之勞費，可勝道乎？此陛下所宜留心也。」帝納之。允好切諫，朝廷事有不便，允輒求見。帝常屏左右以待之，或自朝至暮，或連日不出，群臣莫知其所言語。或痛切帝所不忍，間命左右扶出，然終善遇之。

臣若水通曰：魏文成一納高允之諫，而所省役四萬人財費饋餉，稱之爲利，不亦博哉。當是時，南北瓜分，一時之君，興亡倏忽，若槿華之開落，獨拓跋氏享國久長，蓋其君類知用賢納諫，省費足國故耳。況中華之大君，而率由是道，其國家永命寧有既邪？

○宋文帝元嘉十九年，魏文成帝從寇謙之奏，作静輪宫，必令其高不聞鷄犬，以上接天神，功費萬計，經年不成。太子晃諫曰：「天人道殊，卑高定分，不可相接，理在必然。今虚耗府庫，疲弊百姓，爲無益之事，將安用之？必如謙之所言，請因東山萬仞之高，爲功差易。」帝不從。

臣若水通曰：魏文成作宫〔五〕，欲高接天神，功費萬計，所謂矯誣上帝，暴殄天物者矣。太子之諫，深切著明。帝迷而不悟，不知格天有道也。民怨天咎，勞民傷財，其不爲天神所厭者幾希矣。

○明帝泰和七年，以故第爲湘官寺，備極壯麗。欲造十級浮圖而不能，乃分爲二。新安太守巢尚之罷郡入見，上謂曰：「卿至湘宫寺未？此是我大功德，用錢不少。」適直散騎侍郎會稽虞愿侍側，曰：「此皆百姓賣兒貼婦錢所爲。佛若有知，當慈悲嗟愍，罪高浮圖，何功德之有？」侍坐者失色。上怒，使人驅下殿。愿徐去，無異容。

臣若水通曰：明帝侈事浮屠，自以爲出己之財，而不知民之妻子膏脂也。自以爲功德，而不知其實府辜功也。雖以虞愿之直言而不悟，猶且怒之，愚亦甚矣。宋祚之競，難矣哉。

○齊高帝建元三年四月庚辰，魏孝文帝臨虎圈，詔曰：「虎狼猛暴，取捕之日，每多傷害。既無所益，損費良多。從今勿復捕貢。」

臣若水通曰：書云：「珍禽奇獸，不畜于國。」蓋以其無益而損財也。人君爲天地民物之主，其道在於養民而俾萬物各遂其性也，奈何捕虎以滋民害，設圈以違物情，使之食人之食哉？魏主罷之，其亦知務者矣。

○梁武帝天監元年春正月，大司馬蕭衍下令：「凡東昏時浮費，自非可以習禮樂之容，繕甲兵之備者，餘皆禁絕。」

臣若水通曰：撥亂反正者，必先去奢從儉，然後民安國富，而天下可得而保也。梁武初立，即下令以禁絕先朝之浮費，庶乎知節用愛民矣。然而不旋踵捨身傾國以奉浮屠，而不恤民之窮。書曰：「四海困窮，天禄永終。」可不鑒哉！

○梁武帝普通七年十一月，時魏盜賊日滋，征討不息，國用耗竭，豫征六年租調猶不足。乃罷百官所給酒肉，又税入市者人一錢，及邸店皆有税，百姓嗟怨。吏部郎中辛雄上疏，以爲：「華夷之民，相聚爲亂，豈有餘憾哉？正守令不得其人，百姓不堪其命故也。宜及此時，早加慰撫。但郡縣選舉，由來共輕，貴遊儁才，莫肯居此。宜改其弊，分郡縣爲三等，清官選補之法，妙盡才望。如不可並，後地先才，不得拘以停年。三載黜陟，有稱職者補在京名官。如不歷守令，不得爲内職。則人思自勉，枉屈可伸，彊暴自息矣。」不聽。

臣若水通曰：孔子云：「苟子之不欲，雖賞之不竊。」人君不能去其欲，則取民無制，盜賊繁興，征討日起，財用愈窘，則横征益煩，民益去而爲盜，其不亡者鮮矣。盜賊之起，國用之煩，雖守令者之奉行過暴，亦由君心之欲有以使之爾。魏帝正宜清源正本，信辛雄之言，下罪己之詔，罷厚斂以省民，擇守令以撫綏，則猶可及止矣。釋此不務，卒使窮兵暴斂相持，民怨變生，雖有善者，亦末如之何矣。

○梁武帝大同十一年冬，散騎常侍賀琛啓陳四事，其二以爲：「今天下所以貧賤，良由風俗侈靡使之然也。今之燕喜，相競誇豪，積果如丘陵，列殽同綺繡。露臺之産，不周一燕之資。而賓主之間，裁取滿腹，未及下堂，已同臭腐。又畜妓之夫，無有等秩。爲吏牧民者，致貲巨億，罷歸之日，不支數年，率皆盡於燕飲之物，歌謡之具，所費事等丘山，爲歡止在俄頃。乃更追恨向所取之少，如復傅翼，增其搏噬，一何悖哉！其餘淫侈，著之凡百，習以成俗，日見滋甚，欲使人守廉白，安可得邪？誠宜嚴爲禁制，道以節儉，糾奏浮華，變其耳目。夫失節之嗟，亦民所自患，正耻不能及群，故勉彊而爲之。苟以純素爲先，足正雕流之弊矣。」

其四以爲：「今天下無事而猶日不暇給，宜省事息費。事省則民養，費息則財聚。應内省職掌各檢所部，凡京師治、署、邸、肆及國容、戎備，四方屯、傳、邸、治，有所宜除除之，有所宜減減之。興造有非急者，徵求有可緩者，皆宜停省，以息費休民。故畜其財者，所以大用之也。養其民者，所以大役之也。若言小事不足害財，則終年不息矣。以小役不足妨民，則終年不止矣。如此則難可以言富彊而圖遠大矣。」

臣若水通曰：此賀琛告梁武帝之言也。巨億者，億億也。傅讀曰附，言罷官家食之人復出爲官，猶不能奮飛之鳥復傅之羽翼也。治，理事之所。署，舍止之所。邸，諸王列第及諸郡朝宿之區。肆，市列也。國容，禮樂、車服、旗章也。戎備，用兵之器備也。屯，軍屯也。傳，驛傳也。臣謂靡俗成於下而肇於上，工役興於上而害於下，皆君之責也。人君示民以樸，則侈靡息而公私足矣。罷兵息民，則用不費而財力紓矣。琛之言誠救時之急務也。梁武不能用，以自取滅亡，無足怪矣。有國家者，知二者之弊皆出於己，則知所謹而裕民足國之道不外是矣。

校記：

〔一〕「犬」，原作「大」，據後漢書和熹鄧皇后紀改。

〔二〕「實」，原作「食」，據資治通鑑改。

〔三〕「遣」，原作「邊」，據資治通鑑改。

〔四〕「叛」，原作「判」，據嘉靖本改。

〔五〕「宮」，原作「官」，據嘉靖本改。

聖學格物通卷之九十

省國費三冗官、冗食、冗人、冗兵、冗役附。

○隋文帝開皇三年十一月，河南道行臺兵部尚書楊尚希曰：「竊見當今郡縣，倍多於古。或地無百里，數縣並置。或户不滿千，二郡分領。具僚已衆，資費日多。吏卒增倍，租調歲減。民少官多，十羊九牧。今存要去閒，併小爲大，國家則不虧粟帛，選舉則易得賢良。」蘇威亦請廢郡，帝從之。甲午，悉罷諸郡爲州。

臣若水通曰：古之立官也所以養民，今之爲官也所以養於民。古之養民也寡，今之養於民也多。此治亂之由分也。況其賢不肖之不齊，而盜諸民以自私者，日益暴也。是古之設官也將以利民，今之爲官也將以暴民。此楊尚希之請損於隋，利民之大者也。後世又不但郡縣之多，至於濫設之官，又有不可勝計者，國計安得而不困，民財安得而不竭也哉？伏惟聖明察其冗員而損之，天下幸甚。

○隋文帝仁壽四〔一〕年。史臣曰：「帝自奉養，務爲儉素。乘輿御物故弊者，隨宜補用。自非享燕，所食不過一肉。後宮皆服澣濯之衣。天下化之。開皇、仁壽之間，丈夫率衣絹布，不服綾綺，裝帶不過銅鐵骨角，無金玉之飾。故衣食滋殖，倉庫盈溢。受禪之初，户不滿四百萬，末年踰八百九十萬。」

臣若水通曰：儉之爲德，其至矣。一人倡之，則萬民化之。一人倡之，則國有餘財。萬人化之，則家有餘食。衣食足，風俗淳，禮義興，而户口增，皆儉之效也。故克勤克儉，禹以之興邦，而創業之君，未有不法禹而興者也。及至承平之主，則侈肆無度，蓋未睹於廢興存亡之機在儉侈之間耳。人主可不監於此乎？

○唐高祖武德九年十一月，太宗與群臣論止盜。或請重法以禁之，帝哂之曰：「民之所以爲盜者，由賦繁役重，官吏貪求，饑寒切身，故不暇顧廉耻爾。朕當去奢省費，輕傜薄賦，選用廉吏，使民衣食有餘，則自不爲盜，安用重法邪？」自是數年之後，海内升平，路不拾遺，商旅野宿焉。

臣若水通曰：太宗去奢省費，輕徭薄賦，有四善焉：寡欲一也，足國二也，裕民三也，止盜四也。行一事而四善集焉，人君安富尊榮之道也。善謀國者，何憚而不爲哉？

○太宗貞觀元年二月，分天下爲十道。初，隋末喪亂，豪傑並起，擁衆據地，自相雄長。唐興，相率來歸，上皇爲之割置州縣，以寵禄之。由是州縣之數，倍於開皇、大業之間。上以民少吏多，思革其弊。二月，命大加併省，因山川形便，分爲十道：一曰關内，二曰河南，三曰河東，四曰河北，五曰山南，六曰隴右，七曰淮南，八曰江南，九曰劍南，十曰嶺南。

臣若水通曰：唐太宗以民少吏多，併省州縣，分爲十道，臣謂非但爲民少吏多而已。吏多則食衆，民少則賦煩。以煩賦之民，奉衆食之吏，幾何而不貧以死，去而爲盜爲亂也哉？省官以節用而安民，乃爲治之急務也。爲人君者，可不念之哉？

○貞觀四年六月乙卯，發卒脩洛陽宫，以備巡幸。給事中張玄素上書諫，以爲：「洛陽未有巡幸之期，而預脩宫室，非今日之急務。昔漢高祖納婁敬之説，自洛陽遷長安，豈非洛陽之地不及關中之形勝邪？景帝用鼂錯之言，而七國構禍。陛下今處突厥於中國，突厥之親何如七國？豈得不先爲憂，而宫室可遽興，乘輿可輕動哉？臣見隋氏初營宫室，近山無大木，皆致之遠方。二千人曳一柱，以木爲輪則戛摩火出，乃鑄鐵爲轂，行一二里鐵轂輒破，别使數百人齎鐵轂隨而易之，盡日不過行二三十里。計一柱之費，以用數十萬工，則其餘可知矣。陛下初平洛陽，凡隋氏宫室之宏侈者，皆令毁之。曾未十年，復加營繕，何前日惡之而今日效之也？且以今日財力，何如隋世？陛下役瘡痍之人，襲亡隋之弊，恐又甚於煬帝矣。」上謂玄素曰：「卿謂我不如煬帝，何如桀紂？」對曰：「若此役不息，亦同歸於亂爾。」上歎曰：「吾思之不熟，乃至於是。」顧謂房玄齡曰：「朕以洛陽土中，朝貢道均，意欲便民，故使營之。今玄素所言誠有理，宜即爲之罷役。後日或以事至洛陽，雖露居亦無傷也。」仍賜玄素彩二百匹。

臣若水通曰：人主之於天下，繫於一念敬肆之間爾。敬則恭儉，恭儉則土木狗馬之念不生，財不傷而民安矣。肆則驕奢，驕奢則瓊宫、瑶室之心莫制，傷財而害民矣。太宗初毁隋氏之宏侈，而不免躬自爲之，豈非始敬而終肆邪？不然，何一人之身而前後不同也？向非玄素之諫，唐不免爲隋矣。是故天下之廣居者仁也，内有廣居之居，則外之宫室不足美也。不然，人心之欲莫甚於此，而興天下之害，以致覆滅者，亦莫踰於此也，人主可不慎歟？可不求其廣居而居之歟？

○貞觀十一年七月，馬周上疏，以爲：「三代及漢，歷年多者八百，少者不減四百，良以恩結人心，人不能忘〔二〕故也。自是以降，多者六十年，少者纔二十餘年，皆無恩於人，本根不固故也。陛下當隆禹、湯、文、武之業，爲子孫立萬代之基，豈得但持當年而已？今之户口不及隋之什一，而給役者兄去弟還，道路相繼。然營繕不休，民安得息？昔漢之文、景恭儉養民，武帝承其豐富之資，故能窮奢極欲而不至於亂。使高祖之後即傳武帝，漢室安得久存乎？」

○馬周又曰：「貞觀之初，天下饑歉，斗米直匹絹，而百姓不怨者，知陛下憂念不忘故也。今比年豐穰，匹絹得粟十餘斛，而百姓怨咨者，知陛下不復念之，多營役故也。自古以來，國之興亡，未有不繫於百姓之苦樂也。」

臣若水通曰：馬周二疏，可謂切矣。以國家之治亂繫於民心，以民心之向背繫於賦役，以賦役之煩簡繫於營造，可謂切矣。惜其未能以營造之豐約繫於君心之天理人欲耳。故曰：「正其本則萬事理。」人君可不求正心之學乎？

○貞觀十一年，帝幸洛陽，至顯仁宮，官吏以闕儲偫有被譴者。魏徵諫曰：「陛下以儲偫譴官吏，臣恐承風相扇，異日民不聊生，殆非行幸之本意也。昔煬帝諷郡縣獻食，視其豐儉以爲賞罰，故海内叛之。此陛下所親見，奈何欲效之乎？」帝驚曰：「非公不聞此言。」因謂長孫無忌曰：「朕昔過此，買飯而食，僦舍而宿。今供頓如此，豈得猶嫌不足乎？」

臣若水通曰：孝經云：「高而不危，所以長守貴也。滿而不溢，所以長守富也。」太宗於是乎幾於危與溢矣。范祖禹云：「富而不忘貧，則能保其富矣。貴而不忘賤，則能保其貴矣。」向非魏徵之諫，則太宗必遂忘其貧賤之時，而侈富貴之欲，何以保其有乎？傳曰：「不有君子，其能國乎？」魏徵之謂也。

○貞觀十一年七月乙未，車駕還洛陽。詔洛陽宫爲水所毁者，少加脩繕，纔令可居。

臣若水通曰：洛陽之水壞宫室，固也。使復少有興作，則時荒費廣，民不聊生，爲害尤甚，是又洪水滔天之患也。太宗四年六月，因張玄素諫營繕洛陽，即爲罷役，而云「他日以事至洛陽，雖露居無傷也」。今復令少加繕脩，豈前日營造之念，其根復萌哉？人心惟危，此之謂矣。

○貞觀二十二年六月，帝以高麗困弊，議明年發三十萬衆，一舉滅之。或以爲大軍東征，須備經歲之糧，非畜乘之所能載，宜具舟艦爲水運。隋末〔三〕劒南獨無寇盜，屬者遼東之役，劒南復不預及，其百姓富庶，宜使之造舟艦。帝從之。七月，遣右領左右府長史强偉於劒南，伐木造舟艦，大者或長百尺，其廣半之。别遣使行水道，自巫峽抵江、揚，趨萊州。偉等發民造船，役及山獠，雅、邛、眉三州獠反。九月，遣張士賢、梁建方發隴右、峽中兵二萬餘人以擊之。蜀人苦造船之役，或乞輸直，雇潭人造船，帝許之。州縣督迫嚴急，民至賣田宅、鬻子女不能供。穀價踊貴，劒外騷然。帝聞之，遣長孫知人馳驛往視之，知人奏稱：「蜀人脆弱，不耐勞劇。大船一艘，庸絹二千二百三十六匹。山谷已伐之木，挽曳未畢，復徵庸絹，二事併集，民不能堪。宜加存養。」帝乃敕潭州船庸皆從官給。

臣若水通曰：孟子云：「善戰者服上刑。」爲其殃民蠹國之甚也。太宗逞其喜功好大之心，而不知兵行必巨費，費出於民而民心離，費出於官而公用窘，無一可者。夫以四方底定，乃復争利於海嶠小夷，殘民力，竭國用民脂而爲之，至於離散而不恤，猶以皮膚而困心腹也，其亦惑甚矣哉。

○充容長城徐惠，以上東征高麗，西討龜兹，翠微、玉華，營繕相繼，又服玩頗華靡，上疏諫。其畧曰：「以有盡之農功，填無窮之巨浪。圖未獲之他衆，喪已成之我軍。」又曰：「雖復茅茨示約，猶興土木之疲。和雇取人，不無煩擾之弊。」又曰：「珍玩伎巧，乃喪國之斧斤。珠玉錦繡，實迷心之鴆毒。」上善其言，甚禮重之。

臣若水通曰：太宗之初，亦崇簡約矣。不旋踵而事征伐、崇興作、尚玩好者何邪？克念與罔念之間也。鮮克有終，此其一矣。夫徐惠一婦人爾，其言固可傳之萬世也。後世之君，豈可復蹈太宗之失，而重遺徐惠之笑哉？

○唐高宗乾封二年六月，時造蓬萊、上陽、合璧等宫，頻征伐四夷。厩馬萬匹，倉庫漸虚。張文瓘諫曰：「隋鑒不遠，願勿使百姓生怨。」上納其言，减厩馬數千匹。

臣若水通曰：高宗親承帝範於太宗，而不能戒其淫侈之念，以耗邦儲，殘邦本，何邪？天理難明，而侈欲易縱也。雖然，太宗亦躬自蹈之矣。故人君欲示節儉於子孫者，必自身心始矣。

○高宗總章二年秋八月，詔以十月幸凉州。來公敏獨進曰：「隴右户口雕弊，鑾輿所至，供億百端，誠未爲易。」上善其言，爲之罷西巡。

臣若水通曰：孟子云：「流連荒亡，爲諸侯憂。」後世之君遊幸無度，勞民傷財，殊非先王巡狩以爲民者矣。高宗欲巡視遠俗，而宰相以下莫敢諫止，獨得來公敏數語，以寢其行，遂寬下民百端之供億，仁人之言，其利博矣。

○高宗儀鳳三年九月，上將發兵討新羅，張文瓘輿疾入諫曰：「今吐蕃爲寇，方發兵西討。若又東征，臣恐公私不勝其弊。」上乃止。

臣若水通曰：張文瓘真忠臣也，卧疾于家，猶不忘東征之諫。幸帝寤而止焉，則上而愛君，下而惜民，公私之益皆得之矣。謹録之，以爲後世之君臣告焉。

○嗣聖十四年十月，狄仁傑上疏，以爲：「天生四夷，皆在先王封畧之外。故東距滄海，西阻流沙，北横大漠，南阻五嶺。此天所以限夷狄而隔中外也。自典籍所紀，聲教所及，三代不能至者，國家盡兼之矣。詩人矜薄伐於太原，美化行於江、漢，則三代之遠裔皆國家之域中也。若乃用武方外，邀功絶域，竭府庫之實，以争不毛之地，得其土不足增賦，獲其人不可耕織。苟求冠帶遠夷之稱，不務固本安人之術，此秦皇、漢武之所行，非五帝三王之事業也。始皇窮兵極武，務求廣地，死者如麻，致天下潰叛。漢武征伐四夷，百姓困窮，盜賊蜂起，末年悔悟，息兵罷役，故能爲天所祐。近者國家頻歲出師，所費滋廣。西戍四鎮，東戍安東，調發日加，百姓虚弊。今關東饑饉，蜀漢逃亡，江淮已南，徵求不息。人不復業，相率爲盜。本根一摇，憂患不淺。其所以然者，皆以争蠻貊不毛之地，乖子養蒼生之道也。」

臣若水通曰：興大役於不毛之地，冗兵也。動廣費於虚弊之餘，害民也。夫兵所以衛民而反以害民，豈國家之利也哉？狄仁傑舉秦皇以爲窮兵極武之戒，舉漢武以爲息兵罷役之勸，誠至論也。人君有安國子民之心者，尚潛玩焉。

○嗣聖十七年，太后欲造大佛像，狄仁傑上疏諫曰：「比〔四〕來水旱不節，當今邊境未寧。若費官財，又盡人力，一隅有難，將何以救之哉？」太后曰：「公教朕爲善，何得相違？」遂罷其役。

臣若水通曰：武后佞佛，所費不貲，府庫爲虚，民不堪命矣。而仁傑從容數語，竟寢大像之造，國用以省，民勞以息。仁傑之有功於唐也，豈可以一二計哉？

○中宗景龍元年九月，蕭至忠上疏，以爲：「恩倖者止可富之金帛，食以粱肉，不可以公器爲私用。今列位已廣，冗員倍之，干求未厭，日月增數。陛下降不貲之澤，近戚有無涯之請，賣官利己，鬻法徇私，臺寺之内，朱紫盈滿，忽事則不存職務，恃勢則公違憲章，徒忝官曹，無益時政。」上雖嘉其意，竟不能用。

臣若水通曰：蕭至忠謂不可以公器爲私用，惜名器也，其言當矣。至謂可富之金帛，食之粱肉，則國費濫矣，奚可哉？蓋名器之濫，壞禮傷化也，而國費之濫，傷財害民也。國家之患，濫名器爲上，而侈國用次之。然而致虚耗，成敗亂，未有不由此二者，其失均耳。故明主愛一嚬一笑，藏弊袴以待有功。今至忠之言，猶紾兄之臂而奪之食，乃謂之姑徐徐云爾。

○中宗景龍二年，上及皇后、公主多營佛寺，辛替否上疏諫曰：「伏惟陛下百倍行賞，十倍增官，金銀不供其印，束帛不充於錫。」又曰：「沙彌不可操干戈，寺塔不足攘饑饉，臣竊惜之。」書奏不省。

臣若水通曰：古之帝王功懋懋賞，官不及私昵，而不作無益害有益也。中宗所賞者果功乎？所官者非私昵乎？沙彌、寺塔非無益乎？中宗嘗崎嶇於危厄之中矣，如少悔悟，宜其罪己以謝萬方也，顧乃逞艷妻妖女縱慾以蠹國，雖有替否之忠言，了不之省，卒之以元首之尊而蹈齊眉之禍，悲夫！

○唐中宗景龍二年七月，清源尉吕元泰上疏，以爲：「邊境未寧，鎮戍不息。士卒困苦，轉輸疲弊。而營建佛寺，日廣月滋，勞人費財，無有窮極。昔黄帝、堯、舜、禹、湯、文、武，惟以儉約仁義立德垂名。晉、宋以降，塔廟競起而喪亂相繼，由其好尚失所，奢靡相高，人不堪命故也。伏願回營造之資，充疆場之費，使烽燧永息，群生富庶，則如來慈悲之施、平等之心，孰過於此？」疏奏不省。

○唐睿宗景雲元年五月，辛替否上疏，以爲：「近年以來，水旱相繼，兼以霜蝗，人無所食，未聞賑恤，而爲二女造觀，用錢百餘萬緡。陛下豈可不計當今府庫之蓄積有幾，中外之經費有幾，而輕百餘萬緡以供無用之役乎？」

臣若水通曰：世濟其惡，豈中宗、睿宗之謂乎！中宗不恤疆場之費，而爲如來營寺塔。睿宗不懲中宗之失，不恤饑饉之災，而爲二女造觀，靡費不貲。以吕元泰、辛替否切直之言而不能用，惜哉！謹録之以爲節用愛人之君告焉。

○睿宗景雲元年八月，姚元之、宋璟及畢構上言：「先朝斜封官，悉宜停廢。」上從之。癸巳，罷斜封官凡數千人。

臣若水通曰：國家設官，所以爲民而保其有者也。斜封官始於韋后及二公主私門之啓，所以空府庫而耗民財者，亦已甚矣。睿宗在位，雖無可稱，而能聽姚、宋、畢構之言，革先朝之弊政，其有利於國，豈可誣哉？

○唐玄宗開元二年五月己丑，以歲饑，悉罷員外試檢校官。自今非有戰功及别敕，毋得注擬。

臣若水通曰：官冗則費多，而況乘之以饑饉乎？玄宗罷員外官，則歲雖饑而其費省，可謂能自損以從天時。初政清明，此其一端也。然又有所謂别敕者，得無開他日之門乎？譬之去草，猶留其根，其後滋蔓日長而淫侈無厭，宜矣。

○玄宗天寶元年，時天下聲教所被之州三百三十一，羈縻之州八百，置十節度經畧使以備邊。凡鎮兵四十九萬人，馬八萬餘匹。開元之前，每歲供邊兵衣糧費不過二百萬。天寶之後，邊將奏益兵寖多，每歲用衣千二十萬匹，糧百九十萬斛，公私勞費，民始困苦矣。

臣若水通曰：自古疆域之廣，莫過於唐。至開元時，海内安富，行萬里者不持寸兵，供億不煩，可謂盛矣。使帝清心寡慾，不至侈費，而後人繼之，唐雖至今猶存可也。奈何侈欲一萌，而邊將益兵，供億十倍，日益月盛，公私勞費而民困始極。及漁陽倡亂，父子顛越，自是紛紛多事，而帝以憂殂，子孫曾玄，疲於奔命，以至河北陸沉，沙沱囊括，其禍皆玄宗始之也。兵力之衆，疆域之廣，安足恃哉？

○代宗大曆二年，魚朝恩奏以先所賜莊爲章敬寺，於是窮壯極麗，盡都市之財不足用。奏毁曲江及葉清宫館以給之，費逾萬億。

臣若水通曰：代宗身所御衣必浣染再三，其自奉可謂儉樸矣。至乃信朝恩之惑而大營佛寺，浪費民財以至此極，何也？蓋人主之德不以一己之儉爲可貴，而以無所不儉者爲切要也。否則所謂不能三年之喪而緦小功之察，豈人君之大德哉？

○大曆二年，高郢上書，畧曰：「先太后聖德，不必以一寺增輝。國家永圖，無寧以百姓爲本。捨人就寺，何福之爲？」又曰：「無寺猶可，無人其可乎？」又曰：「陛下當卑宫室，以夏禹爲法，而崇塔廟踵梁武之風乎？」又曰：「古之明王，積善以致福，不費財以求福；脩德以消禍，不勞人以禳禍。今興造急促，晝夜不息。力不逮者，隨以榜笞，愁痛之聲，盈於道路。以此望福，臣恐不然。」

臣若水通曰：高郢之言，抑佛寺之崇，重民財之惜，諄諄於人鬼禍福德怨之辨，意亦至矣。夫以禍福無不自己求之者，若夫崇佛以傷人財，徼福而反生禍，爲人君者，盍亦反其本矣。

校記：

〔一〕「四」，原作「三」，按本條實出自資治通鑑卷一百八十隋紀四仁壽四年條，據改。

〔二〕「忘」，原作「亡」，據嘉靖本改。

〔三〕「末」，原作「木」，據嘉靖本改。

〔四〕「比」，原作「此」，據嘉靖本改。

聖學格物通卷之九十一

省國費四 冗官、冗食、冗兵、冗役附。

○唐德宗建中四年五月，初行税間架，除陌錢法。時河東、澤潞、河陽、朔方四軍屯魏縣，神策、永平、宣武、淮南、浙西、荆南、江西、沔鄂、湖南、黔中、劍南、嶺南諸軍環淮寧之境。舊制，諸道軍出境，則仰給度支。帝優恤將士，每出境，加給酒肉，本道糧仍給其家，一人兼三人之給。故將士利之，各出境纔踰境而止，月費錢百三十餘萬緡，常賦不能供。判度支趙贊乃奏行二法。所謂税間架者，每屋兩架者爲間，上屋税錢二千，中税千，下税五百。吏執筆握筭，入人室廬，計其數。或有宅屋多而無他資者，出錢動數百緡。敢匿一間，杖六十，賞告者錢五十緡。所謂除陌錢者，公私給與及賣買，每緡官留五十錢。給他物及相貿易者，約錢爲率。敢隱錢百，杖六十，罰錢二千，賞告者錢十緡。其賞錢皆出坐事之家。於是愁怨之聲聞於遠近。

臣若水通曰：德宗憤王靈之不振而思有爲，則當省費休養，足食足兵而民信，俟時而動，則可以制梃而鞭笞天下之不庭，一詔所出而從命，所謂丕應徯志者矣。顧乃不然，無故而動十六道之兵，出境環戍，所謂冗兵之尤者也。諸將士出境而止，以叨兼三人之給，所謂冗費之尤者也。以冗兵動冗費而間架、除陌之征起焉，其殃民禍之尤者矣。邦本蹷絶，愁怨聲聞，彼强鎮者方幸災樂禍而起，乃至陷都邑，迫乘輿，呼而謂民曰：「不奪汝商税僦質矣，不税汝間架、陌錢矣。」德宗至是，星行露宿，求税駕於旦夕而不可得，況望其振王靈乎？宋儒范祖禹曰：「自古不固邦本而攻戰不息，必有意外之患。」真知言哉！

○建中四年八月，翰林學士陸贄以兵窮民困，恐別生内變，乃上奏。其畧曰：「將不能使兵，國不能馭將，非止費財翫寇之弊，亦有不戢自焚之災。」又曰：「無紓目前之虞，或興意外之患。人者邦之本，財者人之心。其心傷則其本傷，其本傷則枝幹顛瘁矣。」又曰：「人摇不寧，事變難測。是以兵貴拙速，不尚巧遲。若不靖於本而務救於末，則救之所爲乃禍之所起也。」又論關中形勢，畧曰：「今關輔之間，興發已甚。宮苑之内，備衛不全。萬一將帥之中，又如朱滔、希烈，或負固邊壘，誘致豺狼，或竊發郊畿，驚犯城闕，未審陛下復何以備之？」贄請追還神策六軍，明敕涇、隴、邠、寧，但令嚴備封守，仍令更不徵發，使知各保安居。又降德音，罷京城及畿縣間架等雜税，則冀已輸者弭怨，見處者獲寧，人心不摇，邦本自固。帝不能用。

臣若水通曰：書稱：「撫我則后，虐我則讎。甲冑啓戎，干戈省躬。」蓋以兵動干戈，則靡國用，虐生民矣，是以聖人戒之。德宗喜功而窮兵，然窮兵則好貨，好貨則横斂，横斂則民亂，民亂則禍生，而危亡至矣。陸贄見微知著而盡言之，冀其改也。乃猶不悟，不思民財匱則心傷，民力竭則心悖。趙襄子所謂：「竭民膏血以實之，又因而殺之，其誰與我者也？」卒之滻水操戈，大呼不守，贄之言驗矣。後世之君知以德宗爲戒而節省國費，盍有取於贄之言哉。

○德宗貞元三年閏五月庚申，大省州縣官員，收其禄以給戰士，張延賞之謀也。時新除官千五百人，而當減者千餘人，怨嗟盈路。

臣若水通曰：德宗從張延賞之言，大省州縣官員，而李泌乃請復之，其言曰：「户口雖減，而事多於承平且十倍，吏得無增乎？且所減皆有職，而冗官不減，此所以爲未當也。」蓋設官分職，以爲民也。冗職可減也，有職不可減也。夫收官之禄以給戰士，延賞之計行，得損益之宜矣。李泌之言，以冗官易州縣之官，亦權時之宜，不失公私之利，未必不爲得也。夫增其所宜增，減其所宜減者，其在人君秉吾心之權衡而爲之輕重乎！

〇憲宗元和六年六月丁卯，李吉甫奏：「自秦至隋十有三代，設官之多，無如國家者。天寶以後，中原宿兵見在可計者八十餘萬。其餘爲商賈、僧、道不服田畝者，什有五六。是常以三分勞筋苦骨之人奉七分待衣坐食之輩也。今内外官以税錢給俸者不下萬員，天下三百餘縣，或以一縣之地而爲州，一鄉之民而爲縣者甚衆。請敕有司，詳定廢置，吏員可省者省之，州縣可併者併之，入仕之塗可減者減之。」

臣若水通曰：傳有之：「官多則民病。」病在剥食其膏脂也。夫設官之多，至唐極矣。吉甫所謂以三分勞筋苦骨之人，奉七分待衣坐食之輩是已，然則民何爲而不困，財何爲而不竭邪？人君能於其可去者去之，亦足財裕民之大道也。

〇穆宗長慶二年春正月，中書舍人白居易請：「詔光顔選諸道兵精鋭者留之，其餘不可用者，悉遣歸本道，自守土疆。蓋兵多而不精，豈惟虛費衣糧，兼恐撓敗軍政故也。今既祇留東西二帥，請各置都監一人，諸道監軍，一時停罷。如此則衆齊令一，必有成功。又，朝廷本用田布，令報父讎，今領全師出界，供給度支，數月已來，都不進討。若更遷延，將何供給？此尤宜早令退軍者也。若兩道止共留兵六萬，所費無多，既易支持，自然豐足。自古安危皆繫於此，伏乞聖慮察而念之。」疏奏不報。

臣若水通曰：選省冗兵，則兵精而用節。其養豐，其氣充，其志一，如鋭小之人，精神充滿，遇豐大而寡力者，必能出入之矣，則亦何戰而不勝哉？居易之論，可謂盡之矣。爲國家事〔一〕計者，其思之可也。

○敬宗寶曆二年三月，罷脩東都。上自即位以來，欲幸東都，宰相及朝臣諫者甚衆，上皆不聽，決意必行。已令度支員外郎盧貞按視，脩東都宮闕及道中行宮。裴度從容言於上曰：「國家本設兩都以備巡幸，自多難以來，茲事遂廢。今宮闕、營壘、百司、廨舍率已荒弛，陛下儻欲行幸，宜命有司歲月間徐加完葺，然後可往。」上曰：「從來言〔二〕事者皆云不當往，如卿所言，不往亦可。」會朱克融、王庭湊皆請以兵匠助脩東都。三月丁亥，敕以脩東都煩擾，罷之。

臣若水通曰：脩東都煩擾，此義理之說，群臣之所已言也。朱克融、王庭湊請以兵匠助脩，此禍福之釁，事機之所已動者也。史言脩東都之役，非以群臣論諫而罷，特畏幽鎮之稱兵而罷爾。臣謂是未得盡其情也。夫義理之心，人孰無之？言之不悟者，必有所蔽爾。及夫禍患之機警發而通之，則沛然矣。雖然，自古拒諫之君固由其心之不明，抑亦進言者過於訐〔三〕直，有以激成之也。然則敬宗罷東都之役，以息傷財害民之患，豈亦裴度諷諫之力歟！嗚呼，此人臣所以貴於諷諫也。

○宋真宗咸平三年正月，帝至自大名。上之在大名也，詔諭丁夫十五萬脩黃河。監察御史王濟以爲勞民，請徐圖之。乃命濟馳往經度，還奏，省其十六七。

臣若水通曰：脩河非冗役也，至於丁夫十五萬，則役至冗矣。夫役冗則罷民力，竭財用，斂衆怨而摇國本，其患有不可勝言者矣，可不慎哉！

○宋仁宗寶元元年六月，詔省浮費。時陝西用兵，調費日蹙。命近臣及三司議省浮費，詔自乘輿、服御及宮掖所須，務從簡約，若吏、兵禄賜，毋得輒行裁減。時論者或欲損兵、吏俸賜，帝曰：「禄廩皆有定制，毋遽更變，以摇人心，宜申諭之。」

臣若水通曰：易云：「損上益下，民説無疆。」仁宗此舉，則上雖損君之服用，而君道愈光。下則子庶民，體群臣，而臣民説矣。其誠賢君也哉！

○宋仁宗皇祐元年八月，汰諸路兵。文彦博、龐籍建議省兵，衆以爲不可，帝以爲疑。彦博、籍共奏曰：「公私困竭，正坐冗兵。果有患，臣請死之。」帝意遂決。於是簡汰陜西及河北諸路羸兵爲民者六萬，減廪糧之半者二萬。又詔減陜西兵屯内地，以省邊費。

臣若水通曰：紓國家之急，莫如豐財。所謂豐財者，非求財而益之也，去事之蠹財者而已。國有冗兵，乃蠹財之尤者，而去之，則老弱無能不得以幸食，財不求益而自無不益也。以此推之，則汰兵者務實食其力。夫兵實食其力，則財不虚用，豐財之道也。

○徽宗政〔四〕和五年六月，作三山河橋。先是，蔡京以孟昌齡爲都水使者，鑿大伾、三山兩河，創天成、聖功二橋，調征夫數十萬，民不聊生。至是畢工，未幾水漲橋壞。

臣若水通曰：先王之政，歲十一月徒杠成，十二月輿梁成，不過因時而脩之，以利民爾。

至於三山二橋者，役夫數十萬，非冗役害民者乎？自古國家之亡，未有不由於奸邪。奸邪亡國之計，未有不由于大興作以肆遊觀，開邊隙以邀事功，酷聚斂以誇富侈，如蔡京之爲，以蠱惑君心者爾。噫，明君能知奸邪之蠹國，必遠而去之，則公私不費，而安富尊榮之福自臻矣。

○宋理宗寶祐四年九月，監察御史朱熠乞汰冗吏，不報。熠言：「境土蹙而賦斂日繁，官吏增而調度日廣。景德、慶曆時，以三百二十餘郡之財賦，供一萬餘員之俸禄。今日以一百餘郡之事力，贍二萬四千餘員之冗官。邊郡則有科降支移，内地則欠經常納解。欲寬民力〔五〕，必汰冗員。」帝嘉之而不能用。

臣若水通曰：唐虞稽古，建官惟百。夏商官倍，周官三百六十，極矣。官得其人，而禄有餘裕。是以分田制禄，上下相濟而不相病也。理宗之時，疆土蹙而賦斂日繁，如賈似道、史嵩之麾下干進之吏不知幾百，誠如朱熠所言者矣。使理宗嘉其言而用之，剛明獨斷，則費省而民富兵强，恢復之圖亦不難遂矣。

○元成宗大德七年，詔蒙古軍居山東、河南者，免戍甘肅。簽樞密院千奴言：「蒙古軍在山東、河南者戍南甘肅〔六〕，動涉萬里，每行必鬻田産，甚或賣妻子。戍者未歸，代者當發，困苦日甚。今日邊陲無事，而虚殫兵力，誠爲非計。乞以近甘肅之兵戍之，而山東、河南前戍者，令有司爲贖其田産妻子。」從之。

臣若水通曰：山東、河南之去甘肅萬里，自此往戍，豈特鬻田産、賣妻子而已。道途之勤，饑寒之苦，風土之不宜，縱脱死亡，亦皆痛憊。以若愁思妻子之衆，就死氣息奄奄之餘而攻守焉，其奚以能支敵哉？夫枵腹行哺于國，有傷而剜肉醫瘡，于彼何補？元成宗以邊陲無事，不欲虚殫兵力，免河南、山東之戍，而以近甘肅之兵代之，上以節國用，下以全民力，誠得計矣。

○元武宗至大三年冬十月，詔減宫人膳。尚書省言：「宣徽院廩給日增，儲偫雖廣，亦不能給。」帝曰：「比見後宫飲膳，與朕無異。其覈實減之。」

臣若水通曰：元武宗因尚書省言宣徽院廩給日增，儲供不給，乃併後宫飲膳而覈實減之，此可謂賢矣。或曰：人主苟有天下之大惠，則後宫飲膳之小費奚用減焉？夫一飲一膳，民膏民脂。故人君欲節用而愛人，必自身自家始矣。故禹卑宫室，菲飲食，惡衣服，豈禹以天下不能周其身哉？武宗之心，本亦何異於禹之心也？誠見所以飲膳者皆吾民之膏脂也，宫人可以薄其口腹，不可使吾民之剥其膏脂，故感於尚書省之言，而觸其不忍人之心爾。嗚呼，以此心而節天下之財，則天下安得不樂從而風動者哉？後之論世者，不可謂元無人也。

○宋儒程顥策云：所謂費益廣者，不曰待哺之兵衆乎？夷狄之遺重乎？游食之徒煩乎？無用之供厚乎？爲今之計，兵之衆豈能遽去之哉？在汰其冗而擇其精。戎狄之遺豈能遽絶之哉？在備於我而圖其後。游食之徒煩，則在禁其末而驅之農。無用之供厚，則在絶其源而損其數。然其所以制之者，有其道也。

臣若水通曰：四者，散財之流也。取於民者，其源一而已矣。夫取之者一而散之者四，譬之一源而四流，欲水之不竭，不可得也。一木而四蠹，欲根之不拔，不可得也。今之欲省費者，省其流而已矣。是故其流塞而源之來自無窮矣。夫財，國之本也。無其財，則國非其國矣，故人君節用之爲貴焉。

○楊時日録：王安石曰：「臣見陛下於殿檻上蓋氊尚御批減省，以此知不肯用上等匹帛糜費於結絡。」上曰：「本朝祖宗皆愛惜天物，不忍横費。如此糜費，圖作甚？漢文帝曰朕爲天下守財爾。」安石曰：「人主若能以堯舜之政澤天下之民，雖竭天下之力以充奉乘輿，不爲過當。守財之言，非天下之正理。」

臣若水通曰：安石主行新法，争天下之利以富國矣。至此又開人主侈用之端，何邪？充其説，不至於取之盡錙銖，用之如泥砂者哉？且謂人主若能以堯舜之政澤天下之民，雖竭天下之力以充奉乘輿，不爲過當。夫堯舜土階茅茨，禹惡衣菲食，文武卑服，未聞行堯舜之政者而反竭天下以自奉也。安石之學術可見矣。嗚呼，世常慮有臣而無君，當是時，有其君矣，而臣莫與之將順其美，禁其欲，而反有以啓之。傳曰：「畜君者，好君也。」安石豈有愛君之心乎？噫，其亦不忠甚矣，惜乎神宗惑而不悟爾。後世近君之臣，當以安石爲戒焉。

○楊時經筵講義有云：思愛人必先於節用。節用而不以制度，則儉而或至於廢，非所以爲節也。夫先王所謂理財者，非盡籠天下之利而有之，其取之有道，用之有節，而各當於義之謂也。取之不以其道，用之不以其節，而不當於義，則非理矣。

臣若水通曰：財者，民之膏脂也。故至仁之君，兼所愛，必兼用節。節其膏脂，則愛其身也至矣。節其財用，則愛民也至矣。故觀其所節，而其視民如傷之仁可知矣。用之者節，故能取之有道，恭儉之君也。傳曰：「儉者德之共也。」夫儉，君子之所尚也，而不當於義焉，則亦固而已矣。是故儉所宜儉，中正之道也。後之人主，其試思之。

○楊時述周憲之奏云：比年以來，吏多額外，而行移者多違日限，故中外以爲病。今若依官制元立吏額及行遣日限，則無冗員滯事，而得併省之實效矣。

臣若水通曰：冗吏所以耗財者也，在人主沙汰節制之爾。若楊時之言，可爲萬世省費之法矣。

○張栻曰：紹興六年，王司諫譖進對，言：「陛下憂勤恭儉，圖濟中興。往歲金翠之禁自内庭始，天下風靡。而近者庫藏供瑇瑁，坑冶採青緑，未必以爲器玩設飾之用，然恐下之人妄意好尚，緣類而至。願深戒明皇之失，終始惟一，以永無疆之休。」

臣若水通曰：慎厥終，惟其始，則治可成，業可保矣。昔者唐明皇即位之初，焚錦綉珠玉於殿前，致開元之治。其終也，侈心一動，窮天下之欲，而天寶之亂幾不能自免。是皆不能慎終之咎也，貽譏後世，宜哉！詩云：「靡不有初，鮮克有終。」故知慎終之難，爲人君者，尤宜戒謹也。

○國朝辛丑七月甲子，宋思顔曰：「近句容有虎爲害，上既遣人捕獲之。今豢養民間，飼之以犬，無益。」太祖欣然，即命取二虎并一熊皆殺之，分其肉賜百官。

臣若水通曰：書云：「惟天惠民，惟辟奉天。」人君奉天以愛民，惟去其民害而已矣。苟以養民之物而養害民之獸，則是違道逆天也，豈爲君之道哉？惟我太祖高皇帝仁聖天縱，有不忍人之心，故一聞思顔之言，沛然除之。書云：「珍禽奇獸，不畜于國。」此之謂也。聖子神孫，所宜視法焉。

○乙巳春，皇祖將經理淮甸，親閱試將士。命鎮撫居明率軍士分隊習戰，勝者賞銀十兩。其傷而不退者，亦勇敢士，賞銀有差。且徧給酒饌勞之，仍賜傷者醫藥。因諭之曰：「刃不素持，必致血指；舟不素操，必致傾溺；弓馬不素習而欲攻戰，未有不敗者。吾故擇汝等練之。今汝等勇健若此，臨敵何憂不克？爵賞富貴，惟有功者得之。」顧謂起居注詹同等曰：「兵不貴多而貴精。多而不精，徒累行陳。近聞軍中募兵多冗濫者，吾特爲戒之，冀得精鋭，庶幾有用也。」

臣若水通曰：兵貴精不貴多，不精而多，是冗兵也。冗兵是冗食也，耗國用，傷民財，莫甚於此者。是故兵不可廢也，在精之而已矣。皇祖深知其義，是以親試將士，分隊習戰，驗其勇怯，等其賞勞，所以精其兵而省其食，不使蠹國害民也，可謂得豐財之道也。由今觀之，行伍之兵老幼衰弱冗濫害財之患，亦有識者之所深憂也。聖明尚體察於一念之間，以皇祖之言勇決行之，則去冗兵以節餘財，其不致久安長治之休也哉？

○洪武元年十一月，中書及禮部定奏：「天子親祀圜丘、方丘、宗廟、社稷。若京師三皇、孔子、風、雲、雷、雨、聖帝、明王、忠臣、烈士、先賢等祀，則遣官致祭。邦縣宜立社稷，有司春秋致祭。庶人祭里、社、土穀之神及祖父母、父母，并得祀竈。載諸祀典。餘不當祀者，並禁止。」太祖皇帝諭之曰：「凡祭享之禮，載牲致帛，交於神明。費出己帑，神必歆之。如庶人陌紙瓣香，皆可格神，不以菲薄而弗享者何也？所得之物皆己力所致也。若國家倉廩府庫所積，乃生民膏脂，以此爲尊醪俎饌，充實神庭，徼求福祉，以私于身，神可欺乎？惟爲國爲民禱祈，如水旱疾疫師旅之類可也。」

臣若水通曰：語云：「務民之義，敬鬼神而遠之。」夫財出於民，傷財則害民矣。苟以非禮之神祀，而費有益之民財，智者固如是乎？我太祖高皇帝有見於此，諸不在祀典者，並禁止之。嗚呼，庸君世主之陋習，一日盡革，斯世斯民何其幸哉！

○洪武元年十二月，上退朝還宮。皇太子、諸王侍，上指宮中隙地謂之曰：「此非不可起亭館臺榭，爲遊觀之所，今但令内使種蔬，誠不忍傷民之財，勞民之力爾。昔商紂崇飾宮室，不恤人民，天下怨之，身死國亡。漢文帝欲作露臺，而惜百金之費，當時民安國富。夫奢儉不同，治亂懸判。爾等當記吾言，常存儆戒。」

臣若水通曰：詩云：「貽厥孫謀，以燕翼子。」書云：「慎乃儉德，惟懷永圖。」祖考者，子孫之所觀法，不可不示之以儉德也。教家以儉，其後猶奢。教家以奢，其弊可勝言哉？觀皇祖謂宮中隙地不起亭臺，爲遊觀之所，財無浪費矣。但令種蔬，地無遺利矣。是克勤克儉也。至於以商紂之奢，漢文之儉，判治亂之原，指之以示太子、諸王，不惟家法之善，實有以培植宗社之大本也。其崇儉防奢之意深矣！聖明率由祖宗之家法，尚當求之於心焉。

○洪武五年九月，上念驛傳重繁，故元之民有役馬夫而至破家者，乃諭中書省臣曰：「善治者視民猶己，愛而勿傷。不善者徵斂誅求，惟日不足。殊不知君民一體，民既不能安其生，君亦豈能獨安厥位乎？譬之馭馬者，急銜勒，厲鞭策，求騁不已，鮮不顛蹶。馬既顛蹶，人獨能無傷乎？元之末，政寬者失之縱，猛者失之暴。觀其驛傳一事，盡百姓之力而苦勞之，此與馭馬者何異也？豈可蹈其覆轍邪？自今馬夫必以糧富丁多者充之，庶幾其力有餘。有司務加存恤，有非法擾害者罪之。」

臣若水通曰：伏覩我聖祖因元驛傳害民之弊而哀矜之至，有視民猶己之諭，聖祖之心即文王視民如傷之心也。及以君之治民，如以人馭馬，銜勒鞭策，求騁不已，則傾蹶同之，至切矣。至於寬猛暴縱之言，非執中御民之道乎！書曰：「予臨兆民，凜乎若朽索之御六馬。」爲人上者，奈何不敬乎？今之民力民財日蹙矣，聖明尚思惟於一念之間，節其力以厚其財，省其役以阜其生，則上下充足而治安矣。祖宗丕緒，可永於無疆焉。

○洪武八年九月，詔改建大内宫殿。上謂廷臣曰：「唐虞之時，宫室樸素。後世窮極侈麗，習尚華美，去古遠矣。朕今所作，但求安固，不事華麗。凡雕飾技巧，一切不用。惟樸素堅壯，可傳永久。使吾後世子孫，守以爲法。至於臺榭苑囿之作，勞民費財以事遊觀之樂，朕決不爲之。其敕所司，如朕之意〔七〕。」

臣若水通曰：人君欲固邦本，不可不節財用。欲節財用，不可不去冗費。是故臺榭在所可無，而宫殿在所當建也。於其所可無者而興作，與其所當建者而華飾，皆足以費財而害民也。皇祖知之，傷今追古，節費裕民，敦樸垂後之意至矣。儉德永圖，固聖子神孫萬世之宜法守也。

○洪武十三年五月，命會寧侯張温、雄武侯周武往河南理務。時上以河南造周王宫殿，恐軍民服役勞苦，故命温等往撫之。仍諭之曰：「河南將士，疲勞多矣，宜善撫之。凡役萬人者，可役千人。役千人者，可役百人。使得更休，毋盡其力。」

臣若水通曰：國之所以爲國者，民而已矣。民之與國，安危同焉。故治國之道在節用愛人。節用，則税斂薄，力役寬，民安而國亦安矣。故寬一役則得一人之安，薄一斂則民享一分之食，力舒而財豐矣。皇祖受命而興，爲民造福者也。觀其因造王府惟恐軍民服役勞苦，乃命官撫之，且諭恤勞減役，使得更休，以寬其力，一念之愛，天地生物之仁也。聖明爲國保民，尚以皇祖爲法。

○國朝〔八〕皇明祖訓曰：四方諸夷皆限山隔海，僻在一隅，得其地不足以供給，得其人不足以使令。其不自揣量，來犯我邊，則彼爲不祥。彼既不爲中國患，而我興兵輕伐，亦不祥也。吾恐後世子孫倚中國富强，貪一時戰功，無故興兵，致傷人命，切記不可。但胡戎與西北邊境互相密邇，累世戰争，必選將練兵，時謹備之。

臣若水通曰：此聖祖戒勿輕伐夷狄之言也。夫夷狄之人如禽獸然，何係於中國之輕重也？但後世人主有喜功之心，輕兵數戰，以殃其民，以耗其國家，何益哉？故我聖祖切切以輕伐爲戒。其四夷邊境，但選將練兵，令謹備之。天地包含之仁，裁制之義，並可見矣。

○天順二年冬十一月，聖節及冬至，例宴群臣。英宗皇帝顧學士李賢曰：「節顧當宴，不惜所費。但計牲畜甚衆，尚有正旦、慶成，一歲四宴，朕欲減之，何如？」賢曰：「大禮之行，初不在此。減之亦是。」由是每歲二宴，至於正旦亦減，惟慶成一宴歲不缺云。

臣若水通曰：我朝四節之中，慶成其最大者也，其三節則其小者爾。禮之大者，不可不宴。禮之小者，可以宴，可以無宴。與其宴而傷財，孰若省之以從禮？易曰：「節以制度，不傷財，不害民。」侈用而至於害民，豈仁君之心哉？我英廟省宴之舉，遂爲著令。裕民足國，其有既乎？惟聖明引而伸之，觸類而長之，安民裕國之要在是矣。

校記：

〔一〕「事」上，嘉靖本有「大」字。
〔二〕「言」，原作「之」，據嘉靖本改。
〔三〕「訐」，原作「許」，據嘉靖本改。
〔四〕「政」，原作「正」。按宋徽宗無「正和」年號，「正」應爲「政」之譌，據改。
〔五〕「力」，原作「心」，據嘉靖本改。
〔六〕「戍南甘肅」，難通，或有誤。按元史卷一百三十四千奴本傳録此奏疏作「往戍甘肅」。
〔七〕「意」，嘉靖本作「志」。
〔八〕「國朝」，嘉靖本無。

聖學格物通卷之九十二

慎賞賜上

○詩小雅彤弓：彤弓弨兮，受言藏之。我有嘉賓，中心貺之。鍾鼓既設，一朝饗之。

臣若水通曰：此天子燕有功諸侯而錫以弓矢之樂歌也。彤弓，朱弓也。弨，弛貌。嘉賓，指有功諸侯而言也。貺，與也。大飲賓曰饗。夫諸侯有四夷之功而獻之王，則王賜之弓矢，以覺報宴，此有國者之常典也。詩言王者有弓，其色彤然，其體弨然，受之弓人，而藏之王府，以待乎有功，其藏之也重矣。迨夫我有嘉賓，敵王所愾而功在四夷者，則中心實欲以此弓而與之。夫與之出於中心，其與之也誠矣。然與不徒與也，必鍾鼓既設，一朝舉以與之，而遲留顧惜之心不少懷焉，又何與之之決哉。是則始而藏弓以待有功之人，則不敢輕。及其推誠以錫有功之人，則不敢吝。蓋藏之重則必能不與其所不當與，與之決則必能與其所當與。藏之重而與之決，王者賞功之大權當如是矣。伏惟聖明留意於斯，則賚與之際，必致其謹，不至於過而財用節矣。

○小雅采菽：采菽采菽，筐之筥之。君子來朝，何錫予之。雖無予之，路車乘馬。又何予之，玄衮及黼。

臣若水通曰：此詩采菽之首章，天子美諸侯來朝而言其賞賜之意也。菽，大豆也。君子，諸侯也。路車，金路以賜同姓，象路以賜異姓也。玄衮，玄衣而畫以卷龍也。黼，如斧形，刺之於裳也。夫濫賞則妄費，妄費則傷財而耗國矣。故天子因諸侯來朝而言采菽，采菽則必以筐筥盛之。君子來朝，則必有以賜予之。又言今雖無以予之，然已有路車駕之乘馬，以爲乘御之寵，玄衮兼之黼裳，以爲佩服之榮，則所以賜之者乃國家之常典，亦賜所當賜而慎且重矣，何嘗或濫及哉？後之人主無公正之心，賞賜出於私喜者多矣。故武庫之兵或賜於弄臣，貂璫之寵或加於近侍。或一媚而蒙千金之賞，或微勞而冒爵邑之封。不知賞賜之物雖出於朝廷，而貢賦之輸實剥乎百姓也。人君當存心於喜怒之正，則賞不濫而財自舒矣。

○春秋成公八年：秋七月，天子使召伯來賜公命。

臣若水通曰：書天子使召伯來〔一〕賜公命者何也？譏失賞也。魯成公未有大功顯德，而周簡王特遣召伯以賜之命，非禮也。書天子者，君天下之稱。夫賞罰予奪，自天子出者也。故天子於諸侯，終喪入見則有賜，歲時來朝則有賜，敵王所愾而獻功焉則有賜。今魯成公免喪嗣位而不入見，既更五服一朝之歲而不來朝，又未嘗敵王所愾而無功之可獻，周胡爲而賜命于魯乎？魯胡爲而受之于周乎？夫天命有德，五服五章。賜予者，天之命也。不當賜而賜之，是謂僭賞。僭賞是違天矣，違天是失其所以爲天子之道矣。此春秋之所以譏之也歟！

○禮記王制曰：有功德於民者，加地進律。

臣若水通曰：此言古之天子巡狩所至，見有功勞及於民，有德澤布於下者，則從而加其封域之制，進其爵命之等，所以報其功，崇其德也。夫賞罰之義，人君非故厚薄天下也，所以礪世磨鈍也。蓋不賞不勸，不罰不恥，人無所用勸恥焉，天下所由以不振也。故曰：有功不賞，有罪不誅，雖堯舜不能以化天下也。夫賞賜必以其功德，則賞賜之行非褒其人也，褒其功德也。故賞以其功德，罰以其罪惡，已不得而私焉。後世此義不明，人君不以功德而取人，惟以私喜而授賞，則夫蒙其賞者亦輕之矣。嗚呼，古之賞賜也重，後之賞賜也輕。故賞愈重，人視之愈輕，而國家之財愈困，則亦何益之有哉？此今日不可以不慎者也。

○月令曰：賞公卿大夫於朝，命相布德和令，行慶施惠，下及兆民。慶賜遂行，毋有不當。

臣若水通曰：此孟春之令也。天子於立春之日，帥三公、九卿、諸侯、大夫迎春東郊，而還乃賞公卿大夫於朝。又恐其恩未溥，故命相行慶，以賞有功之人。又施惠布澤，下及兆民，慶惠之典遂行矣。毋有不當，所以謹之者至矣。

〇周禮夏官司勳：掌六鄉賞地之法，以等其功。王功曰勳，國功曰功，民功曰庸，事功曰勞，治功曰力，戰功曰多。凡有功者，銘書于王之太常，祭於大烝，司勳詔之。大功，司勳藏其貳。

臣若水通曰：此周禮夏官之屬，掌司勳之職。吴澄定以爲天官，是也，下同。曰賞地者，即當田在遠郊之内也。王功，如周公輔成王業，其功最大，故謂之勳也。國功，如伊尹保全國家，其功次之，故謂之功也。民功者，如后稷法施於民是也，故謂之庸。事功，如大禹勤勞於事是也，故謂之勞。治功曰力，如臯陶强力以制治也。戰功曰多，如韓信多筭以勝敵也。凡若此者，悉書其名于王之太常。太常，旗也。畫日月於旗，故曰太常，以旌其功。又祭于大烝，以報其功。不但已也，又以配享之功告于神，藏于紀功之副以待考。若此，則賞必以功，而無功者不得以濫賞，而國用節矣。

〇夏官司士：以詔王治，以德詔爵，以功詔禄，以能詔事，以久奠食，唯賜無常。

臣若水通曰：此夏官之屬司士所掌之職也。然曰詔王治者，告王以當治之事也。有德者告王而爵之，有功者告王而禄之，有能者告王而任以事。以至任職之久者，則定其餼廩之多寡，不必告于王也。然此皆以常職而食於上者，至於賜，則出於人君之特恩，勵世之權也，何常數乎？夫有常者一定之制，而無常者一定之義。義之與比，何常之有？由是觀之，先王之賞賚，豈作好作惡爲之哉？

○左傳文公十二年：秦伯使西乞術來聘，且言將伐晋。襄仲辭曰：「君不忘先君之好，照臨魯國，鎮撫其社稷，重之以大器，寡君敢辭玉。」對曰：「不腆敝器，不足辭也。」主人三辭，賓答曰：「寡君願徼福乎周公、魯公以事君，不腆先君之敝器，使下臣致諸執事，以爲瑞節，要結好命，所以藉寡君之命，結二國之好，是以敢致之。」襄仲曰：「不有君子，其能國乎？國無陋矣。」厚賄之。

臣若水通曰：先君，謂魯先君也。大器，謂珪璋也。腆，厚也。徼，要也。魯公，伯禽也。下臣，西乞術自稱。不敢斥尊，故言致諸執事。節，信也。執珪璋爲信，故言以爲瑞信。致，謂致玉也。賄，贈也。西乞術之聘，爲伐晋也。襄仲既不欲棄二國之好而辭玉矣，曷爲而復賄之乎？善其不辱命也。賄以不辱命，則其所賜亦有節，而非無義之費矣。

○宣公十五年：晋侯賞桓子狄臣千室，亦賞士伯以瓜衍之縣，曰：「吾獲狄土，子之功也。微子，吾喪伯氏矣。」羊舌職説是賞也，曰：「周書所謂『庸庸祗祗』者，謂此物也夫。士伯庸中行伯，君信之，亦庸士伯，此之謂明德矣。文王所以造周，不是過也。故詩曰『陳錫哉周』，能施也。率是道也，其何不濟？」

臣若水通曰：桓子，荀林父也。士伯，即士貞子也。微，無也。喪伯氏，言邲之敗，晋侯欲殺林父，因士伯之諫而止也。羊舌職，叔向父也。庸庸祗祗，謂用所可用，敬所可敬也。此書康誥之言而言文王之克明德者，如上所云也。詩，大雅文王之篇。率，循也。夫先王之賞賜必有功德者乃施之。士伯得與荀林父同受晋侯之賞何也？蓋晋侯用荀林父而成獲狄之功，荀林父則由士伯而進用，保全林父以成功者也。以是而施諸有功之臣，而推及薦賢爲國之人，則用爲有義矣。羊舌職之説是賞也，不亦宜乎！

○襄公二十六年：鄭伯賞入陳之功。三月甲寅朔，享子展，賜之先路、三命之服，先八邑。賜子産次路、再命之服，先六邑。子産辭邑，曰：「自上以下，降殺以兩，禮也。臣之位在四，且子展之功也，臣不敢及賞禮，請辭邑。」公固予之，乃受三邑。公孫揮曰：「子産其將知政矣，讓不失禮。」

臣若水通曰：子展爲元帥，鄭伯賜之享之，皆以賞其入陳之功也。先路、次路，皆周王所賜車也。八邑，三十二井也。六邑，二十四井也。子産位次當受二邑，以公固予之，故受三邑，示不當受也。不失禮，謂不失其班次之禮也。夫入陳之功，首子展，次子産，其分固自有不同者。鄭伯請于周而賞之，似也。然子産位在四，則義宜賜二邑爾。公賜之六焉，過矣。及子産辭之，義也。而卒受其三者，以君之命亦義也。故受之三，則下不至失禮，上不至違君。子産於義得矣，鄭伯之賜予，能免過舉乎？

○襄公二十七年：公與免餘邑六十，辭曰：「唯卿備百邑，臣六十矣。下有上禄，亂也。臣弗敢聞。且甯子唯多邑，故死。臣懼死之速及也。」公固與之，受其半。以爲少師。公使爲卿，辭曰：「大叔儀不貳，能贊大事，君其命之。」乃使文子爲卿。

臣若水通曰：公謂衛獻公。免餘，公孫氏，衛大夫。六十，指一乘之邑而言。甯子，名喜。死，謂死於禍。爲少師，以免餘爲少師之官也。不貳，謂事君無貳心也。贊，佐也。命之，勸獻公命大叔儀爲卿也。書曰：「天命有德，五服五章哉。」則知賞曰天命，非人君所得私也。衛獻與免餘之邑，果天命之公乎？蓋其賞免餘者，賞其能殺甯喜也。殺甯喜者，德其因之而返國也。逐我者出，納我者死，此子鮮之所以終身不仕也。免餘，其可德之哉？

○國語周語：晉文公既定襄王于郟，王勞之以地。辭，請隧焉。王弗許，曰：「昔我先王之有天下也，規方千里以爲甸服，以供上帝山川百神之祀，以備百姓兆民之用，以待不庭不虞之患。其餘以均分公侯伯子男，使各有寧宇，以順及天地，無逢其災害，先王豈有賴焉。内官不過九御，外官不過九品，足以供給神祇而已，豈敢厭縱其耳目心腹以亂百度？亦惟是死生之服物采章，以臨長百姓而輕重布之，王何異之有？」

臣若水通曰：王勞之以地，謂陽樊、温、原、攢茅之田。隧，王之葬禮，闕地爲道，故曰隧。百姓，百官族姓，有世功者。用，財用也。庭，直也。虞，度也。其餘，甸服之外地也。寧，安也。宇，居也。賴，利也。死之服，謂六隧之民引王柩輅。輕重布之，貴賤各有等也。何異之有，言帝王皆然。夫文公定襄王於郟，其翊戴之功可謂大矣，請隧，宜無不從者。然地可多與而名器不可以假人，使襄王苟溺一時之私如其請焉，則周之禍未可量也。故孔子先正名之政，重繁纓之惜，豈徒然哉！

○周語：王孫説曰：「魯叔孫之來也，必有異焉。其享覲之幣薄而言諂，殆請之也。若請之，必欲賜也。魯執政惟强，故不歡焉而後遺之。且其狀方上而鋭下，宜觸冒人，王其勿賜。若貪陵之人來而盈其願，是不賞善也，且財不給。」

臣若水通曰：説，周大夫。魯執政惟强，故不歡焉而後遺之者，謂魯執政之人唯畏其强禦，難距其欲，故不歡悦而復遺之也。夫賞錫者天王之殊恩，自上而下者，非可得而請也。可請則惠褻矣。叔孫僑如幣薄而言諂，宜王孫説豫有以待之歟！故明主愛一顰一笑，況錫與之大者哉？

〇魯語：臧文仲曰：「善有章，雖賤賞也。」

臣若水通曰：章，著也。謂善之章著者也。夫天命有德，所以懋賞也。天命者，天之理也。故君天下賞一人而千萬人勸，奉天之理而得乎民之同然者也。故賞惟其善，不惟其人，奚貴賤之間？是以刑賞不必徧於天下而天下服者，凡以得其心故也。君天下者，可不監文仲之言乎！

〇魯語：仲尼曰：「古者分同姓以珍玉，展親也。分異姓以遠方之職貢，使無忘服也。」

臣若水通曰：展，重也。玉謂若夏后氏之璜也。無毋通。服，事也。使毋忘所事也。夫古之明王重一顰一笑，親親賢賢，各有攸當。故分同姓以珍玉，分異姓以遠物，疏戚不踰其常，親賢不失其倫，以示不苟也。後之賢君如漢文帝，猶有鄧通銅山之賜，況其下者乎？操威福之柄者，盍思所以慎其賜予哉。

○周顯王十八年，韓昭侯有弊袴，命藏之。侍者曰：「君亦不仁者矣，不賜左右而藏之。」昭侯曰：「吾聞明主愛一嚬一笑，今袴豈特嚬笑哉？吾必待有功者。」

臣若水通曰：詩云：「彤弓弨兮，受言藏之。」此古昔帝王之所以待有功也。必待有功，則無功者不得以濫賞。賞不濫，則國用舒矣。夫弊袴，微物也，昭侯以待有功，則凡大於弊袴，其肯輕以與人乎？由是言之，則昭侯之能節用以足其國，可知矣。後之人君賞賜無度，寧不亦可愧乎？

○漢章帝性寬仁，篤於親親，故叔父濟南、中山二王每數入朝，特加恩寵。又賞賜群臣，過於制度，倉帑爲虛。何敞奏記宋由曰：「尋公家之用，皆百姓之力。明君賜賚，宜有品制。忠臣受賞，亦應有度。」

臣若水通曰：予奪辭受，義焉而已，過焉濫也。故上不濫與，下無濫受，上下相孚於義，然後國家可保也。上過予，下過受，上下相誘於利，則財困民離，將并其有而亡之矣，安能保其國家乎？章帝數加恩寵於二王，而群臣賞賜無度，則傷財害民矣。何敞獨能言於宋由，其亦忠臣愛國之心哉。是故明君之賞賜不可以不慎焉。

○晉惠帝永康元年九月，吏部尚書劉頌曰：「昔漢之錫魏，魏之錫晉，皆一時之用，非可通行。周勃、霍光，其功至大，皆不聞有九錫之命也。」

臣若水通曰：聖帝明王，謹賜賚之禮，所以防僭妄而生厲階也。錫命，賜予之大者也，況九錫之命，權臣肆奸之漸爾。曹瞞、司馬懿挾天子以令諸侯，得非九錫爲之祟乎？漢、魏之祚所由終，晉亦可以監矣。劉頌言之所以抑姦臣無上之心，何其切哉。

校記：

〔一〕「來」，原作「家」，據嘉靖本改。

聖學格物通卷之九十三

慎賞賜下

○唐太宗貞觀十四年十二月，高昌之平也，諸將皆即受賞。行軍總管阿史那社爾以無敕旨，獨不受。及别敕既下，乃受之，所取唯老弱故幣而已。上嘉其廉慎，以高昌所得寶刀及雜彩十段賜之。

臣若水通曰：高昌之平，諸將皆以功受賞者也。阿史那社爾以無敕旨獨不受，而太宗乃復以寶刀雜彩重賜之者何也？旌其廉慎也。夫廉慎，美德也。凡賜予之道，德爲上，功次之。夫以廉慎而受上賞，旌其德也。然則太宗之賜予豈妄施者哉？

○唐高宗顯慶五年三月，皇后宴親戚、故舊、鄰里於朝堂，婦人於内殿，班賜有差。

臣若水通曰：賞賜，所以酬功德，以示勸也。無功而加賞，不惟不足以勸，而又至於濫國財而耗國用，其流之弊有不可勝言者矣。武后之賜親戚、故舊、鄰里及其婦人，抑何名耶？由是觀之，竊政之漸，蠹國之奸，識者蓋已知其萌於此矣。

○唐中宗景龍二年夏四月癸未，置脩文館大學士四員、直學士八員、學士十二員，選公卿以下善爲文者李嶠等爲之。每遊幸禁苑，或宗戚宴集，學士無不畢從，賦詩屬和，使上官昭容第其甲乙，優者賜金帛。同預宴者，惟中書、門下及長參王公、親貴數人而已。至大宴，方召八座、九列、諸司五品以上預焉。於斯天下靡然好事，以文華相尚，儒學忠讜之士莫得進矣。

臣若水通曰：中宗之好游幸，一費也。宴宗戚，二費也。以賦詩之甲乙而爲金帛受賞之優劣，三費也。大宴八座、九列、諸司五品以上，四費也。夫財源之出者一，而其用流之費者四，則國安得而不困，民安得而不窮哉？

○唐玄宗開元二十三年。初，公主實封止三百户，中宗時，太平公主至五千户，率以七丁爲限。開元以來，皇妹止千户，皇女又半之，皆以三丁爲限。駙馬皆除三品員外官，而不任以職事。公主邑入至少，至不能具車服。左右或言其太薄，上曰：「百姓租賦，非我所有。戰士出死力，賞不過束帛。女子何功而享多户耶？且欲使之知儉嗇爾。」

臣若水通曰：明皇裁損公主户封，一則曰女子何功而享多賜，明祿賞所以報有功也；一則曰欲使之知儉嗇，明多財所以累儉德也。所謂愛之以德，而兼有節用之道矣。户口之蕃，其有自哉。

○天寶八載二月，引百官觀左藏，賜物有差。帝以國用豐衍，故視金帛如糞壤，賞賜貴寵之家，無有限極。

臣若水通曰：財者，天之物，地之利，民之膏也。故不能以不用，亦不可以輕用也。傳曰：「可以與，可以無與，與傷惠。」有功者賞之，可以與者也。無功者不得以倖賜，可以無與者也。故與不與、用不用之間，有義存焉爾。錫予之典在人君，信不可以不慎也。濫予侈用，則傷財以害民之膏，棄地之利，暴天之物，而亂亡至矣。明皇以國用豐衍，取左藏之積賜百官，賞貴寵，無有限極，可謂輕視三才之用，而不知慎重者矣。禍之所以不免，而國之所以不競，有由然哉。

○天寶十載，帝命有司爲安禄山起第於親仁坊，敕令但窮壯〔一〕麗，不限財力。既成，具幄帟器皿充牣其中，雖禁中服御之物殆不及也。禄山生日，帝及貴妃賜衣服、寶器、酒饌甚厚。後三日，召禄山入禁中，貴妃以錦繡爲大襁褓裹禄山，使宫人以彩輿舁，帝觀之喜，賜貴妃洗兒金錢，復厚賜禄山，盡歡而罷。自是禄山出入宫掖不禁，或與貴妃對食，或通宵不出，頗有醜聲聞於外，帝亦不之疑也。

臣若水通曰：書云：「臣無有作福，臣無有作威，臣無有玉食。臣之有作福、作威、玉食，其害于而家，凶于而國。」言權不可下移也。臣謂三者尤萌於玉食之僭。名器輕濫而不已，則威福之權下移。又不已，則篡弑之禍起矣。此國家之所以凶亂乎！明皇之於禄山，侈其第宅，盛其幄帟，聚其寶器，上擬王公，殊無品制，豈但玉食而已耶？由是威福之柄，人自趨而成之，不能已矣。至於亂宫掖，動鼙鼓，禍四方，逼京師，乘輿播遷，宗廟不守，幾危社稷，成曠古所無之大變而爲天下笑，豈非明皇賜予之過有以召之乎？嗚呼，真可以爲萬世之大戒矣。

○肅宗至德元載九月，上皇賜張良娣〔二〕七寶鞍。李泌言於上曰：「今四海分崩，當以儉約示人。良娣不宜乘此，請撤其珠玉付庫吏，以俟有戰功者賞之。」良娣自閤中言曰：「鄉里之舊，何至於是？」上曰：「先生爲社稷計也。」遽命撤之。

臣若水通曰：玄宗寵厚貴戚，賞賜無筭，所以致乘輿之播遷也。肅宗宜鑒前愆，而良娣七寶鞍之賜，幾復蹈其覆轍矣。賴李泌賞功之言一入，深知爲社稷之計，遽撤其珠玉。然則克復舊物，再造唐室，其係此一念出入之幾乎。

○肅宗至德二載春正月，上謂李泌曰：「今郭子儀、李光弼已爲宰相，若克兩京、平四海，則無官以賞之，奈何？」對曰：「爲今之計，莫若疏爵土以賞功臣，雖大國不過二三百里，可比今之小郡，豈難制哉？於人臣乃萬世之利也。」上曰：「善。」

臣若水通曰：書云：「列爵唯五，分土唯三。」此先王賞功之典也。夫賞功以土，惠而不爲費，公而不私者也。李泌言以官賞功，非才則廢事，權重則難制，誠確論也。如裂土以封功臣，則上之所錫有定分而不踰制，下之所得有實利而非虛名。夫下有實利而上有定分，則又何損於國用，何傷於民財哉？

○憲宗元和七年十月，李絳上言：「魏博五十餘年不霑皇化，一旦舉六州之地來歸，刳河、朔之腹心，傾叛亂之巢穴，不有重賞過其所望，則無以慰士卒之心，使四鄰勸慕。請發内庫錢百五十萬緡以賜之。」左右宦官以爲所與太多，後復有此，將何以給之？帝以語絳。絳曰：「田興不貪專地之利，不顧四鄰之患，歸命聖朝，陛下奈何愛小費而遺大計，不以收一道人心？錢用盡更來，機事一失不可復追。借使國家發十五萬兵以取六州，期年而克之，其費豈止百五十萬緡而已乎？」帝悦曰：「朕所以惡衣菲食，蓄聚貨財，正爲欲平定四方。不然，徒貯之府庫何爲？」十一月，遣知制誥裴度至魏博宣慰，以錢百五十萬緡賞軍士，六州百姓給復一年。軍士受賜，歡聲如雷。成德、兖鄆使者數輩見之，相顧失色，嘆曰：「崛强者果何益乎！」

臣若水通曰：語云：「遠人不服，則脩文德以來之。既來之，則安之。」言來而安之以德也。孟子曰：「分人以財者，謂之惠。」故安之以德者上也，分之以惠者次之。德者所以結其心，惠者所以報其功，非相餂以利私之也。蘇轍言：「倡莫善乎私。」私也者厚賞以悦人心之謂，則是小人之術，以利相籠絡者之爲也，豈古之帝王賞予大賚之公哉？唐憲宗從李絳之言，出百五十萬緡以賜田興六州來歸之軍士，百姓給復一年，可謂能用忠謀，不惑於群議者矣。已而歸順之功既賞，而四方之不順者知勸，固其勢也。自時厥後，元濟授首，師道革面，韓弘效力，承宗歸疆，亦其處之者有道也。雖要之與安以德而心服者異，然賞惠之於人國，豈小小哉？後之人君，其尚知所慎焉。

○賈誼新書曰：晉文公率師征賊，定周國之亂，復襄王之位，於是襄王賞以南陽之地。文公辭南陽，即死，得以隧下。襄王弗聽，曰：「周國雖微，未之或代也。天子用隧，伯父用隧，是二天子也。」〔三〕

臣若水通曰：古者天子葬用隧，諸侯用縣，禮也。功懋懋賞，諸侯有功，爵之以地，未聞以天子之葬賜諸侯也。襄王能慎賞賜而不以禮許人，此見周之禮樂猶在天子也。

○劉向説苑曰：諸侯三年一貢士，士一適謂之好德，再適謂之尊賢，三適謂之有功。有功者天子一賜以輿服弓矢，再賜以秬鬯，三賜以虎賁百人。

臣若水通曰：記云：「薦賢受上賞。」古者諸侯貢士有功，天子嘉其進賢而懋賞之，可見人主之賞必皆當其功也。後世之君予奪一出於心之喜怒，或有功而吝，或無功而濫，則何以爲勸懲哉？劉安世曰：「人主所以鼓動天下、制馭臣民之柄，莫大於賞罰。」惟聖明念之。

○班固白虎通曰：禮記九錫，車馬、衣服、樂、朱户、納陛、虎賁、鈇鉞、弓矢、秬鬯，皆隨其德。

臣若水通曰：賞賜者，天子之大權也。濫則國用以侈，功過以混。國用侈則民食艱矣，功過混則風俗弊矣。故王者必有九德、九功，然後有九錫行焉。此古之天下所以平也。後世曹操、司馬懿奸雄之資，皆假九錫以爲狐媚篡奪之計，可以爲萬世戒矣。

○元順帝至正元年，帝如上都。時帝數以歷代珍寶分賜近侍，御史崔敬上疏曰：「臣聞世皇時，大臣有功，所賜不過鞶革，重惜天物，爲後慮至遠也。今山東大饑，燕南亢旱，海潮爲災，天文示儆，地道失寧，京畿南北飛蝗蔽天，正當聖主恤民之日。近侍之臣不知慮此，奏稟承請，殆無虛日。甚至於府庫百年所積之寶物，遍賜僕御閽寺之流、乳稺童孩之子，帑藏或空。萬一國有大事，人有大功，又將何以爲賜乎？乞追回所賜，以示恩不可濫，庶允公論。」

臣若水通曰：記云：「陳其宗廟。」説者以爲先祖所藏之重器，若赤刀之類是也。夫赤刀之微，亦何益於理亂之數，而謂之重器，以陳之祖廟，何哉？重先世之微澤也。書曰：「分寶玉于伯叔之國，時庸展親。」故寶器者上以陳於宗廟，下以伸其親親者也。元順帝當水旱饑饉災蝗之際，不知脩德節用以答天譴，而以府庫百年所積之寶物偏賜僕御閽寺之流、乳稚童孩之子，是不唯暴殄天物，輕遺宗器，賞不以功，賚不以親，而于世守之義亦安在哉？嗚呼，寶玉大弓之失，春秋不能爲魯定公貸其責。而敝袴之賞以待有功，史有取于韓昭侯也。人君苟能重其宗器而不輕用，慎其賞賜而不濫與，則萬一國有大事，有備無患矣。

○宋儒程頤曰：「太祖初有天下，士卒人許賞二百緡。及即位，以無錢，久不賜士卒，至有題詩於後苑。太祖一日遊後苑，見詩，乃曰：『好詩。』遂索筆和之。以故每於郊時，各賜賞給。至今因以爲例，不能去。」或問：「今欲新兵不給郊賞，數十年後可革。」曰：「新兵本無此望，不與可也。」

臣若水通曰：子産以其乘輿濟人於溱、洧，孟子曰：「惠而不知爲政。」又曰：「分人以財者謂之惠。」夫帝王之爲治也，有公平正大之體而已耳，未聞以私惠也。私惠所及有限，而大政所濟無窮。宋太祖初有天下，許賞士卒人二百緡，是以私惠嗛人也，必至於無錢以償所許焉，又必至於怨望而詩作焉，又必至於郊時而賞給焉，又必至於後世爲例而不能去焉，又必至於數十年之久而不革焉。夫初有天下許賞，郊時而例賞，皆非有義之用也。一啓其源，而流遂至於如此。然則欲爲天下惜財者，其可輕於賚與也哉？

○國朝洪武三年，朱友文爲大榮衛知事。初，指揮張温守蘭州，元將王保保兵圍城，温督將士備守。夜二鼓，圍兵登城，千户郭祐被酒醉卧不之覺，巡城官軍擊却之。圍既解，温執祐將斬之，友文諍之曰：「當賊犯城時，將軍斬祐以令衆，所謂以軍令從事，人無得而議之。今賊既退，乃追罪之，非惟無及於事，且有擅殺之名。竊以爲不可。」温悟，杖祐而釋之。太祖皇帝聞之，謂輔臣曰：「友文以幕僚能守朝廷法，直言開諭長官，此正人也。宜加賚予，以勸其餘。」遂賜綺帛各五疋。

臣若水通曰：朱友文以正人受賞，賞善也，賞之當矣。賞而當善，則不善者不得以濫賞而國用不困矣。此太祖高皇帝所以高出於漢、唐、宋之上也。伏惟皇上以祖宗爲法，好惡以公，則賞不濫而財用恒足矣。

○韓太初妻劉氏事姑甯氏甚謹，事聞，太祖皇帝遣中使賜劉氏衣一襲，鈔二十錠。官爲送其姑喪，歸葬，旌表其門，復其家徭役。

臣若水通曰：「周有大賚，善人是富。」武王之所以興也。夫孝，善之首也。太祖聞劉氏事姑甚孝，賜衣及鈔，非所謂善人是富乎？此所以保有天下而垂裕於無疆也。今天下未必無善者也，伏唯聖明以祖宗爲法，而惟善是富焉，則賞賜不濫，而享安富尊榮之福矣。

○洪武十年二月，學士宋濂辭歸。瀕行，太祖賜紙幣、文綺及御製文集，皇太子贈以衣三襲。太祖諭之曰：「朕最慎于賞予，嘉卿忠誠，可貫金石，故以是贈。

卿今年幾何？」濂曰：「六十有八。」太祖曰：「藏此綺俟三十二年後作百歲衣也。」濂叩首謝，太祖復囑曰：「大江漲，不可舟。卿宜循内河達家，庶幾無虞。」仍俾孫慎護行。

臣若水通曰：學士宋濂乃開國之文臣，所謂忠誠者也。我太祖知之明而信之深矣。賜以文綺之物，旌其忠也，表其誠也。是故足以爲天下之忠誠者勸矣，是之謂惠而不傷也。其賚與之不苟也如是哉！

〇洪武二十五年二月辛巳〔四〕，潁國公傅友德請懷遠縣等官地九頃六十餘畝以爲田圃，上曰：「爾貴爲上公，食禄數千石，而猶請地，獨不聞公儀休事邪？」友德慚而退。

臣若水通曰：荀子以賞不當功爲不祥也。夫賞必以功，無功而賞，則僥倖之門開，而祈請之風行。在國則空其府庫之積，在民則奪其衣食之源，而亂亡之禍起矣，非所謂不祥乎？傅友德貴爲上公，食禄數千石，而希恩無厭，奪民利而不恤，不祥之大者矣。皇祖戒諭以沮之，而示以公儀休拔園葵、去織婦之事，則沮一人而千百人息，於財用可節矣。人君有志於天下之平治者，可不慎乎？

○洪武二十九年九月，大賚天下致仕武臣。皇祖因嘆曰：「同歷艱難，致有今日。顧朕子孫保無窮之天下，則爾等子孫亦享無窮之爵禄。」諸將臣無不感激，至有墮淚者。

臣若水通曰：此太祖大賚致仕武臣而諭之之言也。夫爵賞所以報功也，然歷代人主常行於征戰之時，以爲激勵勸功之地，而我太祖乃大賚於致仕之日，而諭告之至，皆出於念功念勞之誠，無所爲而爲者。諸將之感激而墮淚也宜哉！聖子神孫所當萬世憲章而不失焉。

○天順日録：既上太后徽號，復加贈其親及蔭子弟數人。有爲其次兄求陞者，上謂李賢曰：「孫氏一門盛矣，復希恩澤，不知太后正不以此爲慰。比者授子弟官，請數次方允，且不樂累日，曰：『有何功於國家，濫受禄秩如此？然物盛必衰，一旦有干國憲，吾亦不能救矣。』今若聞此，必怒。」賢曰：「此足以見太后盛德。」

臣若水通曰：書云「車服以庸」，賞文治也。詩曰「彤弓〔五〕弨兮」，賞武功也。以戚里而侈爵賞，於文武之功乎何有？以予奪之義乎何居？善哉太后之不樂，可謂愛人以德，親親之至者矣。英宗之不與，可謂能養親志者矣。慈孝豈不兩盡也哉？此我朝家法所以高出於漢、唐之上也。

校記：

〔一〕「壯」，原作「但」，據嘉靖本改。

〔二〕「娣」，原作「姊」，據新唐書后妃傳改。下同。

〔三〕以下三條，嘉靖本置于「元順帝至正元年」條之後。

〔四〕「巳」，原作「上」，據嘉靖本改。

〔五〕「弓」，原作「兮」，據嘉靖本改。

聖學格物通卷之九十四

蠲租

○禮記王制曰：古者公田藉而不税，市廛而不税，關譏而不征，林麓川澤以時入而不禁，夫圭田無征。

臣若水通曰：藉者，借其力以助耕公田也。不税者，不取私税也。藉而不税，取以義也。廛，市地也。廛而不税者，賦其市宅而不征其貨也。譏，察也。譏而不征者，察異服異言之人而不税往來之貨也。時入者，取之以時也。所謂草木零落而後入山林，獺祭魚而後漁人入澤梁也。不禁，不禁民之取，與民共利也。圭田者，禄外之田也。無征，謂不税之也，所以厚賢也。夫藉也，廛也，以時入也，所以取之者也。不税也，不征也，不禁也，所以蠲之者也。其取之也以義，其蠲之也以仁。

○國語周語：芮良夫曰：「夫王人者將導利而布之上下者也，使神人百物無不得其極，猶日怵惕，懼怨之來。故頌曰：『思文后稷，克配彼天。立我烝民，莫匪爾極。』大雅曰：『陳錫載周。』是不布利而懼難乎！」

臣若水通曰：良夫，周大夫芮伯也。導，開也。布，賦也。上謂天神，下謂人物。極，中也。頌，周頌。經緯天地曰文，言后稷播百穀以利民，莫非中道。陳亦布也。錫，賜也。載，成也。大雅文王之二章，言文王能布利賜民，以成周道也。夫利者，天之所生，百物之所爲，與天下共之布之可也，專之則私其有也。榮公好利而不知大難，以利導君，其能免於難乎？芮良夫謂王人布利於上下，而引后稷、周文以見布利於民者，以懼難也。夫專利者，人之所怨也。天下之怨歸之，大難將至矣。爲人君者，其輕賦薄斂，蠲租以與民可也，其可專利而斂怨，以自及於難哉？

○漢文帝二年九月，詔曰：「農者天下之大本也，民所恃以生也。而民或不務本而事末，故生不遂。今茲親率群臣農以勸之，其賜天下民今年田租之半。」

臣若水通曰：蠲租所以勸農事也，勸農所以重國本也。文帝恭儉仁厚，出於天性。勸農蠲租之詔，實惠及於民矣。當時之富庶，豈無自哉？

○漢武帝元鼎四年六月，是時吏治皆以慘刻相尚。獨左内史兒寬勸農桑，緩刑罰，理獄訟，務在得人心，擇用仁厚士，推情與下，不求名聲，吏民大信愛之。收租税，時裁闊狹，與民相假貸，以故租多不入。後有軍發，左内史以負租課殿當免。民聞當免，皆恐失之，大家牛車，小家擔負，輸租繦屬不絶，課更以最。上由此愈奇寬。

臣若水通曰：兒寬爲政，收租税，時與民相假貸，而租多不入，國計若虧矣。及有軍發，以負租課殿當免，而牛車擔負，輸租繦屬不絶，何其有餘也！所謂藏富於民，百姓足君孰與不足者，此其驗歟！至〔一〕唐，陽城撫字心勞，催科政拙，蓋有此風焉。

○漢光武建武十九年九月壬申，上幸汝南南頓縣舍，置酒會，賜吏民，復南頓田租一歲。父老前叩頭言：「皇考居此日久，陛下識知寺舍，每來輒加厚恩，願賜復十年。」帝曰：「天下重器，常恐不任，安敢遠期十年乎？」吏民又言：「陛下寔惜之，何言謙也？」帝大笑，復增一歲。

臣若水通曰：傳云：「君子大居正。」夫田賦自有中正之法，國用給焉。多則桀，寡則貊，非中正可久之道也。南頓以帝鄉蠲租一歲，恩亦過矣。而吏民復有十歲之望，何其不以天下之大公自待哉？光武復增一歲，則於篤舊之仁，裁制之義，庶幾兩得之矣。

○漢殤帝延平元年秋七月，敕〔二〕司隸校尉、部刺史曰：「間者郡國或有水災，妨害秋稼。朝廷惟咎，憂惶悼懼。而郡國欲獲豐穰虛飾之譽，遂覆蔽災害。自今以後，將糾其罰。二千石長吏其各實覈所傷害，爲除田租芻稾。」

臣若水通曰：諱災飾穰，郡國之不仁也，宜置之罪而免其官，則天下郡吏知祟飾者未必得福，欺諱者未免得禍，各有所警，下情達而民受其惠矣。而又令督吏覈實所傷，爲除田租芻稾，可謂軫念民困者矣。

○隋文帝開皇十二年十二月，有司上言：「府藏皆滿，無所容，積於廊廡。」乃下詔曰：「寧積於人，無藏府庫。河北、河東，今年田租三分減一。」

臣若水通曰：傳云：「王人者導利而布之上下者也。」利而專之，雖十室之長不可以爲治，況天下乎！故古者藏富於民，視其在民猶其在官也。隋文帝謂寧積於民，無藏府庫，則似是矣。然而至積無所容者，非刻剥聚斂，何以致之哉？及其於河北、河東今年田租三分減一，則亦有意於民矣。然必無所容積然後行之。且有限地，有限年，有限分，則所惠亦有限矣，得爲積富於民之道耶？

○唐高祖〔三〕武德八年八月甲子，詔關內及蒲、芮、虞、泰、陜、鼎六州，免二年租調。自餘給復一年。

臣若水通曰：蠲租，仁政也。每聞於創業之始，而不多見於守成之時。何耶？豈創業之始用省於守成，而守成之後用反費於創業之時邪？節與不節，豐儉之道殊，而敬肆之心異爾。夫侈用生於欲，欲生於逸，逸生於無憂，無憂則情勝欲動，惟日不足矣，尚何望蠲租之惠及於民邪？

○唐太宗貞觀元年六月，山東大旱。詔所在賑恤，無出今年租賦。

臣若水通曰：國家之所係，租賦爲輕，民爲重。有民則有賦矣，有賦則有國矣。唐太宗以山東大旱，下賑恤之詔，而免其今年租賦，所以愛民者至矣。貞觀之治，其有以也。夫後世人君聞民之愁嘆而不加恤者，於唐太宗得無愧乎？

○唐玄宗開元十七年十一月辛卯，上行謁橋、定、獻、昭、乾五陵。戊申還宫，赦天下，百姓今年地税悉蠲其半。

○開元二十七年，群臣請加尊號曰「聖文」，二月己巳許之，因赦天下，免百姓今年田租。

○天寶六載春正月丁亥，上享太廟。戊子，合祭天地於南郊。赦天下，制免百姓今載田租。

○天寶十四載八月辛卯，免今載百姓租庸。

臣若水通曰：天下之財，不在國則在民。與其藏富於國，寧藏富於民。玄宗當開元、天寶之間，海内豐稔，府庫充贏，屢赦田租，人皆以爲有與天下同樂之意矣。使其躬行節儉，始終不渝，國之安富，可保於無虞也。惜其驕於佚樂，煩費倍興，向之蠲之於屢年者，一時取之殆盡。昔之恭儉恩惠，豈非聲音笑貌爲之也乎？有仁天下之志者，宜以實心行實惠焉。

○肅宗至德二載十一月戊午，上御丹鳳樓，赦天下郡縣來載租庸三分蠲一。

臣若水通曰：禄山之亂，民窮財盡，天下蕭然，不能聊生矣。租庸之蠲，實續民命。夫肅宗以匹馬至靈武，合弱旅鉏强寇，收復兩京，百姓喁喁以望更生之福。既而重之以此惠，一時舞蹈之歡可知矣。噫，此肅宗所以成中興之業也歟！

○肅宗乾元元年二月丁未，上御明鳳門，赦天下，改元，免百姓今載租庸。

臣若水通曰：乾元之民，即天寶之末之民也。昔也國税困於征求，今也私租獲其蠲免。昔之怨咨，今之欣悦，特在一心轉移之間爾。故肅宗克復大業無他焉，以其能慰來蘇之望，而收涣散之民心也。記曰：「財散則民聚。」人君可不審察其幾哉？

○穆宗長慶二年夏四月，户部侍郎、判度支張平叔奏徵遠年逋欠，江州刺史李渤上言：「度支徵當州貞元二年逃户所欠錢四千餘緡，當州今歲旱災，田損什九，陛下奈何於大旱中徵三十六年前逋負？」詔悉免之。

臣若水通曰：自古興利之臣急於征斂，莫不以其忠於君，而不知其不忠之大者也。莫不以其益於國，而不知其病國之大者也。蓋征斂則民怨，民怨則國本危矣，於國果爲益，於君果爲忠乎？張平叔奏徵遠年逋負，使非李渤諫而止之，則民怨於下，其國家之禍有不可勝言者矣。故曰：「不有君子，其能國乎？」

○後晉高祖天福六年九月，吴越王弘佐即王位。民有獻嘉禾者，弘佐問倉吏：「今蓄積幾何？」對曰：「十年。」王曰：「然則軍食足矣，可以寬吾民。」乃命復其境内税三年。

臣若水通曰：弘佐一方之雄爾，量軍食既足，尚知復租税以寬民，況萬乘之尊而富有四海者乎？

○周太祖廣順三年春正月乙丑，敕悉罷户部營田務，以其民隸州縣。其田廬、牛、農器，並賜見佃者爲永業。悉除租牛課。是歲，户部增三萬餘户。民既得爲永業，始敢葺屋植木，獲地利數倍。或言民田有肥饒者，不若鬻之，可得錢數十萬緡以資國。帝曰：「利在於民猶在國也。朕用此錢何爲？」

臣若水通曰：周太祖「利在於民猶在國」，斯言也，其得先王之遺意乎！尹起莘曰：「人主苟有愛民之心，則必有愛民之政。」矧如五代亂離之極，尤賴撫養之仁。周太祖之敕，有四善焉：罷營田之務，使不爲民擾，一也。以其田廬、牛器永業見佃，二也。除租牛之課以寬民，三也。地利數倍，四也。此亦可謂有恤民之心，而能達之政事者矣。詩曰：「民亦勞止，汔可小康。」其周太祖之謂乎！

○賈誼新書曰：鄒穆公有令，食鳧雁者必以粃，毋敢以粟。吏請曰：「粃食雁，無爲費也。今求粃於民，二石粟而易一石粃。以粃食雁，則其費矣。請以粟食之。」公曰：「夫君者，民之父母也。粟之在倉，與其在民，於吾何擇？」〔四〕

臣若水通曰：食者，飼鳧雁也。穆公言粟之在倉，與其在民，於吾何擇，深得君民一體之義矣。令飼雁者以粃而禁其用粟，蓋粟可以養人，而粃不可以養人也。穆公蓋不使禽獸食人之食，公私一視，可謂仁矣。吏之請，其所見者不亦小乎？雖然，穆公苟能由是而充之，仁義不可勝用，惜乎其未能也已。

○柳宗元捕蛇者説曰：永州之野産異蛇，黑質而白章，觸草木盡死，以齧人，無禦之者。然得而腊之以爲餌，可以已大風、攣踠、瘻癘，去死肌，殺三蟲。其始，太醫以王命聚之，歲賦其二，募有能捕之者，當其租入，永之人争奔走焉。有蔣氏者，專其利三世矣。問之，則曰：「吾祖死於是，吾父死於是，今吾嗣爲之十二年，幾死者數矣。」言之貌若甚慼者。余悲之，且曰：「若毒之乎！余將告于莅事者，更若役，復若賦，則何如？」蔣氏大戚，汪然出涕曰：「君將哀而生之乎？則吾斯役之不幸，未若復吾賦不幸之甚也。嚮吾不爲斯役，則久已病矣。自吾氏三世居是鄉，積于今六十歲矣，而鄉鄰之生日蹙。殫其地之出，竭其廬之入，號呼而轉徙，饑渴而頓踣，觸風雨，犯寒暑，呼噓毒癘，往往而死者相藉也。曩與吾祖居者，今其室十無一焉。與吾父居者，今其室十無二三焉。與吾居十二年者，今其室十無四五焉。非死則徙爾，而吾以捕蛇獨存。悍吏之來吾鄉，叫囂乎東西，隳突乎南北，譁然而駭者，雖鷄狗不得寧焉。吾恂恂而起，視其缶而吾蛇尚存，則弛然而卧。謹食之，時而獻焉。退而甘食其土之有，以盡吾齒。蓋一〔五〕歲之犯死者二焉，其餘則熙熙而樂，豈若吾鄉鄰之旦旦有是哉？今雖死于此，比吾鄉鄰之死，則已後矣，又安敢毒耶？」余聞而愈悲。孔子曰：「苛政猛於虎也。」吾嘗疑乎是，今以蔣氏觀之，尤信。嗚呼，孰謂賦斂之毒，有甚是蛇者乎！故爲之説，以俟夫觀風者得焉。

臣若水通曰：柳宗元之爲此説，所以警夫毒賦者也。蓋征賦常事也，而捕蛇者觸之即死，然而人有願爲此不爲彼者，豈人之情也哉？然則賦斂之毒甚於毒蛇可知矣。蓋蛇可以技術而禦，而征賦之慘不可得而控。禦蛇毒或可幸而免，而征租則不可幸而免也。嗚呼，今之爲政者，其毋使斯民畏之甚於永州之蛇也哉。

○陸贄奏議：唐興元元年大赦制曰：「自頃軍旅所給，賦役繁興，吏因爲奸，人不堪命，咨嗟怨望，道路無聊。汔可小康，與之休息。其墊陌及税間架、竹木茶漆榷鐵等諸色名目，悉宜停罷。京畿之内，屬此寇戎，攻劫焚燒，靡有寧室，王師仰給，人以重勞，特宜減放今年夏税之半。朕以兇醜犯闕，遽用于征。爰度近郊，息駕兹邑，軍儲克辦，師〔六〕旅攸寧。式當褒旌，以志吾過。其奉天宜升爲赤縣，百姓並給復五年。」

臣若水通曰：大兵之前必有横斂，大兵之後必有凶年。夫横斂于人，凶荒于天，苟以常賦取民，則民不堪命，國必危矣。德宗之時，師旅之興日頻，征斂之門日開，幸而克復之餘，能行寬恤之詔，民復更生，國脈不絶，豈非散財得民之驗歟！

○宋高宗紹興十八年七月，寬諸郡雜税。帝曰：「人知取之爲取，而不知予之爲取。若稍與展免，俟家給人足，税斂自然易辦。」於是蠲盧、光二州上供錢米，汀、漳二州秋税，處州三縣被水民家紬絹，鄂州舊額絹各一年。又蠲四州積貸常平錢十三萬緡，京西路請佃田租，及州縣場務税錢。

臣若水通曰：高宗謂人知取之爲取而不知予之爲取，何其得失之明也！寬諸郡雜税，誠所謂寬一分則民受一分之賜矣。然此特雜税爾，又安知其所謂正税者，果能推此意而達之乎否也？然則所取而不知予之者，尚恐無筭爾，是尚爲能充其類也乎？夫必有不忍人之心，斯有不忍人之政，自非有聖學慎德君子，又烏足以語此哉？

○宋儒楊時與胡安國書畧曰：閩中一二三年來，盜賊群起，上四州軍被害爲甚。夷傷之餘，民力凋弊極矣。蒙恩放免紹興二年秋夏二税及役錢一料，非朝廷勤恤民隱，何以得此？既而漕司檢准紹興令：「諸赦降放及倚閣税租者，各不得過三分」，行下州縣，依舊催納七分，急於星火。民被其澤，方歡欣鼓舞，未逾月遂轉而爲怨咨，良可惜也。

臣若水通曰：當是之時，權臣竊國，盜賊蜂起，生民之塗炭極矣。縱免秋、夏二税，役錢一料，是猶爲以一杯水救一車薪之火，況税未及蠲而征之愈急，是猶火薪而注之膏矣。上有蠲免之名，而下不被蠲免之實，遂使人君之令不足以取信於天下。無信不立，是又甚於乏食以死矣。嗚呼，國之有民，民之有信，猶身之有元氣也。不以信治民，是自賊其元氣也。元氣亡而存者，寡矣。宋業之衰，職此其由，可以爲鑒哉。

○楊時陳論政事，其畧曰：近日蠲除租税，而廣濟軍以放税降官，視詔令爲虛文爾。安土之民不被惠澤，而流亡爲盜者獨免租賦，百姓何憚不爲盜哉？

臣若水通曰：蠲租之道，所以慰安土之民，使不至流亡爲盜也。必仁以行之，信以成之，然後可以有濟也。若夫蠲除租税，仁矣。而以放税降官，可謂信乎？不信，何以成其仁也？不仁不信，是以惠不施於安土之良，而反施於流亡之盜，是教安土而流亡爲盜矣，烏在其爲蠲除也哉？楊時陳論政事而拳拳於此者，良有見也。伏惟聖明一念之發，仁如甘澤，一令之行，信如四時，則天下幸甚。

○國朝吴元年正月，太祖皇帝謂中書省臣曰：「予嘗親歷田野，見人民凋弊，土地荒蕪，失業者多。蓋因久困兵革，生息未遂。譬之觸熱者思得清涼，冒寒者思就温燠。爲之上者，固當念之。且如太平、應天、宣城諸郡，乃吾渡江開創之地，供億先勞之民。其有租賦，宜與量免，少甦民力。」省臣傅瓛對曰：「恤民，王者善政。主上念之及此，真發政施仁之本也。民之受賜，如大旱之得霖雨，其喜當何如！」太祖因嘆曰：「吾昔在軍中嘗乏糧，空腹出戰，歸得一食，雖甚粗糲，食之甚甘。今尊居民上，飲食豐美，心未嘗忘之。況吾民居於田野，所業有限，而又供需百出，豈不重困？」於是免太平府租賦二年，應天、宣城等處租賦一年。

臣若水通曰：古言王者以四海爲家，然未知言之有味也。豈有一家之人饑寒不相恤者哉？然而仁惠之施也，必自近者始。若太平等郡，實我太祖皇帝開疆之首、租賦之先矣。親歷之地，矜恤之政，蠲免之仁，在所先務之急者也。若此者，得非由我太祖存如傷之心、懷保之仁所發哉？伏惟聖明，心太祖之心，脩太祖之政，則萬世無疆之業端在是矣。

○洪武二年二月，免租之詔凡三焉：其一謂：「中原之民，久困兵殘。免山東、北平、燕南、河東、山西、河南、秦隴夏秋二税，山東二年，其餘一年。」其二謂：

「創業之初，取辦太平、應天、鎮江、寧國四郡，免其租一年。」其三謂：「建都金陵，以鎮江、太平、宣城、廣德爲京師之翼。其應天、太平、鎮江、宣城再免一年。其廣德及滁州、和州、無爲州，亦與免一年。」洪武三年三月，又詔免應天以至滁、和等七郡，徽州、池州、廬州、金華、嚴州、衢州、處州、廣信、饒州九郡，及山東、河南二布政司一年。四年五月，又有免兩浙、江西之詔。五年十月，有免應天等五府之詔。九年二月，有免山東、陝右之詔。十一年八月，有免太平等六州，宜興等四縣之詔。十二年，有全免北平之詔。至十三年，乃下詔曰：「荷上天眷佑，君主華夷十有三年，倉廩盈，府庫充。今民力未甦，凡天下今年夏稅、秋糧，盡蠲免之。」

臣若水通曰：此御製文集之言也。夫我太祖登極之初，干戈甫定，凡百興作，皆資於財。然而免租之詔，無歲無之。蓋太祖不忍之心存於中，故不忍之政發於外，蓋有不期而必至者矣。悲人窮以凝天命，此豈非其大端也歟？

○洪武二十五年二月，涼國公藍玉奏：「涼州衛民千七百餘户，附籍歲久，所種田畝，宜徵其賦，令輸甘肅。」上曰：「涼州歸附雖久，貧民至今未甦。俟年豐食足，然後徵之。」

臣若水通曰：語云：「既來之，則安之。」所謂安之者，奠其居止，寬其傜役，蠲其賦斂，以仁心行仁政，而惠養之而已矣。我皇祖之得天下也以仁，觀藍玉奏徵凉州衛民田租，皇祖以其附籍雖久，貧民未甦，而必俟之豐年，非其仁人之政發於仁心者乎！所以安其來〔七〕者至矣。聖子神孫，所宜憲章焉。

○仁宗皇帝即位之初，山東布政司言：「登、萊諸郡今歲雨水傷麥，其累歲所逋税，乞令民以他物代輸。」命户部議所以寬貸之者，户部以國用不足爲言。仁宗曰：「君民一體，民貧不可不恤，宜從所言。其永樂二十年以前所逋税，悉蠲之。二十一年税，令以鈔代輸。」

臣若水通曰：仁宗皇帝即位之初，山東水災，發政施仁，莫先於此時也。户部以國用不足爲言，蓋未知爲德爲民之道矣。既而逋税之蠲、輸鈔之令出自淵衷，皆發於君民一體之仁也。語曰：「百姓足，君孰與不足？」至於民有饒裕之休，國無匱乏之慮，何嘗不利哉？實聖子神孫萬世守成之程度也。

○天順四年秋，天下大水，江南尤甚，田盡渰没。時上益明察，凡事臣下莫敢發端。一日，李賢因召對，從容爲言。上曰：「爲之奈何？」賢曰：「若非大施恩典，安得蘇息？」於是詔令被災州縣申報巡撫、巡按官，災重者全免，稍重者免半，又輕者免三分。

臣若水通曰：此我英宗皇帝蠲租之詔也，皆發於一念恤荒愛民之仁，可謂至矣。夫漢文帝時，或賜民田租之半，或盡除之。唐、宋諸君，亦多行焉。然有名而無實者，往往而是。或先期而取盈，或已徵而報免，或黄放而白催，上有虚名，民無實惠，則亦何益之有哉？伏惟聖明其垂察焉。萬一或有遇此，而使有司不以虚應故事可也。

校記：

〔一〕「至」，嘉靖本無。

〔二〕「敕」，原作「牧」，據嘉靖本改。

〔三〕「高祖」，原作「高宗」，依下武德年號改。

〔四〕此條，嘉靖本置于「宋高宗紹興十八年」條後。

〔五〕柳宗元捕蛇者説，嘉靖本系于卷末，節録文字止于此。疑有缺漏。

〔六〕「師」，原作「軍」，據嘉靖本改。

〔七〕「來」，原作「未」，據嘉靖本改。

聖學格物通卷之九十五

薄斂上

○易損：損，有孚元吉，无咎。可貞，利有攸往。

臣若水通曰：此損卦之彖辭也。損之爲卦，艮上兌下。兌澤益深，艮山益高，爲損下益上之義，故曰損。損謂減殺也。凡陽爲有餘，陰爲不足，損上而益於下則爲益，取下而益於上則爲損。在人上者施澤以及下則益也，取下以自厚則損也。故損者，取損下益上之義。有孚者，謂損之道誠信而順於理也。當損而損則有孚，而在下者亦誠心應上而無疑，故元吉。夫民可損也，不可過也。不損則國無所資，過則傷民矣。斟酌其當損之宜，順天理、合人心而有孚焉，上下俱足而斂不横，大吉而无〔一〕咎也。如是則可貞，貞者常也。守之爲經常之典，有弗易也，如是則利往。利者順也，推之爲通利之道，無弗順，皆本於有孚也。彼厚斂以征民則妄矣，妄則有咎矣，豈可以謂之元吉，可以貞，可以利有攸往哉？

○書夏書禹貢：厥賦貞作，十有三載乃同。

臣若水通曰：此大禹水土初平薄斂之事。賦謂取土地之所出於民者也。貞，正也。君天下者以薄賦爲正，兖賦最薄，故謂之正。作，治也。蔡沈傳曰：「作十有三載乃同者，兖當河下流之衝，水患雖平，而卑濕沮洳未必盡去，土廣人稀，生理鮮少，必作治十有三載，然後賦法同於他州也。」臣謂於此可見聖人以民爲貧富，不敢剥下以自奉之意。君天下者當體聖人恤民之仁，遇災薄税，必以實惠寬之數歲，然後荒歉可濟也。

○禹貢：庶土交正，底慎財賦。咸則三壤，成賦中邦。

臣若水通曰：此乃大禹制財賦、土賦之事也。底，致也。咸，皆也。則，品節之也。中邦，中國也。庶土交正、底慎財賦者，謂禹以庶土之等肥瘠高下名物交相正焉，因土所出之財而致謹其財賦之入，如周大司徒以土宜之法辨十有二土之名物，以任土事之類是也。咸則三壤、成賦中邦者，又以九州穀土之等品節之，以上中下三則以成中國之賦，如周大司徒辨十有二壤之名物，以致稼穡之類是也。蓋土賦或及於四夷，而田賦則止於中國而已。夫衣食足然後禮義興，制田里、薄税斂，固聖人仁政之首務也。人君有志於治者，盍於此而用心乎！

○周書無逸：文王不敢盤于遊田，以庶邦惟正之供。

臣若水通曰：此周公戒成王無逸之訓也。遊如巡狩、春省耕、秋省斂之事。田謂四時之田獵。皆於農隙以講武事者。遊田，國有常〔一〕制，若不以其時及過其度，則謂之盤樂矣。文王不敢盤遊無度，上不濫費，故下無過取，而能以庶邦惟正之供，於常貢正數之外無横斂也。夫十一者，天下之中正也。量入爲出，僅足以充軍國賓祭之供耳。若過於遊田，則取民必過於中正乃可足用。故文王不敢過於遊田者，正以不敢過取，而庶邦得以中正貢於上也。臣謂不敢之一言，深足以發文王之心事。文王所以視民如傷、小心翼翼者，不敢之心也。不敢之心，乃天理也。後之人君欲得天下民心者，當謹征斂。欲謹征斂者，當戒盤遊。欲戒盤遊者，當體文王不敢之心然後可也。

○詩大雅公劉：篤公劉，既溥既長，既景迺岡。相其陰陽，觀其流泉，其軍三單。度其隰原，徹田爲糧。度其夕陽，豳居允荒。

臣若水通曰：此召康公詠公劉所以定軍賦與税法而厚民之事，以告成王也，賦也。篤，厚也。公劉，后稷之曾孫也。溥，廣也。景，考日景以正四方也。岡，登高以望也。相，視也。陰陽，向背寒煖之宜也。流泉，水泉灌溉之利也。徹，通也。一井之田九百畝，八家皆私百畝，同養公田，耕則通力而作，收則計畝而分也。山西曰夕陽。允，信也。荒，大也。詩言公劉之厚民也，芟夷墾闢，土地既廣而且長矣，乃景日影焉以正方向，乃岡焉以望形勢，乃相視焉以審其向背寒煖之宜，乃觀焉以察其水泉灌溉之利。曰景、曰岡、曰相、曰觀，蓋辨乎土宜而授民以田也。然有田必有軍，則以三單之法定其軍賦。有田必有税，則以什一之法定其税糧。復以疆理之田不足以給乎所徙之民也，又度山西之田以廣之，而豳人之居日益大矣。夫人君之治天下，固貴於授田以養民，尤貴於薄斂以取民。公劉授民以田，而徹田爲糧，則取于民者薄矣。周之徹法，實自此而始也，厥後周公不過因其舊而脩之耳。魯自宣公税畝而徹法不行，無怪乎民日貧而國用以之不足也。夫君民一體也，民富則君不至獨貧，民貧則君不能獨富。然則欲足乎國用者，可不先足乎民而薄其税斂乎！

〇春秋宣公十五年：初税畝。

臣若水通曰：此何以書初税畝也？譏宣公始廢徹而用税也。魯宣當國，水旱相仍，國用空乏，於是廢井徹之法，而爲税畝之制焉。夫初者創事之名，變法之始也。税畝者，逐畝税之也。夫什一，天下之中正，故殷制公田爲助，周因其法爲徹，百世不可易者也。宣公以其公田之入爲薄，遂變其私田之税，先王之舊章成憲蕩然不復存矣。其後作丘甲、用田賦，至於二猶不足，未必非宣公啓之也，故書初税畝以貶之。是故有國家者，必守成法而不變，惟務本之爲貴。

〇哀公十二年：春，用田賦。

臣若水通曰：此用田賦何以書？不宜用也，譏厚斂也。魯哀外慕强吴，内竭國用，至是二猶不足，乃用田賦，軍旅之征焉。田賦者，以丘賦一乘爲未足，故以田賦之也。夫先王制土，籍田以力而砥其遠邇，賦里以入而量其有無，故田以足食而賦以足兵也。周室之制弛力薄征，當以農民爲急。至於夫里有布，漆林有税，所以抑末業而歸之農也，非欲兼利之也。哀公不復先王之法，又背時王之制，夫里、漆林之外既承丘賦之弊，又以田而加賦焉，是重困農民而削其邦本矣，何以爲國耶？

○禮記檀弓曰：孔子過太山側，有婦人哭於墓者而哀。夫子式而聽之，使子路問之，曰：「子之哭也，壹似重有憂者而。」曰：「然。昔者吾舅死於虎，吾夫又死焉，今吾子又死焉。」夫子曰：「何爲不去也？」曰：「無苛政。」夫子曰：「小子識之，苛政猛於虎也。」

臣若水通曰：此記暴斂害民之政也。式謂憑軾以起敬也。重謂所憂者非一也。苛謂暴虐之政，如横征暴斂之類也。識猶記也。天下之至惡而傷人者莫如虎，死於虎者三而不去，則所去之邑暴虐可知矣。民寧居於猛虎之區而不適苛政之地，是則虎之猛不如政之苛，而人畏苛政有甚於虎也。何也？虎之害人有時而可避，而政之剥削無地而可逃也。故曰：「苛政猛於虎。」然則仁恩及民者謂之騶虞，苛政迫人者謂之猛虎。人君其可不薄斂以聚民乎！伏惟聖明在上，不欲厚斂吾民，天下信之矣。凡所以布列四方而牧養斯民者，其有爲虎者耶？臣不得而盡知之也。然或有重傷於虎而哀號於郊野者，九重之上安得而盡聞之乎？嗚呼，出賦之民，吾君之赤子也。苛政之官，吾君之猛虎也。誠愛赤子，其毋養虎以傷之也哉。

○坊記曰：君子不盡利以遺民。

臣若水通曰：傳云：「天地之財有數，不在官則在民。」故利盡於上則竭於下，而民無遺利矣。故取民之税不過十一，用民之力歲止三日，所以遺利於民而不敢盡也。爲民上者，可不隱之於心乎？

○周禮大宰：以九賦斂財賄：一曰邦中之賦，二曰四郊之賦，三曰邦甸之賦，四曰家削之賦，五曰邦縣之賦，六曰郊都之賦，七曰關市之賦，八曰山澤之賦，九曰幣餘之賦。

臣若水通曰：九賦者何也？口率出泉，其處有九也。斂財賄者，其無泉而取財賄以當筭也。邦中者，賦國中之民也。四郊者，賦遠郊百里内之民也。邦甸者，賦百里之外二百里之民也。家削者，賦大夫采地之外公邑之民也。邦縣者，賦四百里公邑之民也。邦都者，賦五百里公邑之民也。關市者，賦商賈也。山澤者，賦取物於山澤之民也。幣餘者，賦取物於織幣之民也。關市也，山澤也，幣餘也，不出上六者而特言，以末作當增賦也。夫聖人之治天下，不能無取於民，而因地異制，以爲厚薄，惟恐横暴之及焉，所以厚其民者至矣。至於關市、山澤、幣餘必增賦者，所以抑其逐末而使之知務本也，仁之至、義之盡矣。

○大司徒：以土均之灋辨五物九等，制天下之地征，以作民職，以令地貢，以斂財賦，以均齊天下之政。

臣若水通曰：此周禮大司徒之職也。均者，平也。五物，五地之物也。九等者，騂、剛、赤、緹之類也。民職者，九職也。地貢者，貢地所生物也。財賦者，九賦也。均之，辨之，作之，令之，夫然後斂之，天下之政無弗均，賦斂以正而不至於横暴矣。

○小司徒：乃經土地而井牧其田野，九夫爲井，四井爲邑，四邑爲丘，四丘爲甸，四甸爲縣，四縣爲都，以任地事而令貢賦，凡税斂之事。

臣若水通曰：此周禮小司徒之職也。井牧者，春秋傳謂井衍沃牧隰臯，故二牧而當一井也。九夫爲井，地方一里。積而至於都，凡一千二百一十六井，九千二百一十六夫，地方三十二里也。地事者，農牧虞衡也。貢者，九穀山澤之材也。賦者，出車徒、給徭役也。先王之取於民如是，可謂薄矣。

○論語：哀公問於有若曰：「年饑，用不足，如之何？」有若對曰：「盍徹乎！」曰：「二，吾猶不足。如之何其徹也？」對曰：「百姓足，君孰與不足？百姓不足，君孰與足？」

臣若水通曰：哀公，魯君，名蔣。有若者，孔子弟子也。饑，謂歲荒不熟也。用，謂軍國賓祭之需也。盍，何不也。徹，通也。徹，周制也，中爲公田，外八家皆私，通力合作，計畝均收也。此魯公因歲荒欲用田賦以取民，而有若對之以何不行徹法，蓋欲公節用以厚民也。哀公疑十取其二猶不足，何況徹取其十一乎？有若又告以君民貧富通共之義也。夫君民同心一體，而痛癢欣戚相通者也。故心一則體一，體一則其愛之以均，聚散之必同。而忍於公私貧富之不一者，以其心之不一，故不仁不恕也。哀公之心，取民無厭而不恤年饑，則百姓之不足已先爲餓莩久矣，可謂之仁恕乎？

○孟子曰：耕者助而不税，則天下之農皆悦而願耕於其野矣。廛無夫里之布，則天下之民皆悦而願爲之氓矣。

臣若水通曰：此孟子言人君行先王之政，則民心歸之也。助而不税者，但出力以耕公田，而不復稅其私田也。廛者，市地也，謂賦其市宅之稅也。夫里之布者，宅不種桑麻者罰之，出一里二十五家之布。民無常業者罰之，使出一夫百畝之稅，一家力役之征也。戰國時，一併取之廛。無夫里之布者，謂若賦其市宅之廛，則不征其夫里之布也。夫民之與君，其好惡一也。所好好之，所惡惡之，則民心有感之而不動者乎？故耕而不稅，廛而無夫布，則斂薄而民心悦，皆願耕於其野而爲之氓矣。爲民上者，奈何厚斂以棄其民哉？

○夏〔三〕后氏五十而貢，殷人七十而助，周人百畝而徹，其實皆什一也。徹者徹也，助者藉也。

臣若水通曰：此孟子論三代制民常產與其取之之制也。夏時一夫受田五十畝，而每夫計其五畝之入以爲貢。商人始爲井田之制，以六百三十畝之地畫爲九區，區七十畝，中爲公田，外八家皆私田，但借其力以助耕公田，不復稅其私田。周因商之制，一夫受田百畝。鄉遂用貢法，十夫有溝。都鄙用助法，八家同井。耕則通力合作，收則計畝均分，故謂之徹。三代之法，其名與制雖不同，而什分而取其一則同也。以其通作，故謂之徹。以其助耕，故謂之藉也。夫什一，天下之中正也。三代行之而用以充，後世倍之而財不足，然則其足與不足，不係於取民之厚薄矣。治天下者，盍思其故哉？

○中庸：時使薄斂，所以勸百姓也。

臣若水通曰：中庸言九經之事，此其一也。使者，力役之征也。斂者，粟米之征也。皆有國者所不能免也。使之以時而不盡其力，斂之者薄而不竭其利焉，百姓豈有不勸乎？時使則不急之工息，薄斂則無藝之征止，則民財可裕而民用以充。如是則百姓享其飽食煖衣之樂，遂其樂生興事之業，相勸以爲尊君親上之義，而百姓之勸有不期然矣。雖然，薄斂當自節用始，節用當自恭儉始。故九經以脩身爲先，治天下者可以知本矣。

○左傳哀公十一年：季孫欲以田賦使冉有訪諸仲尼，仲尼曰：「丘不識也。」三發，卒曰：「子爲國老，待子而行，若之何子之不言也？」仲尼不對而私於冉有曰：「君子之行也度於禮，施取於厚，事舉其中，斂從其薄。如是，則以丘亦足矣。若不度於禮而貪冒無厭，則雖以田賦，將又不足。且子季孫若欲行而法，則周公之典在。若欲苟而行，又何訪焉？」弗聽。十有二年春，用田賦。

臣若水通曰：田賦者，謂以丘賦爲不足，而欲以田賦之也。三發，凡三發問也。卒，終也。爲國老，謂孔子爲魯國之元老也。度於禮者，度其合於禮而後行也。施取於厚者，謂其施恩惠寧取過於厚者也。事舉其中者，謂其舉政事必得其中也。斂從其薄者，謂其取賦斂寧過於薄者也。貪冒，貪財盡利也。夫季孫欲田賦而使冉有訪諸仲尼者，其心必有所不安矣。季孫使問，三發而仲尼不對者，則其意固有在。既而私告冉有者，即所以告季孫而以諷之也。惜乎弗聽，而明年田賦行矣。田賦行，而周公井田什一中正之法蕩然矣。此古今治亂之大機。有志願治之君，當不能不爲之一慨嘆也已。

○國語周語：芮良夫曰：「夫利，百物之所生也，天地之所載也，而或專之，其害多矣。天地百物皆將取焉，胡可專也？」

臣若水通曰：芮良夫，周大夫芮伯也。載，成也。百物受天地之氣以生成，天地成百物，乃公共之利也，民皆將取用之，何可專其利？夫利者天之所生，地之所養，民之所用，可以同，不可以獨，可以散，不可以聚。否則神人百物不協其極。彼榮夷公貪利不厭，不足以語此也。爲民上者，可不知所以公天地之利乎？

○晉語：趙簡子使尹鐸爲晉陽，請曰：「以爲繭絲乎？抑爲保鄣乎？」簡子曰：「保鄣哉。」尹鐸損其户數。簡子誡襄子曰：「晉國有難，而無以尹鐸爲少，無以晉陽爲遠，必以爲歸。」

臣若水通曰：尹鐸，簡子家臣。晉陽，趙氏邑也。爲，治也。繭絲，賦税。保鄣，蔽扞也。小城曰保。損其户數則民優而税少。襄子，簡子之子無卹也。夫君民一體，痛癢相關，故書曰：「民惟邦本，本固邦寧。」彼貨殖以亡身，可謂智乎？故尹鐸之爲晉陽，必先損其户數，薄斂以得民。厥後沉竈産蛙，民無叛意，非其明效大驗耶？君民者，宜有感於斯云。

○里克曰：克聞之，夫義者利之足也，貪者怨之本也。廢義則利不立，厚貪則怨生。

臣若水通曰：里克，晉大夫里季也。有義然後利立，故曰利之足也。無足故不立。易曰：「利者義之和也。」是故義順則利矣，義所以主乎利者也，是謂自然之利。故義立則利均，義廢則利熄。是故君子正其義，不謀其利。里克不惑於丕鄭之謀，非所謂以義爲利者耶？

○楚語：伍舉曰：「天子之貴也，唯其以公侯爲官正，而以伯子男爲師旅。其有美名也，唯其施令德於遠近，而小大安之也。若斂民利以成其私欲，使民蒿焉忘其安樂而有遠心，其爲惡也甚矣。」

臣若水通曰：蒿，耗也。遠心，畔離也。夫財者民之命也，利者人之心也。君天下者，惟務施德以立民之命而得其心也。若聚利以自封，私欲弘侈，則民命索然而人心去矣。騷離距違，不亦宜乎！有天下者，當鑑伍舉之言，戒章華之侈，以收萬民之心可也。

○闘且曰：「夫古者聚貨，不妨民衣食之利。」又曰：「公貨足以賓獻，家貨足以供用，不是過也。夫貨馬郵則闕於民，民多闕則有離畔之心，將何以封矣？」

臣若水通曰：貨，珠玉之屬，自然物也。貨馬多，則求養者衆，妨財力也。賓，享贈也。家，大夫也。郵，過也。封，封國也。夫天之生是君，將以爲民也。故明君賢臣與天下共其利，不敢專利以妨下，故損租却貢，拔葵罷職，後世稱譽之而不衰。今子常談利如餓豺狼，是以闞且知其必敗也。爲君相者，可不鑒諸？

○周威烈王二十三年，智伯求蔡皋狼之地於趙襄子，襄子弗與。智伯怒，帥韓、魏之甲以攻趙氏。襄子將出，曰：「吾何走乎？」從者曰：「長子近且城完厚。」襄子曰：「民罷力以完之，又斃死以守之，其誰與我從者？」曰：「邯鄲之倉廩實。」襄子曰：「浚民之膏血以實之，又因而殺之，其誰與我？其晉陽乎，先王之所屬也，尹鐸之所寬也，民必和矣。」乃走晉陽。三家以國人圍而灌之，城不浸者三版，沉竈産鼃，民無叛意。

臣若水通曰：重役厚斂，怨之府也。孟子曰：「天時不如地利，地利不如人和。」民怨則不和，雖有天時地利，何足恃乎？是故爲國之本在人和，人和之實在省賦。尹鐸能寬賦，以和晉陽之人心，而襄子因之以保垂亡之國，是得其人和之效也。然則後之人君，可不輕徭薄斂，以和天下之人心，固國家之大本乎？

〇漢武帝元鼎六年，齊相卜式爲御史大夫，乃言：「郡國多不便縣官作鹽鐵，器苦惡，價貴，或强令民買之。而船有筭，商者少，物貴。」上由是不悦卜式。

臣若水通曰：縣官作鹽鐵者，言朝廷興鹽鐵之利，故郡國多不便之也。强民買之，而船有筭，商少，物貴者，言武帝税及舟車，故商人少，商少故物貴，而又强買，故器濫惡以相欺也。胡寅曰：「武帝好武功而用不足，式以此兩端中上意。官既尊矣，乃始正言以邀名。」然臣謂知其不利，能反之以正言，不顧忤君之意，其賢於執迷誤國殃民而不悛者遠矣。臣故表而書之，以警專利之臣焉。

〇光武建武六年十二月癸巳，詔曰：「頃者師旅未解，用度不足，故行十一之税。今糧儲差積，其令郡國收見年田租三十税一，如舊制。」

臣若水通曰：孟子云：「欲重之於堯舜之道者，大桀、小桀也。」漢之賦斂之法，則名堯舜而實桀紂矣。夫十一之税，中正之法也。漢以三十税一爲常制，而以十一之税爲權。其取於民也若甚輕矣，而民困愈甚者，豈非額外之征猶數倍於此者耶？然則人君固以薄斂爲貴，猶以横斂爲戒。

○晉穆帝永和元年春正月，燕記室參軍封裕上書諫，以爲：「古者十一而稅，天下之中正也。降及魏晉，仁政衰薄，假官田官牛者，不過稅其十六。自有牛者中分之，猶不取其七八也。自永嘉以來，海內蕩析，武宣王綏之以德，華夷之民萬里輻湊，襁負而歸之者，若赤子之歸父母。是以户口十倍於舊，無田者什有三四。及殿下繼統，南摧强趙，東兼高句麗，北取宇文，拓地三千里，增民十萬户，是宜悉罷苑囿，以賦新民，無牛者官賜之牛，不當更收重稅也。」

臣若水通曰：孔子云：「寬則得衆。」魏晉之際，稅及官牛，而海內蕩析。永嘉之後，綏之以德，而華夷歸往。可以見寬苛之驗矣。慕容皝雖夷之賢明者，猶復踵重稅之失。向非封裕示以魏晉之弊，歆以先世之盛，則遼陽之民其塗炭矣乎！

○宋明帝泰始五年二月己卯，魏自天安以來，比歲旱饑，重以青、徐用兵，山東之民疲於賦役。顯祖命因民貧富爲三等，輸租之法等爲三品：上三品輸平城，中輸他州，下輸本州。又，魏舊制，常賦之外有雜調十五，至是悉罷之。由是民稍贍給。

臣若水通曰：魏主於兵戈擾攘之時，而爲均輸罷調之政，其賢矣乎。夫兵戈擾攘，民猶倒懸矣，又急之以賦役，是猶於倒懸之下而又燎之以烈火也。然則均輸罷調之舉，猶爲能寬一分之惠矣。

〇梁武帝大同十一年十二月，散騎常侍賀琛啓陳四事，其一以爲：「今北邊稽服，正是生聚教訓之時。而天下户口減落，關外彌甚。郡不堪州之控總，縣不堪郡之裒削，更相呼擾，惟事徵斂，民不堪命，各務流移，此豈非牧守之過歟？東境户口空虚，皆由使命繁數，窮幽極遠，無不皆至。每有一使，所屬騷擾。駑困守宰，則拱手聽其漁獵；桀黠長吏，又因之重爲貪殘。縱有廉平，郡猶掣肘。如此雖年降復業之詔，屢下蠲賦之恩，而民不得反其居也。」

臣若水通曰：蠲賦之詔，世之人君往往有之，而實惠不及於民者，沮之於牧守，迫之於命使耳。無怪乎恤詔日下，而民日窮促，以流徙而爲盜也。故有志之君，欲下詔薄賦以恤民者，必自恭儉清静始焉。

〇隋文帝仁壽三年，龍門王通嘗稱：「重斂之國，其財必削。」

臣若水通曰：大學云：「貨悖而入者，亦悖而出。」此不易之理也。故其用之也舒，則其取之也廉。其斂之也重，則其散之也輕。欲其財用之不削，不可得也。王通，儒而達於治體者也。其言蓋本於孔門之意乎！使隋能用之，則治道其有興矣，惜乎託於空言也。後世人君采其言而用之，其於國家尚亦有利哉。

校記：

〔一〕「无」，原作「元」，據嘉靖本改。

〔二〕「常」，原作「當」，據嘉靖本改。

〔三〕「夏」前，嘉靖本有「孟子曰」三字。

聖學格物通卷之九十六

薄斂下

○唐高祖武德七年夏四月庚子，初定均田租、庸、調法：丁、中之民，給田一頃。篤疾，減十之六。寡妻妾，減七。皆以十之二爲世業，八爲口分。每丁歲入租，粟二石。調隨土地所宜，綾、絹、絁、布。歲役二旬，不役則收其傭，日三尺。有事而加役者，旬有五日，免其調；三旬，租、調俱免。水旱蟲霜爲災，什損四以上免租，損六以上免調，損七以上課役俱免。凡民貲業分九等。百户爲里，五里爲鄉，四家爲鄰，四鄰爲保。在城邑者爲坊，田野者爲村。食禄之家，無得與民争利。工商雜類，無預士伍。男女始生爲黄，四歲爲小，十六爲中，二十爲丁，六十爲老。歲造計帳，三年造户籍。

臣若水通曰：唐之立法，雖非皆古之制，而亦古之遺意也。曰租者，粟米之征也。曰調者，布縷之征也。曰庸者，力役之征也。豐年則取之，凶年則損之，此民不困於誅求，而貞觀之斗米三錢，有以哉。後世惟竭民之財以恣己之欲，不知損下則上下俱損，益下則上下俱益，君民一體，而貧富豈容二致耶？今天下公私俱竭，而病於國家之冗費未去，其取諸民者亦重矣。伏惟聖明崇儉以節用，損上以益下，天下幸甚。

○唐太宗貞觀九年三月，上謂魏徵曰：「齊後主、周天元皆重斂百姓，厚自奉養，力竭而亡。譬如饞人自啖其肉，肉盡而斃，何其愚也。」

臣若水通曰：君民相爲一體者也，何者？天地萬物與吾一體者也。知其一體，則所以愛之而不傷者，無所不至矣，其忍重斂以自殘乎？太宗啖肉充饑之喻，近之矣。噫，封己則痛戚，至於截人肢體而不恤者，氣血不相關而已。是蓋未能真見天地萬物一體之道，則一膜之外已爲秦、越，夫焉得不重斂相殘邪？故人君之學莫大乎體仁。易曰：「君子體仁，足以長人。」

○貞觀十一年八月，侍御史馬周上疏，以爲：「自古以來，國之興亡，不以畜積多少，在於百姓苦樂。且以近事驗之，隋貯洛口倉而李密因之，東都積布帛而世充資之，兩京府庫亦爲國家之用，至今未盡。夫積畜固不可無，要當人有餘力然後收之，不可强斂以資寇敵也。夫儉以息人，陛下已於貞觀之初親所服行。在於今日，爲之固不難也。陛下必爲長久之謀，不必遠求上古，但如貞觀之初，則天下幸甚。」

臣若水通曰：馬周之言切矣。國之興亡係於民之苦樂，故厚斂以病民，則民怨苦而喪其樂生之心，則亂亡安得不至也？使太宗能從其言，如貞觀之初政，何其治之不可長哉。

○貞觀十六年十一月壬申，上曰：「朕爲兆民之主，輕傜薄斂，使之各治生業，則皆富矣。若家給人足，朕雖不聽管絃，樂在其中矣。」

臣若水通曰：民吾同胞，痛癢欣戚相關者也。孟子曰：「樂民之樂者，民亦樂其樂。」太宗欲薄斂以富民，而言樂在其中，蓋近於樂民之樂矣。貞觀之盛，斗米三錢，外户不閉，行旅不齎糧。民之樂其樂，豈無所自哉？

○唐代宗元年冬十月，京兆尹第五琦言：「什一税法，民苦其重，多流亡。」十一月甲子，日南至，赦，改元，悉停什一税法。

臣若水通曰：十畝税一，唐之法與古名同而實異也。代宗始不知而誤行之，及聞民苦其重，多所流亡，即赦停其法，所謂勇於改過，不失爲愛民之主，賴有此耳。人君之於民，其愁苦之聲可不聞哉？

〇德宗建中元年春正月丁卯朔，赦天下。始用楊炎議，命黜陟使與觀察、刺史約百姓丁産，定等級，改作兩税法：「比來新舊徵科色目，一切罷之。二税外輒率一錢者，以枉法論。」唐初賦斂之法曰租庸調，有田則有租，有身則有庸，有户則有調。玄宗之末，版籍浸壞，多非其實。及至德兵起，所在賦斂，迫趣取辦，無復常準。賦斂之司增數而莫相統攝，各隨意增科，自立色目，新故相仍，不知紀極。民富者丁多，率爲官、爲僧，以免課役。而貧者丁多，無所伏匿。故上户優而下户勞。吏因緣蠶食，旬輸月送，不勝困弊。率皆逃徙爲浮户，其土著百無四五。至是，炎建議作兩税法：「先計州縣每歲所應費用及上供之數而賦於人，量出以制入。户無主客，以見居爲簿。人無丁、中，以貧富爲差。爲行商者，在所州縣税三十之一，使與居者均，無僥利。居人之税，秋夏兩徵之。其租、庸、調、雜徭悉省，皆總統於度支。」上用其言，因赦令行之。

臣若水通曰：唐初租庸調之法，雖不及三代，然亦取之有制，民未稱病也。楊炎乃倡爲兩税之議，德宗用之，以赦天下，悉除新舊征科色目，孰不以爲寛也？殊不知法愈煩而病民愈甚，以至於亡。然則人君其可以畜聚斂之臣，亂舊章以誤國家哉？

○建中二年五月，淮南節度使陳少遊奏：「本道税錢，每千請增二百。」五月，詔他道皆如淮南。又鹽每斗價皆增百錢。十一月，加少遊同平章事。

臣若水通曰：大學云：「長國家而務財用者，必自小人矣。」孟子曰：「長君之惡，其罪小。逢君之惡，其罪大。」德宗好利之心，非楊炎諸群小從諛之耶？是時已税商錢，括富商僦質，而少遊者請增税錢，非所謂逢君之惡而長之耶？繼是而往，税間架〔一〕、陌錢無虚日，而四方解體，亂臣乘之而逆節矣。向使帝能節用愛人於平時，則固不致興兵而侈用矣。若非唐命未改而諸將死綏，瓊林、大盈之積，其不爲鉅橋、鹿臺也哉？爲人君者所宜戒也。

○德宗貞元四年九月庚申，元友直句檢諸道，税外物悉輸户部，遂爲定制。歲於税外輸百餘萬緡、斛，民不堪命。諸道多自訴於上，上意寤，詔：「今年已入在官者輸京師，未入者悉以與民。明年以後，悉免之。」於是東南之民復安其業。

臣若水通曰：友直之爲句檢使，以諸道税外之緡輸京師，此小人以利逢德宗之欲者也。民不堪命，邦本將蹙矣。李泌爲相，宜斥友直之非而止德宗之欲也，乃無一言。由是而推之，乃其前日受淮南二十萬之運，悉輸之大盈者啓之。是泌欲爲德宗豐其私財，而不知斂天下之怨也。及諸道自訴而上始免未入之税，吁，亦晚矣。故司馬光曰：「李泌欲弭德宗之欲而豐其私財，是欲啓其門而禁其出也。」嗚呼，孰謂李泌之賢而有此邪？

○德宗貞元十三年十二月。先是，宫中市物，令官吏主之，隨給其直。比歲以宦者爲使，謂之宫市，抑買人物，稍不如本估。其後不復行文書，置白望數百人於兩市，及要鬧坊曲，閲人所賣物，但稱宫市，則斂手付與，真僞不復可辨，無〔二〕敢問所從來及論價之高下者，率用直數百錢〔物〕〔三〕買人直數千物，多以紅紫染故衣敗繒，尺寸裂而給之，仍索進奉門户及脚價錢。人將物詣市，至有空手而歸者。名爲宫市，其實奪之。商賈有良貨，皆深匿之。每敕使出，雖沽漿賣餅者，輒棄閉門。諫官御史數奏諫，不聽。徐州節度使張建封入朝，具奏之，帝頗嘉納。以問工部侍郎、判度支蘇弁，弁希宦者意，對曰：「京師遊手萬家，無土著生業，仰宫市取給。」帝信之，故凡言宫市者皆不聽。

臣若水通曰：易稱：「何以守位？曰仁。何以聚人？曰財。」故聚人之道，必在於理財。而理財之道，必在於仁而後可安其位也。德宗嗜利，其税於民極矣。又爲宫市，索進奉取脚錢以困商民，民將何極邪？言官諫之而不聽，及張建封具奏，帝嘉納，若有感悟之幾矣。蘇弁黨宦寺，而詭言以沮焉。由是斂愈急，人愈散，而位愈危，以至奔走郊原，求食不得，餉絶命危，得韓滉一餽而以得生爲賀。向之所暴斂，果安在也？徒足以爲君人者之戒耳。

○唐穆宗長慶元年五月壬子，鹽鐵使王播奏約榷茶額，每百錢加税五十。右拾遺李珏等上疏，以爲：「榷茶近起貞元多事之際，今天下無虞，所宜寬横斂之目，而更增之，百姓何時當得息肩？」不從。

臣若水通曰：自榷酤之法一興而不已，遂至於榷茶。又不已，遂至王播又奏於税百錢之上而加五十焉，民何以堪哉？嗚呼，民就窮而斂愈急，穆宗之謂也。此其所以再失河朔而不能復歟？

○唐懿宗咸通元年五月壬申，右拾遺供奉薛調上言，以爲：「兵興以來，賦斂無度。所在群盜，半是逃户。固須翦滅，亦可閔傷。望敕州縣税外毋得科率。仍敕長吏，嚴加糾察。」從之。

臣若水通曰：自古盜賊之生，起於賦斂之重。及其爲害也，乃從而翦滅之。不知兵愈繁而斂愈急，斂愈急而盜愈滋，滅於東而生於西，奈之何不展轉以亡也？薛調知盜賊起於賦斂無度，請盡除横暴之斂，加賙恤之仁〔四〕，招叛亡之衆，庶猶可以止也。不知出此，而但令州縣禁稅外之科率而已。是猶放飯流歠而問無齒決也，烏能大有濟哉？

○後唐莊宗同光三年閏十二月，帝以軍儲不足謀於群臣，豆盧革以下皆莫知爲計。吏部尚書李琪上疏，以爲：「古者量入以爲出〔五〕，計農而發兵，故雖有水旱之災，而無匱乏之憂。近代稅農以養兵，未有農富給而兵不足，農損瘠而兵豐飽〔六〕者也。今縱未能蠲省租稅，苟除折納紐配之法，農亦可以小休矣。」帝即敕有司如琪所言，然竟不能行。

臣若水通曰：兵以護國，農以養兵。故人君在薄斂以豐農，農給而兵足矣。此李琪探本之論也。唐莊宗亂亡之事非一，及軍儲不足，乃謀於群臣，除折納紐配之法亦晚矣，然又竟不能行。其後甚至於豫借民稅以給軍，至是豈復可爲耶？事機之往，雖有善者，亦無如之何矣。謀國者，盍亦謹之於其始哉。

○後晋高祖天福五年秋九月辛未，李崧奏諸州倉糧於計帳之外所餘頗多。上曰：「法外稅民，罪同枉法。倉吏特貸其死，各痛懲之。」

臣若水通曰：上發以意，則下承其事。人君誠有薄斂愛民之心，則臣下必不敢違其意以厚斂。倉吏數外斂民，上之意可知矣。貸死抵罪，徒空言，何益乎？

○賈誼新書曰：衛懿公好鶴，鶴有飾以文繡而乘軒者。賦斂繁多，而不顧其民。翟寇遂入，衛君奔死，遂喪其國。〔七〕

臣若水通曰：衛君奔死喪國，不在於奔亡之時，而在於賦斂繁多之日。賦斂繁多，不在於賦斂之日，而在好鶴乘軒之前。書曰：「玩人喪德，玩物喪志。」德志皆喪，則重微物，輕人民。厚斂以供禽獸，則民怨日生，盜寇日至。此亂亡之道也，可不戒哉！

○劉向説苑曰：魯哀公問政於孔子，對曰：「政有使民富且壽。」哀公曰：「何謂也？」孔子曰：「薄賦斂則民富，無事則遠罪，遠罪則民壽。」公曰：「若是則寡人貧矣。」孔子曰：「詩云：『愷悌君子，民之父母。』未見子富而父母貧者也。」

臣若水通曰：欲富欲壽雖民之情，而君之富壽亦於是乎在矣。蓋君與民爲一體相因者也，民富且壽，君豈有獨貧之理哉？民貧且死，君豈有獨富之理哉？先王經土地而井牧其田野，爲之井邑丘甸縣都，以任事而令貢賦，即所以藏富於民也。薄其稅斂則萬邦惟正之供，亦猶子弟有餘而奉養於父母者無不足矣，奚必箕會大盈，竭四海而帑藏之，然後謂之富哉？此人君之所以長治久安，祈天永命者在是，壽孰有大於此者耶？孔子之言，萬世人君之龜鑑也，不可不加之意焉。

〇宋仁宗皇祐五年十一月，詔減畿内諸縣税。端明殿學士張方平言王畿賦斂之重，詔開封府諸縣兩税於元額減二分，永爲定式。

臣若水通曰：畿内者天下根本之地，諸縣所供視天下之州縣爲尤繁，故薄斂之政所宜先焉者也。張方平此言，可謂得矣。然王者與天地同體，以四海爲家，四海之民猶畿内之民也。方平能知王道，則必請行王政，立什一中正之法，由王畿以達之天下，則博施濟衆而仁澤及於無窮矣。惜乎其學不足以及此。

〇宋理宗景定元年五月，蒙古左丞張文謙罷，遂求出宣撫大名。臨發，語中書平章政事王文統曰：「民困日久，況當大旱，不量減税賦，何以慰來蘇之望？」文統曰：「上新即位，國家經費止仰税賦。苟復減損，何以供給？」文謙曰：「百姓足，君孰與不足？」至任，蠲常賦什之四，商酒税什之二。

臣若水通曰：文統知在官之爲富，而不知在民之爲富且無殃也。後世之聚斂之臣，欲爲富國之計如文統者，每每厚征于民。殊不知民散則國雖富，孰與守？是富而有殃矣。如紂之鹿臺、鉅橋，唐德宗之瓊林、大盈是也。故薄斂者國賦雖損，國富則益。張文謙謂百姓足君孰與不足，其善於謀國者矣。若文統，其文謙之罪人乎！

○元世祖至元二十一年，詔盧世榮行鈔法，下御史中丞崔彧吏，罷之。世榮既入中書，即日奉詔，理鈔法之弊，自謂其生財有法，用其法當賦倍增而民不擾。翰林學士董文用謂曰：「此錢取于右丞家耶？將取之民耶？取于右丞家，則吾不知。若取于民，則有説矣。牧羊者歲當兩剪其毛，今牧人日剪以獻，主者固悦其得毛之多，然羊無所避寒熱，既死且盡，毛又可得乎？民財有限，右丞將盡取之，得無有日剪其毛之患乎？」世榮不能對。

臣若水通曰：財出於民，未有不擾民而賦倍增者也。盧世榮理鈔法之弊，自謂其生財有法，用其法當賦倍增而民不擾，嗚呼，天下寧有是理哉？以此欺人罔上，何異于指鹿爲馬者乎？夫益上則必損下，自然之理也。乃謂賦增而民不擾，豈天雨而鬼輸之耶？文用以牧羊剪毛喻之，宜世榮之無辭以對矣。然謂之剪毛猶可，後之斂民者，猶并其膏血食之矣。獻子曰：「與其有聚斂之臣，寧有盜臣。」獻子所以惡聚斂之臣者，以其剥民而必爲之辭也。吁，世榮可謂聚斂之臣矣。人君苟喜其能豐財而信任之，則未有不耗國之元氣以亡者，可不慎歟！

○程氏遺書曰：今之税實輕於什一，但斂之無法與不均耳。

臣若水通曰：什一，天下之中正也。而云宋之稅反輕於此焉，若賢於堯、舜、禹、湯、文、武之制矣。然民不受惠而無補於治亂之數者，横征多門，一也。轉輸數倍，二也。所過掊克，三也。有是三者，則又倍於什一者不知其幾矣。此名同而實異，治亂之所以不倫乎！爲人君有愛民之心者，其可務虚名而不行實惠哉？

○横渠〔八〕張載曰：野九一而助，郊之外助也。國中什一，使自賦。郊門之内，通謂之國中。田不井授，故使什而自賦其一也。

臣若水通曰：郊外，都鄙之地也。助，藉其力也。郊門之内，鄉遂之地也。自賦，使民自賦，乃古之貢法也。古之聖人班爵有等，而受禄皆因之以爲差，故財散於下，不困民以自奉也。是以十夫有溝，八家同井，耕則通力而作，收則計畝而分，上下各足，職是故耳。秦漢以來，時君不知天地之財上下公共之義，乃剥民奉己，争爲奢泰，至於民貧國亡而不自知也，其亦可哀也夫。伏惟聖明酌古準今，遠宗三代之法，則民富國足而自不必厚斂矣。區區漢、唐敝政，何足言哉。

○張栻云：歲受民租，總賦者輒對糴以給軍。先時民輸一〔石〕〔九〕以七合爲羨，其後並緣十倍之，至是又欲以七升爲額。張栻曰：「作法於貪，其弊將可窮邪？」力沮之。

臣若水通曰：糴以給軍，舊法也。變而爲七合之羨，又變而爲十倍之征，又變而爲七升之額，蓋人君有無窮之欲，宜其無一定之制，而奉承者由之而日滋也。上下相殘，亂安得不作耶？此張棁所以力沮止之也。雖然，民者君之天也，君不愛其民，是自賊其天也，不智孰大焉？故人君雖貴於謀國之良，又當愼於用人之善。

○華陽〔一〇〕范祖禹曰：自井田廢而貧富不均，後世未有能制民之産，使之養生送死而無憾者也。立法者未嘗不欲抑富而或益助之，不知富者所以能兼并，由貧者不能自立也。貧者不能自立，由上之賦斂重而力役繁。爲國者必曰財用不足故賦役不可以省，盍亦反其本矣。

臣若水通曰：井田廢則賦已煩，賦已煩則民日貧也久矣。賦役之困民，恒由於財用之濫費。范祖禹所謂本者在是矣。爲人君者，誠能存心於天下，加志於窮民，崇儉黜奢，量入爲出，則財恒足矣，何必重賦而煩役哉？若然，上下貧富皆有其分，均天下之道其在兹乎！

○國朝洪武十二年十一月甲午朔，上觀漢武帝紀，顧謂翰林待〔一一〕制吴沈曰：「人君理財之道，視國如家也。一家之内，父子不異貨。其父經營儲積，未有不爲子計者。父子如異貨，家必隳矣。君民猶父子也，若惟損民以益君，民衣食不給而君獨富，豈有是理哉？」

臣若水通曰：伏觀皇祖感於漢武之紀，以諭侍臣，即有若「百姓足君孰與不足，百姓不足君孰與足」之義也。至於以天下爲一家，以君民猶父子，則又有如保赤子之心也。是心也，天理之公也。苟有公心，何所不至？雖博施濟衆，亦由此心擴充之爾。故由理國之財之心，以爲理民之財之心，則民財足而國用足矣，聖諭所謂一家父子不異貨，其父經營儲積未有不爲子計者是已。故爲子經營儲積而已財足矣，此人人能公於家者之心。人君能以之公於國，則天下其有不平乎？惜乎漢武不足以知此。

○洪武十三年六月，上謂〔一二〕户部臣曰：「曩者姦臣聚斂，深爲民害。税及天下纖悉之物，朕甚恥焉。自今如軍民嫁娶喪祭之物，舟車絲布之類，皆勿税爾。户部其榜示天下，使其周知。」

臣若水通曰：孟獻子曰：「百乘之家，不畜聚斂之臣。與其有聚斂之臣，寧有盜臣。」甚言其聚斂之臣不可有也。夫剥民之膏血以奉上，怨將誰歸乎？蹷邦本以供淫欲，禍將誰咎乎？我皇祖一念之仁，視民如傷，知聚斂之姦臣深爲民害，乃痛絶之。以税及天下之纖悉爲恥，即諭户部軍民嫁娶喪祭之物、舟車絲布之類皆勿税。且榜示天下，防其壅蔽，而欲小民之受惠也。仁心仁政之施，此其急務也。今日之民，皇祖之民也。今日纖悉之税，果如皇祖之勿税乎？惟聖明體察於心，以擴充於政焉，天下之民幸甚！

○洪武二十年十二月辛未，河間阜城驛馬户以孳生馬來進，上曰：「馬户應役，惟仰於馬。然芻豆之給，其費不輕。故嘗命兵部榜諭，凡驛馬孳生，聽民畜賣。今復有來進者，豈朕言不信於民耶？無乃有司奉行之不至？其即還之。」

臣若水通曰：孟子云：「用其一而緩其二。」夫養馬之役，亦賦之一事而尤勞費者也。孳生上進，亦不得已之義也。聖祖之諭，乃謂馬户應役，惟仰於馬，芻豆之給，其費不輕，誠體悉民隱之至矣。遂命還之，聽其畜賣，至責有司奉行之過，誠緩征恤民之至仁矣。蓋馬進於君，不見其益也。養馬於民，祇見其損也。故損下益上，則無所不損矣。損上益下，則無所不益矣。仰惟聖明體聖祖之仁心，知損益之大義，保天命人心於無窮可焉。

○洪武二十四年九月庚子，詔建寧歲貢上供茶聽茶户采進，有司勿與。敕〔一三〕天下産茶去處歲貢皆有定額，而建寧茶品爲上。其所進者，必碾而揉之，壓以銀板，爲大小龍團，上以重勞民力，罷造龍團，惟采茶芽以進。其品有四：曰探春、先春、次春、紫筍。置茶户五百，免其傜役，俾專事采植。既而有司恐其後時，嘗遣人督之，茶户畏其逼迫，往往納賂。上聞之，故有是命。

臣若水通曰：孟子云：「賢君必恭儉，取於民有制。」茶課之征，民尤病焉。至於茶造龍團，物小而費大也。自唐以來，用茶皆爲末，製片輾用。而所謂龍團者，茶末則蒸而研，合以諸香以爲餅，始於丁謂而成於蔡襄。歐陽脩曰：「君謨士人，何至作此事？」蓋譏其啓無益之費也。張詠鎮蜀，見民植茶者，令易之以桑，恐其貽征斂之患於後也。則茶課固已病民久矣。皇祖於茶户，乃免傜役，罷造龍團，實以厚民力，又以防奢漸，即大禹菲飲食之心，而陋宋人之爲矣。人君天理之心，體認之功，一有不純，則物欲得以乘之。一欲之肆，有以貽天下之害；一身之奉，有以費天下之財，可不慎歟？

○弘治十一年，孝宗皇帝欽依〔一四〕問刑條例：凡審編均傜，從公查照歲額，差使於該年均傜人户丁糧。有力之家，止編本等差役，不許分外加增餘剩銀兩。貧難下户并逃亡之數，聽其空閒，不許徵銀，及額外濫設聽差等項料差。違者聽撫按等官糾察問罪，奏請改調。容隱不舉，各治以罪。鎮守衙門，不許干預均傜。

臣若水通曰：古云：「寬一分，民受一分之賜。」上有遺力，則下有遺惠。歲額之役，民力已不堪，又增之以餘剩之銀，而括及貧亡之户，益之以額外之設，其可支乎？陸贄曰「財者民之心」，黄庭堅曰「民膏民脂」，喻之誠切矣。夫封其心，食其膏，而民不叛者，未之有也。我孝宗皇帝時使薄斂，垂十八載，深仁厚澤，民不能忘。伏惟聖明申明而嚴禁之，民其少瘳乎！

校記：

〔一〕「間架」，原作「架間」，按唐德宗建中四年始税間架，據乙。

〔二〕「無」，原作「而」，據資治通鑑改。

〔三〕「物」，據資治通鑑補。

〔四〕「仁」，原作「但」，據嘉靖本改。

〔五〕「出」，原作「或」，據嘉靖本改。

〔六〕「飽」，原作「袍」，據嘉靖本改。

〔七〕本條與「劉向說苑」條，嘉靖本置「元世祖至元二十一年」條後。

〔八〕「横渠」，嘉靖本無。

〔九〕「石」，據南軒集卷三十九夔州路提點刑獄張君墓誌銘補。

〔一〇〕「華陽」，嘉靖本無。

〔一一〕「待」，原作「侍」，據嘉靖本改。

〔一二〕「謂」，嘉靖本作「諭」。

〔一三〕「敕」，疑衍。

〔一四〕「弘治十一年孝宗皇帝欽依」，嘉靖本無。

聖學格物通卷之九十七

恤窮上

○書周書無逸：先知稼穡之艱難，乃逸，則知小人之依。

臣若水通曰：此周公作無逸之訓成王之言也。蔡沈傳曰：「依者指稼穡而言，小民所恃以爲生者也。農之依田，猶魚之依水、木之依土。魚無水則死，木無土則枯，民非稼穡則無以生也。」乃逸則知小人之依者，言及其逸居君位，則知小民依稼穡以生也。周公謂四民之事惟稼穡最爲勞苦。古之人君於稼穡艱難先已曉然於心，是故居上臨民則不溺於安逸，便能知小人之依稼穡，朝饔夕飧，仰事俯育，皆于是而取給。如此則凡遊田興作，勞民傷財之事，一切不敢輕舉，自不能不所其無逸矣。後世人主生於深宮，長於豢〔一〕養，不知閭閻之疾苦，無怪其爲昏爲虐，輕棄民財而不知恤也。及邦本既拔而危亡隨之，可不懼乎！

○無逸：其在祖甲，不義惟王，舊爲小人。作其即位，爰知小人之依，能保惠于庶民，不敢侮鰥寡。

臣若水通曰：此亦周公戒成王無逸之言也。不義惟王者，鄭玄曰：「高宗欲廢祖庚，立祖甲。祖甲以爲不義，逃於民間，故有此稱。」而又曰「舊爲小人也作其即位」者，謂及其作而即位也，言舊爲小人，居民間之時，已知稼穡之艱難，及其作而即位，則知小民之所依以生者在稼穡，故能保愛庶民，而於鰥寡之人，無父母妻子之養者，尤不敢侮而輕忽之也。臣謂恤窮之政發於一念之仁。人君苟有同胞共與之心，則親見困窮疾苦之狀，而怵惕惻隱之心自不可遏矣。苟能即此一念而擴充之，則仁不可勝用，而足以保四海矣。故人君深居宮中，未嘗見稼穡艱難及小民窮苦之狀，當令臣下圖其形以進，置之座右，使常動惻隱之心焉可也。

○君牙：夏暑雨，小民惟曰怨咨。冬祁寒，小民亦惟曰怨咨。厥惟艱哉！思其艱，以圖其易，民乃寧。

臣若水通曰：此穆王命君牙爲大司徒之言也。祁，大也。怨在心而咨發於慨嘆也。艱者，饑寒之艱。易者，衣食之易。暑雨祁寒，天時之常，而小民怨咨者，自傷其生之艱難也。厥惟艱哉，嘆小民誠爲艱難也。思念其饑寒爲生之艱，爲之制產薄斂而衣食之，以圖其生之易，民豈有不安乎？穆王告君牙以養民之難有如此。臣謂民生之難易，係於爲人上思與圖之一念耳。是上之一念，乃萬民性命之主也，可不重留心而加之意乎！

○詩小雅鴻雁：鴻雁于飛，肅肅其羽。之子于征，劬勞于野。爰及矜人，哀此鰥寡。

臣若水通曰：此周室離散之民，因宣王能勞來還定而安集之，故喜之而作此詩也。鴻，雁之大者。肅肅，羽聲也。之子，流民自相謂也。征，行也。劬勞，病苦也。矜，憐也。老而無妻曰鰥，老而無夫曰寡。夫君者民之父母，一民失所，如赤子之失乳哺，非人君父母之心也。周室中衰，萬民離散，劬勞鰥寡，窮亦甚矣。宣王中興，撫而恤之，勞來還定而安集之，亦可謂有仁心者矣。作是詩追叙其始，興起而言鴻雁之飛，則肅肅其羽矣，而我離居蕩析，則劬勞于野矣。然相與劬勞于野者，皆可矜憐之人。而所矜憐者，於鰥寡之窮民，猶宜重致其哀恤也。然鴻雁之謡方已，而黄鳥之詩復作，有初靡終者何歟？蓋宣王之仁特鼓舞於一時，而本之一心者未能至誠而無間耳。使本諸心者至誠而無間，如文王之止於仁焉，則將視民如傷，保民如子，乾乾而不息矣，寧有仁於始而不仁於終邪？故治必本於仁，仁必本於至誠不息而悠久矣。

○禮記王制曰：少而無父者謂之孤，老而無子者謂之獨，老而無妻者謂之矜，老而無夫者謂之寡。此四者，天民之窮而無告者也，皆有常餼。

臣若水通曰：聖人之治天下，不能保其無鰥寡孤獨之窮民也。聖人之政，能使之有養而已。故堯之不虐無告，文王不敢侮鰥寡，此先王恤窮之政也。故王制有常餼以養之，然後無一物不得其所，而仁覆天下矣。國家仁厚之澤，下及孤老無告之人甚渥也。府、州、縣設爲養濟院，而又歲時有給賜焉，固無有一夫之不被者矣。然臣猶恐深山窮谷之中，頹簷破屋之下，或有困窮之民無力以自致於養濟，而吏胥索錢莫之恤者矣。我聖明其亦軫念之乎！

○周禮秋官大司寇：以肺石達窮民，凡遠近惸獨老幼之欲有復於上而其長弗達者，立于肺石，三日，士聽其辭，以告于上而罪其長。

臣若水通曰：此周禮秋官之職也。君門咫尺萬里，使下情壅蔽，則雖有欲赴愬于王者，孰從而上達邪？于是立之以肺石，凡遠近惸獨老幼窮民之無告者，欲愬于上而長令不以聞，則使立於肺石之上。至於三日之久，則真情得矣，然後士師聽其辭以告于上，而罪其長吏焉。何則？君，腹心也。民，四體也。四體受病而腹心弗察，此身心不相聯屬者，莫大之症矣。先王灼知乎此，必使之相通，則民隱無不達，而後人君恤窮之心可盡，而窮民得其所也。爲人君者，其可忽諸？

○孟子：春省耕而補不足，秋省斂而助不給。

臣若水通曰：此孟子引晏子對齊景公遊觀之典，以爲宣王告也。損下益上，益也而謂之損；損上益下，損也而謂之益者，何也？百姓足，君孰與不足？百姓不足，君孰與足？故先王一巡狩之行必省乎民，春補其種，秋助其收，所以恤乎不足不給者也。至於家給人足，則君之藏富於民者亦厚矣，非自足之道乎？夫耕者民之業，斂者國之用。業無常盛，而用有常入。非人君知損益之道者，其孰能軫念之哉？

○左傳僖公十三年：晉荐饑，使乞糴于秦。秦伯謂子桑：「與諸乎？」對曰：「重施而報，君將何求？重施而不報，其民必攜。攜而討焉，無衆必敗。」謂百里：「與諸乎？」對曰：「天災流行，國家代有。救災恤鄰，道也。行道有福。」丕豹在秦，請伐晉。秦伯曰：「其君是惡，其民何罪？」秦於是乎輸粟于晉，自雍及絳相繼。

臣若水通曰：荐饑者，連年饑饉也。乞糴于秦者，使使告糴于秦國也。子桑，公孫枝也。百里，百里奚也。丕豹在秦者，丕鄭之子豹，奔于秦也。雍，秦都。絳，晉都。相繼者，運粟不絕也。夫晉之乞糴于秦，其難亟矣。百里奚以救災恤鄰爲道，仁人之言矣。異哉子桑之爲秦伯謀乎，方施之而遽責報之，既責報之，又欲俟其攜而討之，於恤鄰之義何有？丕豹之請，則又甚焉。然晉饑，秦輸之粟；秦饑，晉閉之糴，則晉之負義於天下，何以爲霸哉？

○宣公二年：初，宣子田於首山，舍于翳桑，見靈輒餓，問其病。曰：「不食三日矣。」食之，舍其半。問之，曰：「宦三年矣，未知母之存否。今近焉，請以遺之。」使盡之，而爲之簞食與肉，寘諸橐以與之。既而與爲公介，倒戟以禦公徒而免之。問何故，對曰：「翳桑之餓人也。」問其名居，不告而退，遂自亡也。

臣若水通曰：宣子，趙大夫。靈輒，晋人。田首山，田獵於晋之首山也。食之者，宣子賜輒以食也。舍其半，既食，乃留其半也。宦三年者，出外宦學三年。問其名居，問其姓名與所居也。不告而退，不望報，故不告而去也。昔人有一飯之恩必報，睚眦之怨必償者，此淺丈夫者之所爲也。若趙宣子之施靈輒，恤翳桑之餓，而遺及其母，無所爲而施者也。靈輒之報宣子，不言其名居而遂自亡，無所爲而報者也。無所爲而施報者，天理也。臣故書之，以爲恤窮者之法焉。

○國語魯語：魯饑，臧文仲言於莊[一]公曰：「夫爲四鄰之援，結諸侯之信，重之以婚姻，申之以盟誓，固國之艱急是爲。鑄名器，藏寶財，固民之殄病是待。今國病矣，君盍以名器請糴於齊。」公使文仲以鬯圭與玉磬如齊告糴，齊人歸其玉而予之糴。

臣若水通曰：臧文仲，魯大夫臧孫氏，名辰。援，所攀援以爲助也。申，重也。名器，鍾鼎也。寶財，玉帛也。殄，絶也。市穀曰糴。鬯圭，裸鬯之圭，長尺二寸，有瓚，以祀宗廟。玉磬，鳴璆也。夫名器、寶財、鬯圭、玉磬，皆國之寶也。而民惟邦本，則重寶矣。卿大夫，國之貴臣也。而得夫丘民爲天子，則爲至貴矣。夫天之立君，承以大夫師長，凡以爲民也。民饑國病，則主憂臣辱，此臧文仲所以請往，莊公所以不愛圭玉而告糴於齊。齊反玉而與之糴，皆得濟窮之道矣。君天下者，其可不念困窮之民而亟思所以濟之之術哉？

○漢章帝建初八年，以侍中鄭弘爲大司農。在職二年，所省息以億萬計。遭天下旱，邊方有警，民食不足，而帑藏殷積。弘又奏：「宜省貢獻，減徭費，以利饑民。」帝從之。

臣若水通曰：一民之饑，由己饑之。故子惠困窮，人主矜恤之仁也。天下旱災，民食不足，窮亦甚矣。顯宗從鄭弘之言，省貢減費，以利饑民，可不謂之仁君乎？

○齊武帝永明十一年九月壬寅，魏孝文帝至泗州。道路民有跛眇者，停駕慰勞，給衣食終身。

臣若水通曰：孟子云：「今人乍見孺子將入於井，皆有怵惕惻隱之心。」又曰：「凡有四端於我者，知皆擴而充之矣，若火之始然，泉之始達。苟能充之，足以保四海。苟不充之，不足以事父母。」魏文見道路民有跛眇者，停駕慰勞，給之衣食，不可謂無惻隱之心矣。苟能由此心擴而充之，則保四海之民而衣食之，無難也。今特施於道路之所見，則夫天下之所不見者多矣，可得而盡衣食之耶？故人君恤窮之政，由其所見以達於其所不見，則仁覆天下矣。

○唐高祖武德九年冬十月甲申，民部尚書裴矩奏：「民遭突厥暴殘者，請户給絹一疋。」太宗曰：「朕以誠信御下，不欲虚有存恤之名而無其實。户有大小，豈得雷同給賜乎？」於是計口爲率。

臣若水通曰：易曰：「有孚惠心，勿問，元吉。」太宗之愛民而不徇其名，可謂有孚矣。易户給而爲口給，其惠廣矣。夫君之於民，猶父母之於子也。察其饑寒而體悉之周，父母之心豈有爲名哉？人君以父母斯民爲王道，則凡恩出於上而及於下者，非有所爲而爲之也。必如此然後可以爲民父母矣。

○唐中宗嗣聖二十一年四月，李嶠上疏，以爲：「天下編户貧弱者衆，造像錢見有一十七萬餘緡，若將散施，拯饑寒之弊，省勞役之勤，霑聖君生育之意，人神胥悦，功德無窮。」

臣若水通曰：聖帝明王未有不加志於窮民者也。武后陰悍女主，惟思竭財佞佛以求福，而天下之貧窮何暇恤也？李嶠乃欲散造像之錢而拯饑寒之弊，其仁民之深意不以亂世而少變，豈非忠義之臣哉！

○唐代宗永泰[三]元年三月，左拾遺洛陽獨孤及上疏曰：「今陛下師興不息十年矣，人之生産空於杼軸。擁兵者第館亘街陌，奴婢厭酒肉。而貧人羸餓就役，剥膚及髓。長安城中，白晝椎[四]剽，吏不敢詰。官亂職廢，將墮卒暴。百揆隳刺，如沸粥紛麻。民不敢訴於有司，有司不敢聞於陛下，茹毒飲痛而無告。陛下不以此時思所以救之之術，臣實懼焉。」

臣若水通曰：兵擾則民窮，民窮則變生，故在上者不可無恤之之政也。獨孤及憫時哀窮，上疏極言，欲其急思所以救之之術，可謂盡忠於代宗者也。至讀剥膚及髓、茹毒飲痛之言，則爲之掩卷，太息流涕，不忍復觀之矣。

○唐代宗永泰元年四月，裴諝入奏事，上問：「榷[五]酤之利，歲入幾何？」諝久之不對。上復問之，對曰：「臣自河東來，所過見菽粟未種，農夫愁怨。臣以爲陛下見臣，必先問人之疾苦，乃責臣以營利，臣是以不敢對也。」上謝之。

○唐僖宗乾符元年春正月丁亥，翰林學士盧攜上言，以爲：「臣竊見關東去年旱災，自虢至海，麥纔半收，秋稼幾無，冬菜至少。貧者磑蓬實爲麵，蓄槐葉爲虀。或更衰羸，亦難收拾。常年不稔，則散之隣境。今所在皆饑，無所依投，坐守鄉閭，待盡溝壑。其蠲免餘税，實無可徵。而州縣以有上供及三司錢，督趣甚急，動加捶撻。雖撤屋伐木，雇妻鬻子，止可供所由酒食之費，未得至於府庫也。或租税之外，更有他徭。朝廷儻不撫存，百姓實無生計。乞敕州縣，應所欠錢税，並一切停徵，以俟蠶麥。仍發所在義倉，亟加賑給。至春深之後，有菜葉木芽，繼以桑椹，漸有可食。在今數月之間，尤爲窘急，行之不可稽緩。」敕從其言。

臣若水通曰：裴諝告代宗以農夫愁怨之情，盧攜告僖宗以窮民窘急之狀，皆可謂恤乎民而忠於君者矣。二帝聞之，其有不爲之流涕者乎？人君爲民父母，何爲而使民至于此極哉？蓋由不知天地萬物一體之仁，視民之休戚若無與於己故耳。後之人君，當以此爲鑒哉。

○周太祖廣順元年夏四月壬辰朔，濱淮州鎮上言：「淮南饑民，過淮糴穀，未敢禁止。」詔曰：「彼之生民，與此何異？宜令州縣津鋪，無得禁止。」

臣若水通曰：五霸葵丘之盟，猶曰無遏糴。後世一遇饑歲，往往以閉糴爲先，何不仁之甚哉！周太祖曰「彼之生民，與此何異」，何其公也。曰「無得禁止」，何其仁也。可謂有不忍人之心，而惠及於鄰國者矣。其亦賢矣哉！

校記：

〔一〕「豢」，嘉靖本作「厚」。

〔二〕「莊」，嘉靖本作「嚴」。

〔三〕「泰」，原作「奉」，據嘉靖本改。

〔四〕「椎」，原作「推」，據嘉靖本改。

〔五〕「権」，原作「擢」，據嘉靖本改。

聖學格物通卷之九十八

恤窮下

○賈誼新書曰：楚昭王當房而立，愀然有寒色，曰：「寡人朝饑饉時，酒二觛，重裘而立，猶憯然有寒氣，奈我元元之百姓何？」是日也，出府之裘，以衣寒者。出倉之粟，以賑饑者。

臣若水通曰：古之人所以大過人者，善推所爲而已。楚昭王能推己以及於民，因其寒而賜之以裘，因其饑而賜之以粟，可謂有仁恕之心矣。此其所以大得民心，而克復舊物也歟！

○陸贄上〔一〕議告德宗曰：昔子夏問於孔子曰：「何如斯可謂人之父母？」孔子對曰：「四方有敗，必先知之，斯可謂人之父母矣。」蓋以君人之道，子育爲心。

雖深居九重，而慮周四表。雖恒處安樂，而憂及困窮。近取諸身，如一體之於四肢，其疾病無不恤也。遠取諸物，如兩曜之於萬類，其鑒照無不均也。故時有凶害，而人無流亡。恃天聽之必聞，知上澤之必至。是以有母之愛，有父之尊。古之聖王能以天下爲一家，中國爲一人，用此術也。今水潦爲敗，綿數十州。奔告於朝，日月相繼。若哀其疾苦，固宜降旨優矜。儻疑其詐欺，亦當遣使巡視。安可徇往來之浮說，忘惠卹之大猷？失人得財，是將焉用？

臣若水通曰：天地民物，一體者也。其感應神速，痛癢相關。陸贄一體四肢、兩曜萬類之言〔二〕，其必有見於此矣。苟有痛癢感應之心，則民之旱潦窮苦，無不兼知，則亦無不兼惠矣。德宗刻薄，好用聚斂之臣，其視窮民之無告，若秦人視越人之肥瘠而恝然不相關者，以其無一體之仁也。後之爲君者，宜味陸贄之言，由是以達於聖人仁民之道可焉。

○韓愈曰：臣伏以今年已來，京畿諸縣夏逢亢旱，秋又早霜，田種所收，十不存一。陛下恩踰慈母，仁過春陽，租賦之間，例皆蠲免，所徵至少，所放至多。上恩雖弘，下困猶甚。至聞有棄子逐妻，以求口食；拆屋伐樹，以納税錢。寒餒道塗，斃踣溝壑。有者皆已輸納，無者徒被追徵。臣愚以爲，此皆群臣之所未言，陛下之所未知者也。臣竊見陛下憐念黎元，同於赤子。至或犯法當戮，猶且寬而宥之。況此無辜之人，豈有知而不救？又京〔三〕師者，四方之腹心，國家之根本，其百姓實宜倍加優恤。今瑞雪頻降，來年必豐。急之則得少而人傷，緩之則事存而利遠。伏乞特敕京兆府應今年稅錢及草粟等在百姓腹內徵未得者，並且停徵。容至來年蠶麥，庶得少有存立。臣至陋至愚，無所知識，受恩思效，有見輒言，無任懇款慙懼之至。

臣若水通曰：韓愈此疏，所以欲寬恤窮民如是其懇切者何也？蓋君民一體，安危同機，故書曰：「四海困窮，天祿永終。」夫百姓既窮，君有不能以獨安富者矣。此韓愈所以欲廣君之仁，而於饑民致厪夫優恤之請也。

○元仁宗延祐四年七月，賜衛士錢帛。帝出，見衛士有弊衣者，駐馬問之。對曰：「戍守邊鎮餘十五年，以故貧耳。」帝曰：「此輩久勞於外，留守臣未嘗以聞。非朕親見，何由知之？自今有類此者，必言於朕。」因命賜之錢帛。〔四〕

臣若水通曰：元仁宗見衛士弊衣，詢知其戍邊之苦，而賜之錢帛，可謂有惻隱之心，恤窮之實矣。其與禹見罪人而泣之，湯見網而解之，其心何以異哉？然禹、湯行仁政而澤及天下，而仁宗不能然者何也？其不忍人之心一也，能擴充與不能擴充，是以異耳。故人君垂旒蔽目，懸纊塞耳，而無所不知不見，仁澤覆天下者，自其本心而推之，不在乎見聞之狹也。故人君貴乎有恤民之大政，而不貴乎分財之小惠焉。

○宋儒張載西銘曰：「民吾同胞，物吾與也。」又曰：「凡天下之疲癃殘疾惸獨鰥寡者，皆吾兄弟之顛連無告者也。」

臣若水通曰：天地萬物，本吾一體者也。是萬物皆吾同得於天所與之氣，故曰吾與。而民尤同吾得天地之正氣，於吾並生之中，乃爲同類而至貴者，故曰同胞。曰同胞，則視之如己之兄弟矣。而天下之遠，兆民之衆，有疲癃殘疾惸獨鰥寡之人，皆我兄弟之中顛連無告者。然則知疲癃殘疾惸獨鰥寡皆吾之同氣，則其哀恤之情根於天性，自有所不能已者矣。

○程顥在神宗時，言不可賣祠部，添常平本錢事。王安石曰：「顥所言未達王道之權也。男女授受不親，禮也。嫂溺，援之以手，權也。嫂溺不援，是豺狼也。今祠部所可致粟四五十萬，若凶年，人貸三石，可得全十五萬性命。今欲爲凶年計，當以凶歲爲之，而國用有所不暇，故賣祠部所剃三千人頭，而所可救活者十五萬人性命。若以爲不〔五〕可，是不知權也。」

臣若水通曰：王安石主賣祠部之説，自附於恤窮救荒之權矣。臣恐窮未及恤，而所以益天下之窮者至矣。故楊時曰：「鬻祠部三千，蓋六十餘萬緡，固非三千人所能自具也，取之於力本之民而已。由是得以不蠶而衣，不耕而食，亦取資於力本之民而已。故其徒益繁，則其蠹益甚。是未及賑饑，而先困吾民以資游手也。先王之時，三年耕必有一年之積，故凶年饑歲民免於死亡，以其豫備故也。不知爲此，乃欲髡其人而取其資，以是爲賑饑之術，正孟子所謂『雖得禽若丘陵，弗爲也』。以是爲王道之權，豈不謬哉？詩云『誰生厲階，至今爲梗』，王安石之謂乎！」

○楊時經筵講義有云：古之聖人以天下爲心，其於居食之際，非徒若是而已。食而飽，必思天下之有未飽者。居而安，必思天下之有未安者。

臣若水通曰：楊時言一食一居必思天下之未安飽者，所以養人君恤民之仁也。夫惟飲食起居而不忘天下之窮民，則無事必思所以加惠之，有災必能有以恤賚之，則雖不能使天下皆飽皆安也，而安飽之政可由是而推行矣。否則，素無所養，一旦遇天下之災，其能沛然行寬恤之惠乎？是故人君之心在於素養矣。

○楊時糴買劄子有云：産絹縣分每匹不下一千三百〔六〕足錢，而上户有敷及百餘匹者，民力固未易辦矣。又有非時抛買如燕山絲絹之類，所須不一。秋成，穀未上場，而催科之吏及門矣。力耕之民日食糠粃，而輸官常恐不足。欲民之不流亡，不可得也。

臣若水通曰：孟子云：「有粟米之征，有布縷之征，有力役之征。君子用其一而緩其二，用其二而民有莩，用其三而父子離。」蓋言取之非其時，則民力不堪，而困窮極矣。人君恤窮之政，在寬之而已矣。楊時之論，誠救弊之良劑也。爲人君者，盍思所以恤其流亡之苦而加之意哉。

○王柏論社倉利害，有云：淳熙八年，朱熹申請社倉指揮，若曰：「其斂散之事，與本鄉耆老公共措置，州縣並不須干預抑勒。」至哉言乎！此行法者所當共守也。今也不然，領以縣官，主以案吏，各鄉又非有德望之人，爲官吏之所畏敬者，俯首聽命，苟且逃責，利害不敢專決，奸弊不敢自懲。玩舞虛文，壅塞實意，吏既慕於前；權宜伸縮，隨時輕重，吏則議其後，故賢者不屑與之相牴牾也。此立法之不審一也。昔之法也，先給以米，貸以米，斂亦以米。今也不然，斂以錢，科以糴。若能薄增厥直，亦何患民之不樂輸哉？價既不平，穀不時至，勢必至於敷擾以抑勒，人情之所不堪。小民未受其利，中産先被其害，此立法之不審二也。後之繼者，慮既貸而民不盡償，則社倉之惠窮，而追呼之害起矣。

臣若水通曰：法之立也，將以爲民。法之行也，反以病民。豈其心固如是哉？社倉之設，本以恤窮也。及其官吏承行之弊，輸擾抑勒，而有追呼之害者，安在其能恤窮也？況夫人君舉動關天下之欣戚，又非一郡邑之比矣。其立法行惠，可不愼哉！

○國朝戊戌十二月庚辰，太祖自宣至徽，召故老耆儒訪以民事。有儒士唐仲實、姚璉者來見，太祖問曰：「喪亂以來，民多失業，其心望治，甚於饑渴，吾深知之。」仲實對曰：「自大軍克復，民獲所歸矣。以今日觀之，民雖得所歸，而未遂生息。」太祖曰：「此言是也。我積少而費多，取給於民，甚非得已。然皆爲軍需所用，未嘗以一毫奉己。民之勞苦，恒思所以休息之，曷嘗忘也？」仲實等曰：「誠如是，民之生息可待矣。」太祖曰：「有不便，盍盡言之？」仲實等皆拜謝，乃賜諸父老布帛，撫慰之而去。

臣若水通曰：文王發政施仁，必先窮民。恤窮者，治天下之首務也。我太祖高皇帝方大軍之後，即召耆儒，訪知民未遂生，即念民之勞苦，思所以休息之。是心也，非堯舜其猶病諸之心乎？此萬世人君之所當法也。

○洪武元年七月，謂中書省臣曰：「中原兵難之後，老稚孤貧者多有失所，宜遣人賑恤之。」省臣以國用不足爲對。太祖皇帝曰：「得天下者，得民心也。夫老者民之父母，幼者民之子孫。恤其老，則天下之爲子孫者悦。恤其幼，則天下之爲父母者悦。天下之老幼咸悦，其心有不歸者寡矣。苟視其困窮而不之恤，民將憮然曰，惡在其爲我上也？故周窮乏者，不患無餘財，惟患無是心。能推是心，何憂不足？今日之務，此最爲先，宜速行之。」

臣若水通曰：有天下者，有其民也。有其民者，得其心也。夫得民之心何心哉？亦惟遂其老老幼幼之願焉耳。惟我太祖皇帝明見萬里，視天下之民瘼如在目前，故不以國用之不足而阻其勤恤之心也。伏惟聖明推是心以往，則民懷於有仁，而無疆之休與天地同其久矣。

○國朝〔七〕太祖皇帝肇基五年，詔天下郡縣立孤老院。凡民之孤獨殘疾，不能自生者，許入院。官爲贍養，每人月米三斗，薪三十斤，冬夏布一匹。小口給三分之二。後改孤老院爲養濟院，其初著之於令曰：「凡鰥寡孤獨，每月給米，每歲給布，務在存恤。監察御史、按察司官常加體察。」既而著之於律曰：「凡鰥寡孤獨及廢疾之人，貧窮無親屬依倚，不能自存，所在官司應收養而不收養者杖。若應給衣糧而官吏克減者以監守自盜論。」又申之以憲綱曰：「存恤孤老，仁政所先。仰府州縣所屬凡有鰥寡孤獨廢疾無依倚之人，俱收於養濟院，常加存恤。合得衣糧，依期按月支給，毋令失所。遇有疾病，督醫治療。」

臣若水通曰：我聖祖於登極之五年，即有恤窮之制。是即文王發政施仁必先鰥寡孤獨之仁心也。使臣下常奉承德意，以施行之而不失，則仁政之澤可以被於無窮矣。是故鰥寡孤獨歸於養濟，俾得其所也。歲有衣糧，俾不困於饑寒也。有司時察，防吏奸也。應收而不收則杖，應給而吏克減者論以自盜，嚴其法也。督醫治疾，冀其生也。仁之至，義之盡矣。然法久而弊生，養濟雖有其名，而在京在外，乞丐之人盈於道路。豈吏之奉法寖弊，而無力者不得以入院乎？未可知也。伏惟聖明體太祖恤窮之仁，則堯之不虐無告在是矣。

○國朝[八]太祖登極七年，詔天下曰：「曩因天下大亂，死者不可勝數。朕日夕慮上帝有責，思之再三。民間流離避亂，父南子北，至今不能會聚。或子歿親老而無養，親歿子幼而無依，皆朕之過也。今詔天下有司，具名以言，朕當會居存養，使不失所。」

臣若水通曰：兵亂之際，流離死徙，骨肉不顧，誠甚可憫也。詩曰：「哿矣富人，哀此煢獨。」我太祖之心，切於仁民，故下恤窮之詔，拳拳以窮民無依失所爲己過，而必使有司疏名會居存養焉。書曰「痌瘝乃身」，其我太祖之謂乎！

○洪武八年正月，上命中書省令天下郡縣訪窮民無告者，月給以衣食；無所依者，給以屋舍。仍諭之曰：「天下一家，民猶一體。有不獲其所者，當思所以安養之。昔吾在民間，目擊其苦，鰥寡孤獨、饑寒困踣之徒，常自厭生，恨不即死。如此者宛轉於溝壑可坐而待也。吾亂離遇此，心常惻然。故躬提師旅，誓清四海，以同吾一家之安。今代天理物，已十餘年。若天下之民有流離失所者，非惟昧朕之初志，於代天之工亦不能盡也。爾等爲輔相，當體朕懷，不可使天下有一夫之不獲也。」

臣若水通曰：孟子云：「先王有不忍人之心，斯有不忍人之政矣。」我太祖皇帝方在民間，親見鰥寡孤獨之困苦，心常惻然，則存不忍人之心久矣。故五年下詔，七年下詔，及此八年，又以命中書省訪窮民無告者，給之衣糧屋舍焉，非所謂不忍人之政乎？噫，可以爲萬世帝王之法矣。

○國朝〔九〕諸司職掌：鰥寡孤獨之人，行屬將合支衣糧，依期按月關給，存卹養贍，毋使失所。御史按臨處所，審問曾無支給。但有欺弊，即便究問。

臣若水通曰：昔者文王不敢侮鰥寡，蓋以鰥寡孤獨之人無父母妻子之養，尤宜加意焉者也。我祖宗設養濟之典，所以恤窮民，使不至於失所，其即文王治岐先斯四者之政矣。夫天地之大德曰生，爲有司者，果能衣食以時乎？治療以醫乎？如其不然，則上孤君德，下絶民生，可得謂之良有司哉？可謂民之父母哉？

○永樂元年閏十一月，河南南陽縣言：「本縣民多逃徙他縣，賦役無所出。乞下令捕之。」太宗皇帝顧謂户部尚書郁新等曰：「人情懷土，誰肯樂去其鄉？河南諸郡連歲水旱蝗蝝，饑饉相仍，守令又鮮能盡撫綏之道，不得已舉家逃徙，自圖存活之計耳。今其鄉田廬生業必已廢棄，歸且何依？捕之徒益困之耳。所言不可聽。」

臣若水通曰：君猶腹心也，民猶四肢也。四肢疾病而腹心不知，又從而抑困之，非仁者也。故知愛心腹者，必知護其四肢矣。知愛其君者，則知愛其民矣。南陽縣欲捕逃徙而不恤焉，彼豈知忠愛之道者哉？我太宗文皇帝聞而拒之曰「歸且何依？捕之徒益困之耳」。恤窮之心，藹然見於言表矣。臣故謹録之，以爲聖子神孫告焉。

校記：

〔一〕「上」，原作「奏」，據嘉靖本改。

〔二〕「言」，原作「畜」，據嘉靖本改。

〔三〕「京」，原作「言」，據嘉靖本改。

〔四〕嘉靖本此條收于九十七卷卷末。

〔五〕「不」，原作「效」，據嘉靖本改。

〔六〕「三百」，嘉靖本作「三四百」。

〔七〕「國朝」，嘉靖本無。

〔八〕同上注。

〔九〕同上注。

聖學格物通卷之九十九

賑濟上

○易益彖曰：益，損上益下，民説無疆。自上下下，其道大光。

臣若水通曰：此孔子以卦體釋益之名義，而極贊益之善也。無疆，無窮也。自上下下，猶言自君而施於民也。言益之所以爲益者，以其損上而益下。如財利，上之所有也，則損己之有以益下民之無。夫財者民之心，損上益下，故民悦懌於心而無窮也。又言益之爲道，自上而下乎下，爲得人君仁民之道，故其道大光顯也。使其奪民之所有以自益，則爲貪昧之君，昏濁甚矣，何大光之有哉！夫民惟邦本，本固則邦寧，民貧而國未有能存者也。竭心思以周天下之慮，凡可以益民者，損己以益之不恤也，德澤流行而天下大悦矣。夫損下益上者，私也。損上益下者，公也。王道大而無外，與天地同其生成。其功德弘著，益之道大矣哉。然則賑濟者，其亦損上益下之一事也歟！

○書周書武成：散鹿臺之財，發鉅橋之粟，大賚于四海，而萬姓悅服。

臣若水通曰：此史臣記武王克商所行之大政也。賚，與也。鹿臺，紂所積之財也而武王散之。鉅橋，紂所積之粟也而武王發之。以大與四海之民而賑其困窮，於是四海之民萬其姓者，皆悅而服之矣。臣謂鹿臺、鉅橋一也，商紂聚之而民心怨，武王散之而民心歸者何也？蓋財者，民之心也。聚財則傷民心，民心傷，其有不背之者乎？散財則得民心，民心得，其有不向之者乎？聚散之間，而民心向背由之。然則大學「財聚民散，財散民聚」之言爲可驗矣。有國者可不慎哉！

○詩小雅甫田：倬彼甫田，歲取十千。我取其陳，食我農人。自古有年，今適南畝。或耘或耔，黍稷薿薿。攸介攸止，烝我髦士。

臣若水通曰：此詩述公卿有田禄者力於農事，以奉方社田祖之祭，而此則言其卹窮勞民之事也。倬，明貌。甫，大也。十千，謂一成之田。地方千里爲田九萬畝，而以其萬畝爲公田，蓋九一之法也。我者，食禄主祭之人也。陳，舊粟也。有年，豐年也。耘，除草也。耔，雝本也。薿薿，茂盛貌。介，大也。烝，進也。髦，俊也。詩言大田歲取十千，以爲禄食。及積之久而有餘，則新者存之，舊者散之，不足者補之，不給者助之，以食我之農夫。蓋以自古有年，是以斂散適宜如此也。於是適彼南畝，見耘耔之勤而黍稷之盛，則又將復有年矣。凡存新散舊者有所資，不足不給者有所賴。故於美大止息之處，進秀民而勞之，俾相勸告，益敏於其事，以圖其成焉。夫國家之賑濟，乃王政之急務。然必實有愛民之心，然後能時其豐歉而斂散之，如此詩之所云，則上之所出者不費，而下之所受者亦感其惠矣。苟無愛民之實心，平時暴征苛斂以殘民，而顧爲賑濟之名，所謂割民之肉以充腹，腹未必飽而身已先斃矣，不亦不仁之甚哉？故人君之賑濟，必先蓄其仁心於平時，以不忍人之心，行不忍人之政，一遇水旱凶荒而賑濟之，則仁之所及者廣矣。

○禮記月令曰：天子布德行惠，命有司發倉廩，賜貧窮，振乏絶，開府庫，出幣帛，周天下。

臣若水通曰：此季春之令也。言天子於斯時播布其德惠，如下文所云，所以奉若天道也。夫王者出帑積以惠天下，非出也，乃所以爲入也。蓋財者民之所爲，而民者財之所出。故苟得其民，則天下財利不必在府庫而後爲吾有也。不得其民，雖府庫之財亦或悖而出也。故古之人君布德行惠，賜貧賑乏，開府出幣，周給天下，而因以得天下之心焉，豈非所出者小，而所入者大乎？豈非所出者寡，而所入者衆乎？大學傳曰：「仁者以財發身。」其此之謂矣。有天下者，可不審諸？

○祭統曰：是故上有大澤，則惠必及下，顧上先下後耳，非上積重而下有凍餒之民也。是故上有大澤，則民夫人待于下流，知惠之必將至也。

臣若水通曰：積重，上重積之而不施也。夫人，猶言人人也。夫上下一體也，惠必及下，然後見其澤之大。譬之水焉，其流長者必其澤遠也。若重積於上，則其澤不流，而有凍餒之民矣，非一體之義也。上澤下〔一〕流，其惠博也，故君子恤窮之政行，而仁覆天下矣。

○祭統曰：是故明君在上，則竟内之民無凍餒者矣。

臣若水通曰：非大〔二〕君之明，無以知民之窮。非知民之窮，則不能行恤窮之政。智以知之，仁以行之，故惠下之澤可流於無窮矣，豈復有凍餒之民哉？

○周禮大司徒：以荒政十有二聚萬民：一曰散利，二曰薄征，三曰緩刑，四曰弛力，五曰舍禁，六曰去幾，七曰眚禮，八曰殺哀，九曰蕃樂，十曰多昏，十有一曰索鬼神，十有二曰除盜賊。

臣若水通曰：荒政者，救荒之政，所以恤民窮也。聚萬民者，歲荒則民將流離，故聚之也。散利者，出粟也。緩刑者，薄罪也。弛力者，息徭役也。舍禁者，山林川澤不爲之禁也。去幾者，關市不征也。眚禮，殺凡禮也。殺哀者，減凶禮也。蕃樂者，閉不用也。多昏者，昏禮不備也。索鬼神者，祈廢祀也。除盜賊者，嚴刑以去之，恐爲民害也。是故觀荒政則先王之慮民可謂至詳，而其恤窮可謂至切矣。

〇論語：周有大賚，善人是富。

臣若水通曰：此論語終篇述武王之事，以明聖學之所傳也。賚，與也。當紂暴虐之時，聚財積粟，毒痛〔三〕四海，而天下之民失所矣。武王克商之後，一反商暴虐之政，散鹿臺之財，發鉅橋之粟，以大與四海之民而賑濟之，而於賑濟之中又惟善人而加富焉。由是觀之，則聖人於賑濟之舉，仁之至而義之盡矣。

〇孟子對曰：凶年饑歲，君之民老弱轉乎溝壑，壯者散而之四方者幾千人矣，而君之倉廩實，府庫充，有司莫以告，是上慢而殘下也。曾子曰：「戒之戒之，出乎爾者，反乎爾者也。」夫民今而後得反之也，君無尤焉。君行仁政，斯民親其上，死其長矣。

臣若水通曰：此孟子因鄒穆公歸怨於民，而對以君行仁政，則有司皆愛其民，而民亦愛之也。夫以饑饉之年，民之老弱死溝壑，壯者散四方，而有司莫肯告君以發倉廩、開府庫而賑濟之，以救其死徙，是有司慢而害民也。今民不恤有司之死，正反報前日之咎也。若君行仁政以賑濟，則民報之亦當如是矣。夫倉廩府庫，君積之以拯乎民者也。積之於豐稔，散之於荒歉，則民心悦，必親上死長而忘其身以圖報也。夫民忘其身者，凡以得其心故也。財者民之心也，散以財則得其心矣。然則爲人君者，何爲愛其財以失民心哉？不能反己以恤民，此鄒穆公之所以不振也。

○孟子之平陸，謂其大夫曰：「子之持戟之士，一日而三失伍，則去之否乎？」曰：「不待三。」「然則子之失伍也，亦多矣。凶年饑歲，子之民老羸轉於溝壑，壯者散而之四方者幾千人矣。」曰：「此非距心之所得爲也。」曰：「今有受人之牛羊而爲之牧之者，則必爲之求牧與芻矣。求牧與芻而不得，則反諸其人乎？抑亦立而視其死與？」曰：「此則距心之罪也。」他日，見於王曰：「王之爲都者，臣知五人焉。知其罪者，惟孔距心。爲王誦之。」王曰：「此則寡人之罪也。」

臣若水通曰：此孟子將言平陸大夫之失職，而先以持戟之士失伍者以諷之也。孔距心，大夫姓名也。孟子因大夫之言而遂直言其失職，蓋大夫者佐君以惠民爲職者也，今坐視其饑以死，而不發倉廩以賑濟之，是失職矣。又因距心辭以非己所得專，而以爲人牧牛羊者，責其既不得以濟民而不能去，距心遂自服其罪。至於齊王聞之，亦自服以爲己罪。夫孟子一言而使齊之君臣各知其不恤民之罪，仁人之言其利博矣。雖然，平陸之政，齊史不聞書之，豈非説而不繹、從而不改也歟？

○左傳文公十六年：宋公子鮑禮於國人。宋饑，竭其粟而貸之。年自七十以上，無不饋飴也。時加羞珍異，無日不數於六卿之門。國之材人，無不事也。親自桓〔四〕以下，無不恤也。

臣若水通曰：公子鮑，昭公庶弟也。竭粟而貸，竭其私家之粟，以寬貸饑民也。無不饋飴者，澤施於老者也。無日不數於六卿之門者，恩逮於貴者也。國之材人無不事，宋國之賢人無不尊事之也。自桓以下無不恤，宋鮑之懿親無不賑恤之也。夫宋鮑賑宋之饑，惠及於上下親疏，可謂廣矣。然孔子曰：「君子惠而不費。」孟子曰：「導其妻子，使養其老，斯王政濟民之大者也。」以宋鮑濟人之心，使聞孔孟之訓焉，則其所及之廣豈有涯哉？後之有愛民之實者，其尚論之。

○襄公九年：晋侯歸，謀所以息民。魏絳請施舍，輸積聚以貸。自公以下，苟有積者，盡出。國無滯積，亦無困人。公無禁利，亦無貪民。祈以幣更，賓以特牲，器用不作，車服從給。行之期年，國乃有節。三駕而楚不能與争。

臣若水通曰：施舍者，施恩惠、舍勞役也。輸積以貸者，盡其積聚以貸借於民也。無滯積，無滯而不散之積。無困人，無困而不遂之人。無禁利、無貪民，公無專禁，民皆知禮也。祈以幣更，祈禱以幣易牲也。賓以特牲，待賓以一牲，存禮也。不作者，不作新巧也。從給者，足以給事也。三駕，謂三興師也。夫晉悼公之歸國也，能行賑濟之政，則所以息民者至矣，非霸業之基乎！悼公收之羈絏之餘，佐之以一魏絳，政有足觀如此。故世有博施濟衆之君，必有爲上爲德、爲下爲民之佐矣。

○襄公二十九年：鄭子展卒，子皮即位。於是鄭饑，而未及麥，民病。子皮以子展之命，餼國人粟，户一鍾，是以得鄭國之民，故罕氏常掌國政，以爲上卿。宋司城子罕聞之，曰：「鄰於善，民之望也。」宋亦饑，請於平公，出公粟以貸，使大夫皆貸。司城氏貸而不書，爲大夫之無者貸，宋無饑人。叔向聞之，曰：「鄭之罕，宋之樂，其後亡者也。二者其皆得國乎！民之歸也。施而不德，樂氏加焉，其以宋升降乎！」

臣若水通曰：民病者，病於乏食也。餼猶饋也。出公粟者，出公家之粟以寬貸於民也。使大夫皆貸者，使諸大夫有積者皆以寬貸於民也。貸而不書，不書于策，施而不以爲德也。鄭之罕，即子皮氏也。宋之樂，即子罕氏也。夫賑恤之典，固明君〔五〕急於愛民憂國者之先務，而凡肉食者亦不可以不謀也。夫平日之所以衣我、食我而給我軍國之需者，皆民之力也。今不幸而際遇天災，衣食不能以自存，宜以其出諸民者報乎民，寧忍坐視其斃而莫之救乎？宋樂、鄭罕之事，真可以爲在位者勸矣。

○國語周語：單穆公曰：「古者天災降戾，於是乎量資幣，權輕重，以振救民。民患輕，則爲之作重幣以行之，於是乎有母權子而行，民皆得焉。若不堪重，則多作輕而行之，亦不廢重，於是乎有子權母而行，小大利之。」又曰：「備有未至而設之，有至而後救之，是不相入也。可先而不備，謂之怠；可後而先之，謂之召災。」

臣若水通曰：戾，至也。量猶度也。資，財也。權，稱也。振，拯也。民患幣輕而物貴，則作重幣以行其輕也。重曰母，輕曰子。以子貿物，物輕則子獨行，物重則以母權而行之。子母通融，民皆得其欲矣。堪，任也。不任之者，幣重物輕，妨其用也，故作輕幣，雜而用之，以重者貿其貴，以輕者貿其賤。子權母者，母不足則以子平而行之，故錢小大民皆以爲利也。備，國備也。未至而設之謂豫，備不虞，安不忘危。至而後救之，謂若救火、療疾，量資幣、平輕重之屬。不相入，不相爲用也。離民匱財，是謂召災。天生斯民，立之司牧，以卹其窮，以拯其困。所以牧民，匪以牧於民也。故天降災戾，人主量爲輕重之幣以賑之。若景王廢輕而作重，鑄大錢以損民資，豈賑匱之道哉！

○漢文帝元年三月，詔曰：「方春時和，草木群生之物，皆有以自樂。而吾百姓鰥寡孤獨困窮，或阽於危亡而莫之省憂，爲民父母將何如？其議所以振貸之。」又曰：「老者非帛不煖，非肉不飽。今歲首不時，使人存問長老，八十以上賜米、肉、酒，九十以上加賜帛，人二匹，絮三斤。盡除收孥相坐律。」

臣若水通曰：漢文賑貸之詔，以方春萬物發生，有感於窮民之失所，庶幾有對時發育、仁民愛物之心矣。然恐民食已艱而方爲議所以賑貸之，不亦晚乎？使左右之臣素講於王道，必如古者蓄積素備，九年耕必有三年之積，教其妻子親戚使養其老，則天下之窮民未病饑瘠也。

○漢武帝建元六年，河内失火，延燒千餘家。上使汲黯往視之，還報曰：「家人失火，屋比延燒，不足憂也。臣過河南，貧人傷水旱萬餘家，或父子相食。臣謹以便宜持節發倉粟，以振貧民。請歸節，伏矯制之罪。」上賢而釋之。

臣若水通曰：家人失火，災之小者也。民饑父子相食，傷天地之大和，以蹙邦本，變之大者也。汲黯便宜矯制發倉以賑之，急於憂國愛民而忘其身，以安社稷，其爲心可謂忠矣。故曰：古有社稷之臣，黯近之，豈獨以其能直諫而然哉？

○漢章帝建初元年春正月，詔兗、豫、徐三州稟贍饑民。是歲，南部大饑，詔稟給之。

臣若水通曰：三州之饑民困甚矣，至於南部大饑，則又甚焉。漢章帝屢詔給贍之，可謂有賑貸之仁矣。然古之九年之水、七年之旱而民不病饑者，以其素有備也。使俟其艱食而旋爲賑貸之計，所謂大寒而後植桑者，民之死於凍餒者亦無及矣。雖然，其視民饑以死而不知發者，不尤愈乎！

○漢獻帝興平元年，自四月不雨，至於七月。穀一斛直錢五十萬，長安中人相食。帝令侍御史侯汶出太倉米豆，爲貧人作糜，餓〔六〕死者如故。帝疑稟賦不實，取米豆各五升，於御前作糜，得二盆。乃杖汶五十，於是悉得全濟。

臣若水通曰：觀御前作糜一事，則獻帝非昏蔽者。然威權去己，德澤不施，以致旱饑，雖有小惠，何補哉！其不能得其民以保天下，宜也。使當時能察曹操之暴戾，如辨侯汶之奸，信任忠義之臣而與謀之，聲其罪而誅焉，更化善治，召和氣以致豐穰，則糜不必作，民心悅而天命永矣，何至禍亂之作哉？

○齊武帝永明六年十二月，秘書丞李彪上封事，以爲：「漢置常平倉以救匱乏。

去歲，京師不稔，移民就豐，既廢營生，困而後達，又於國體實有虛損。曷若豫儲倉粟，安而給之，豈不愈於驅督老弱，餬口千里之外哉？宜析州郡常調九分之二，京師度支歲用之餘，各立官司，年豐糴粟積之於倉，儉則加私之二糴之於人。如此民必力田以取官絹，積財以取官粟。年登則常積，歲凶則直給。數年之中，穀積而人足，雖災不爲害矣。」

臣若水通曰：國有豫備，則民遇水旱而不至於饑，此賑濟之上策也。下此皆爲無〔七〕策矣。李彪之言，爲明君、良有司急於救民者所宜講究者也。

○隋文帝開皇五年夏五月，度支尚書長孫平奏，令民間每秋家出粟麥一石以下，貧富爲差，儲之當社，委社司檢校，以備凶年，名曰義倉。

臣若水通曰：義倉之制，以爲賑饑之備，至今以爲善政，平可謂善於謀國者矣。至於反爲盜資之慮，豈君子之所能計哉？

校記：

〔一〕「下」，原作「不下」，據嘉靖本改。

〔二〕「大」，嘉靖本作「人」。
〔三〕「痛」，原作「痛」，據嘉靖本改。
〔四〕「桓」，原作「柏」，據嘉靖本及左傳改。
〔五〕「君」，原作「乃」，據嘉靖本改。
〔六〕「餓」，底本漫漶不清，據嘉靖本補。
〔七〕「爲無」，原作「無爲」，據嘉靖本乙。

聖學格物通卷之一百

賑濟下

〇唐太宗貞觀元年，關中饑，斗米直絹一疋。二年，天下大蝗。三年，大水。上勤而撫之，民雖東西就食，未嘗嗟怨。四年，天下大稔，流散者咸歸鄉里。

臣若水通曰：古者雖有水旱之災而不爲困，後世饑饉之多，何也？以古有溝洫爲之蓄洩耳，此禹之所以致力也。後世井田廢而溝洫湮，故旱乾水溢之災作，而賑濟之政所以行矣。蓋嘗觀於近世之富室，有塘數頃則水不爲災，疏洩以時而旱不爲虐，乃知井田之制，聖人之慮周而謀遠也。唐太宗勤撫關中，亦能致稔，不可謂非仁賢之君矣。獨當時無以此言進講者，以爲王政[一]之倡，不亦爲之遺憾乎！噫，太宗欲復封建，則井田之政，太宗亦優爲之矣。惜乎有君而無其臣，莫能將順其美，以講於關雎、麟趾之意爾。

○玄宗開元二十二年二月，秦州地連震，壞公私屋殆盡，吏民壓死者四千餘人。命左丞相蕭嵩賑恤。

臣若水通曰：坤以靜爲德者也。地震則失其常，爲災變矣，況壞屋壓人死衆，非變之大者乎？存恤賑濟之典，固所不能緩，然此特小惠耳。君相所職，燮理陰陽，位天地，育萬物者也。蕭嵩相玄宗，苟能因變而脩省，致中和以求燮理之道，則天下民物各得其所矣。壞而後救，所益能幾何哉？玄宗不能然，此開元之治所以不終也歟？

○開元二十九年春正月，制曰：「承前諸州饑饉，皆待奏報，然後開倉賑給。道路悠遠，何救懸絶？自今委州縣長官與采訪使，量事給訖奏聞。」

臣若水通曰：饑民以垂絶之命待哺於須臾爾。必須數千里之奏報，則死骨已朽矣，其何能及？玄宗此命，以賑濟之事付之州縣，是雖一時救世之權，其實萬世通行續命之劑也。

○德宗建中元年秋七月，劉晏上疏，以爲户口滋多，則賦税自廣。故其理財以愛民爲先。諸道各置知院官，每旬月，具州縣雨雪豐歉之狀白使司，豐則貴糴，歉則賤糶，或以穀易雜貨供官用，及於豐處賣之。知院官始見不稔之端，先申至某月須如干蠲免，某月須如干救助。及期，晏不俟州縣申請，即奏行之，應民之急，未嘗失時，不待其困弊流亡餓殍然後賑之也。由是民得安其居業，户口蕃息。

臣若水通曰：饑然後賑，則後時無及。先事應急，則民未病饑。此劉晏濟荒之策爲最上者也。後之論者皆薄晏言利之臣，然曰户口多則地自廣，故其理財以養民爲先，此牧民之主所當力行者也。德宗之時，晏以其計行賑施，而民安其居業，户口蕃息，宜哉。

○憲宗元和四年春正月，南方旱饑。庚寅，命左司郎中鄭敬德等爲江、淮、二浙、荆、湖、襄、鄂等道宣慰使賑恤之。將行，上〔二〕戒之曰：「朕宫中用帛一匹，皆籍其數。惟賙救百姓，則不計費。卿輩宜識此意，勿效潘孟陽飲酒遊山而已。」

臣若水通曰：憲宗每籍數於宫中之用，而不計費於賙救之時，其愛民之心勝於自奉，何其誠切也！苟由是心而擴充之，繼之以不忍人之政，則仁覆天下，和氣應而豐穰至矣，尚何水旱之災、饑饉之慮哉？

○周世宗顯德六年二月，淮南饑，上命以米貸之。或曰：「民貧，恐不能償。」上曰：「民吾子也，安有子倒懸而父不爲之解哉？安在責〔三〕其必償也？」

臣若水通曰：胡寅云：「稱貸所以惠民，亦以病之。惠者紓其目前之急也，病者責其他日之償也。其責償也，或嚴其期，或徵其耗，或取其息，或予之米而使之歸錢，或貧無可償而督之不置，或胥吏以詭貸而徵諸編民，凡此皆民之所甚病也。世宗視民猶子，匡救其乏而不責其必償，仁人之心，王者之政也。」臣謂胡寅此言，其深知稱貸之弊，而得世宗之心者矣。夫父母之愛，根於同體者也。認得同體，仁愛之心何所不至？尚何責其必償而反病之哉？故人君之學，莫大於求仁。

○劉向說苑：晉文公時，翟人有封狐、文豹之皮者。文公喟然歎曰：「封狐、文豹何罪哉？以其皮爲罪也。」大夫欒枝曰：「地廣而不平，財聚而不散，非狐、豹之罪乎！」文公曰：「善哉！說之。」欒枝曰：「地廣而不平，人將平之。財聚而不散，人將争之。」於是裂地以分民，散財以賑貧。〔四〕

臣若水通曰：鹿臺之財，鉅橋之粟，乃商紂封狐、文豹之皮也。大學曰：「貨悖而入，亦悖而出。」民之欲得此皮者久矣，倒戈之徒可以見也。武王克商，散鹿臺之財，發鉅橋之粟，大賚四海而萬姓悦服，豈非散財得民之明效大驗哉？文公能善欒枝之言，遂裂地以分民，散財以賑貧，此所以成霸業而顯於天下也歟！

○唐貞元元年，陸贄草大赦制，有曰：「關畿之内，連歲興戎。荐屬天災，稼穡不稔。穀糴翔貴，烝黎困窮。倉廩空虚，莫之賑贍。每一興念，憫然痛心。宜令度支江西、湖南見運到襄州米十五萬石，設法般赴上都，以救百姓荒饉。如山路險阻，車乘難通，仍募貧人令其般運，以米充脚價。務於全活流庸，庶事優饒，副朕勤恤。」

臣若水通曰：移粟移民，先王荒政之所不廢也。梁惠王於河内、河東之凶，以爲盡心焉。然而孟子不見取而引之以王政者，何哉？以移粟之濟民有限，而王政之澤無窮也。德宗移襄州江、湖之粟，以賑關畿之饑民，可謂有仁心矣。然其惠止於關畿爾，脱有四方旱澇之災並時荐見，則又將何以賑之哉？故諸葛孔明曰：「治世以大德而不以小惠。」真王佐之道也。

○宋仁宗皇祐元年夏五月，河北、京東大水，民流就食。知青州富弼勸所部民出粟，益以官廩，得公私廬舍十餘萬區，散處其人，以便薪水。官吏自前資、待缺、寄居者，皆給其禄，使即民所聚，選老弱病瘠者廩之，仍書其勞，約他日爲奏請受賞。率五日，輒遣人持酒肉飯糗慰籍，出於至誠，人人爲盡力。山林陂澤之利可資以生者，聽民擅取。死者爲大冢葬之，目曰叢冢。及麥大熟，民各以遠近受糧而歸。凡活五十餘萬人，募爲兵者萬計。前此救災者，皆聚民城郭中，爲粥食之，蒸爲疾疫，及相蹈藉。或待哺數日，不得粥而仆。名爲救之，而實殺之。自粥立法簡便周盡，天下傳以爲式。帝聞，遣使褒勞，加拜禮部侍郎。弼曰：「救災，守臣職也。」固辭不受。

臣若水通曰：聚民而食之粥，蒸鬱爲疫，待哺不及而死，雖欲救之，反以殺之，此濟饑之弊政也，庸夫爲之。若富弼以公私廬舍散處之，而分之以粟，使官吏之寓居者主其事，且懸賞以勸其盡力，山澤之利縱其自取焉，可謂賑濟之盡善者矣，宜乎其全活之衆哉。雖然，弼之法他人亦或及此而收效則異者，何耶？蓋人之爲法或同，而至誠惻怛之心不能如弼，故承行之人不爲之盡心竭力故也。故曰：「神而明之，存乎其人。」

○宋孝宗淳熙八年九月，以朱熹提舉浙東常平茶鹽。冬十二月，下熹社倉法於諸路。帝謂王淮曰：「朱熹政事却有可觀。」淮言：「脩舉荒政，是行其所學，民被實惠，宜進職以旌之。」乃進熹直徽猷閣。

臣若水通曰：處荒之政，預備爲上，賑救爲下。有備則所濟萬全，賑救則緩或不及。朱熹社倉之立，所以備荒也。苟非出於至誠惻怛之心，則又焉能規畫之詳，法制之善，而可以爲天下法如是哉？孝宗下其法於諸路，則饑民之受惠不特浙〔五〕東而已也。後之有賑荒之志者宜玩焉。

○元成宗元貞元年六月，陝西旱饑，行省右丞許扆議發廩賑之，同列以未〔六〕經奏請不可。扆曰：「民爲邦本，今饑餒若此，若俟命下，無及矣。擅發之罪，吾當任之。」遂發粟賑貸，命亦尋下。

臣若水通曰：關中旱饑，許扆發粟以賑，而以身當擅發之罪，卓乎有汲黯之風矣。夫關中遠京師，若待命而發，則仰哺之民化爲野中之餓殍矣。成宗乃不之罪而命亦尋下，其亦仁矣哉。

○程頤論立賑濟法事：救饑者，使之免死而已，非欲其豐肥也。當擇寬廣之處，宿戒，使晨入，至巳則闔門不納，午而後與之食，申而出之。日得一食，則不死矣。其力自能營一食者，皆不來矣。比之不擇而與，當活數倍之多也。凡濟饑，當分兩處，擇羸弱者作稀粥，早晚兩給，勿使至飽。俟氣稍完，然後一給。第一先營寬廣居處，切不得令相枕藉。如作粥飯，須官員親嘗，恐生及入石灰。不給浮浪游手，無是理也。平日當禁游惰，至其饑餓，則哀矜之一也。

臣若水通曰：救饑者，非聖賢意也，勢也。夫聖人立法，則三年耕而有一年之積，民未病饑也。惟後世國用無經，取民無制，是以或遇災旱，而民豈能聊生乎？程頤之説，其法詳矣善矣，然亦不得已也。是故聖人在上，可使菽粟如水火，可使天下無饑民。

○張栻與吳晦叔書有云：賑民之事，蓋有二端：賑濟也，賑糶也。賑濟須官中捐米以救之，賑糶即用上户所認可也。官中吝米不肯捐，專仰上户之糶，可乎？今潭城諸倉受納已有米近八萬斛，前勸陳帥借此上供米，均濟農民乏食者，或借與亦可，却一面具以奏聞待罪。比至獲罪，而十數萬生齒已活矣，況未必獲罪耶？未知渠能辦否耳。若待常平司全永州糶米來濟，則索我於枯魚之肆矣。

臣若水通曰：賑饑之事，以朝夕爲死生者也，故其機宜速不宜緩。賑饑之用，以多寡爲財費者也，故宜豐不宜吝。使徒責賑糶於上户，而官粟則吝焉，其濟果能普乎？使必待報於君命而機宜則緩焉，其濟果可及乎？此張栻之論所以有枯魚之嘆。上供之借，待罪之奏，可謂切於救民而周於時變，賑濟之善者也。爲人上者不可不深究焉。

○王柏論賑濟利害曰：賑荒之體，先公庾而後私家。賑荒之要，抑有餘而補不足。嗟夫，田不井授，王政堙蕪，官不養民，而民養官矣。農夫資巨室之土，巨室資農夫之力，彼此自相資，有無自相恤，而官不與也，故曰官不養民。農夫輸於巨室，巨室輸於州縣，州縣輸於朝廷，以之禄士，以之餉軍，經費萬端，其始盡出於農也，故曰民養官矣。不幸凶年饑歲，在上者不得已散財發粟而賑恤之，使之得免於流離溝壑之憂，尚有是可以寓其愛民之心耳。春省耕而補不足，秋省斂而助不給，此王政之所先也。切惟今日，義倉創于慶曆，初令民上三等，每税米一斗，輸二升以備水旱。其後興廢不常，今下及小户矣。是官無以賑民，使民預輸以自相賑恤，已戾古意。

臣若水通曰：君之與民，相資相報者也。君施以治民，民報以奉君。在平時則什一而税，任土而貢，民之施於上也。有災變則散財發粟，春補秋助，君之報於民也。故曰相資相報者也。若平時使民以奉上，災變又使民以自賑，何施報之有哉？宜乎上下離心，君民解體，禍亂將起而莫之能救矣。爲人君者，可不體施報之義，察治亂之幾乎？

○國朝洪武初，費震爲漢中府知府，多善政。大軍平蜀之後，陝西旱饑，漢中尤甚。鄉民多聚爲盜，莫能禁戢。是時府倉儲糧十餘萬石，震與僚屬謀曰：「民饑如此，豈可坐視其斃？倉廩糧儲尚多，吾欲發以貸民，賑其饑荒，俾秋熟還倉，且易陳爲新，何如？」衆以爲然。即日發倉，令民受粟，且以狀奏聞。自是攘竊之盜與鄰境之民多來歸者。震皆令占宅，自爲保伍，驗丁給之，賴以活者甚衆。因籍爲民，得數千家。至秋大熟，民悉以粟還倉。後以事被逮于京，太祖皇帝曰：「震，良吏也。釋之以爲牧民者勸。」

臣若水通曰：奉命而後行者，人臣之經也。先賑而後以聞者，濟變之權也。費震發儲糧以濟饑，秋成而民償，則上不費公家之財，而下可活萬人之命矣，行濟世之權而不失其事君之經者也。及後以狀聞，太祖是之。他日，又以是而釋其罪。嗚呼，此固聖祖御世勸賢之道，或者亦費震陰德及民之報也。

○洪武十七年九月丙子，河南、北平水，命駙馬都尉李祺、歐陽倫、王寧、李堅、梅殷、陸賢往賑之。敕曰：「天生烝民，所以立命者，衣與食也。民非衣食，何以爲生？邇來河南河決，北平水災，稼穡蕩盡。時將嚴寒，不早爲賑恤，民何賴焉？今命爾駙馬都尉李祺、歐陽倫、王寧詣河南，李堅、梅殷、陸賢往河北，同有司驗其户口以賑之，汝往欽哉。」

臣若水通曰：河之南北水災，稼穡蕩盡，衣食無賴，民將就溝壑矣。人君苟念溝中之瘠，其能不動心乎？我皇祖特命親臣，分賑南北，豈非文王惠鮮懷保之仁哉！聖子神孫，體皇祖之仁心而充養之，則重熙累洽而災害不作矣。

○洪武中，嘗遇水旱歲凶，孝慈皇后進食必問設麥飯野蔬，帝因告以賑恤之事。后曰：「妾聞水旱無時，賑卹之有方，不如蓄積之先備。卒不幸有九年之水、七年之旱，將何法以賑之？」帝深以爲然。

臣若水通曰：古者三年耕而有一年之積，九年耕而有三年之積，皆所以爲水旱備也。然不但積備而已，又爲之檢制節儉，所以備不虞者至矣。孝慈皇后天縱聖善，故進食必問麥飯野蔬，所以示儉而先天下也。又知賑卹之有方，不如積蓄之先備，可謂救荒之上策者矣，真得母天下之道哉！臣謹録之，以爲中宮之法焉。

○國朝仁宗皇帝爲皇太子時，自南京過山東境内，遇民饑，即令布政司發粟賑之。及入見以聞，太宗皇帝曰：「正是。昔范仲淹之子，猶能舉麥舟濟其父之故舊，況百姓吾赤子乎！」

臣若水通曰：夫視民之饑猶己之饑，王者之仁心也。我仁宗時爲太子，不忍山東之民饑餓，不及以聞，輒命發粟以賑之，可謂有仁心先意承志者矣。太宗聞而是之，其所以養其仁心者，何其至歟！

○國朝[七]景泰間，山東連歲災傷。天順初，人猶饑窘，已發内帑銀三萬兩賑濟，有司以爲不敷，乞增之，詔增銀四萬兩。

臣若水通曰：後世救荒之政，徙民移粟，不足則勸取於上户。又不足，則開發倉廩。又不足，則出内帑焉。蓋時君視内帑爲私財，出於不得已之計而後爲之。我英宗皇帝以山東荐饑，慨然爲之發内帑四萬以賑之，非至仁其能若是乎？噫，可以永爲聖子神孫君民者之法矣。

校記：

〔一〕「王政」上，嘉靖本有「後世」二字。

〔二〕「上」，原作「止」，據嘉靖本改。

〔三〕「責」，原誤作「貴」，據嘉靖本改。

〔四〕嘉靖本此條置於「元成宗貞元年六月」條後。

〔五〕「浙」，原作「淅」，據嘉靖本改。

〔六〕「未」，原作「大」，據嘉靖本改。

〔七〕「國朝」，嘉靖本無。

附録

刻格物通序

聖學格物通凡百卷，今少宗伯甘泉先生增城湛公所編著。嘉靖四年七月，皇上敕侍從文臣直解經史進覽。是時先生以翰林侍讀爲南祭酒，曰：「若水不可以身在遠，心不在聖躬也。」乃於作士之暇纂著此書，以爲聖學之助。蓋大學之道，惟在於明德以止至善。止至善之道莫先於格物。物皆關於意、心、身及家、國、天下，而格之爲功，惟欲其誠、正、修以齊、治、平也。乃自誠意以下，類其物之繁簡，列以目之多寡，或掇經史之格言，或闡祖宗之大訓，斷以獨見，歸於至當。意謂凡物不關於意、心、身及家、國、天下者，皆外物也。凡格不爲乎誠、正、修以齊、治、平者，皆喪志也。惟昔論語博文約禮之説，中庸好學力行之旨，曾子所受於孔子而又以授諸子思者，於道固若此無疑也。先生蓋嘗體驗至六旬而後明，編摩至四年而始進，宜天語稱其「足見用心，朕已留覽」也。然是書豈惟有國天下者所當從事，苟欲脩其身者，雖草萊之豎，膠庠之穉，皆不可以莫之爲也。初，先生以祭酒考績，道過揚州，一時及門之士如葛澗、沈珠、蔣信、潘子嘉、程輒、周衝輩殆數十人實從之游。其後葛澗創立甘泉行窩於揚州，講行先生之道，遵用格物通之意。比聖諭既下，葛澗及諸生曰：「是可以板置行窩，省手抄矣。」謂枏舊爲先生禮闈所取士，嘗受教甚習也，請序諸端。然尚未能梓行。至是，侍御周君君弼巡鹽淮揚，乃屬教授高簡同葛澗重爲校正，而江都尹陳公陞即捐俸加諸木，則周君上廣聖意而下明先生之志者，亦可見。是豈惟行窩諸生所當從事，雖以貢天下後世，不可乎？

嘉靖十有二年，歲次癸巳，正月丁卯，賜進士及第、奉政大夫、南京尚寶司卿、前翰林院修撰、經筵講官兼修國史、門生高陵吕枏謹序。

（録自嘉靖本）

刻格物通後序

嘉靖辛卯歲，相奉命淮揚事。事暇，欲觀古人書，以資治理。維揚士若葛澗輩多受業於甘泉湛公，公嘗編著聖學格物通凡百卷進於朝，澗輩手抄之，日講習焉。至是，相得取先生之書而讀之，彙分類別，有典有則，每一展卷，體用合一之全，啓心沃心之要，炳焉在目。顧謂諸君子曰：通之旨有知乎？大學之道，惟脩己、治人兩端，誠意、正心、脩身、齊家、治國、平天下盡之矣。止至善者，學之的也。格物致知者，其功也。自誠意正心以至平天下，莫非格物致知事也，非格致之外別有所謂道也。夫格者何？誠正脩以及於齊治平也。於斯焉而至其理也，外此無格矣。無格，其何止之爲？物者何？意心身以達於國家天下也。理於斯乎存也，外此無物矣。無物，其何至善之爲？夫至善者，吾心之實理；而止之者，知行之實功。惟理有所寓，則功有所施，此通之所由以作也。按通自誠意以下，格以貫之，物以統之，所謂於意、於心、於身、於家國天下而格焉者，要皆自吾心本然之體，而至極之隨處體認，而非求理於外物之謂也。此固聖學之綱要，通之所由以進也。宋儒程朱二子之在經筵，惟以涵養誠敬之説啓沃君心。是編也，程朱之意也。既而帝心嘉悦，諭留覽焉，固不徒纂述焉爾已。惟我聖天子以理學化天下，凡以脩身爲本者，不至其理以要於極，而支離牽率之去道遠矣，此通之所以不可無傳也。夫君子講學以明善也，明善以致一也，致一以會道也。道公物也，講而後明，遵而後行，托而後傳。是通也，公天下之器也。道公天下，而私諸維揚士，不可也。澗曰：「非梓無傳焉。」予諾曰：「傳以昭訓，訓以勸忠，忠以樹業。聖學緝熙之助，殆無窮已乎！」遂圖諸。

嘉靖癸巳春正月，賜進士第四川道監察御史門人松陵周相謹序。

（録自嘉靖本）

刻格物通跋

門人高簡校刻格物通成，作而嘆曰：斯刻也，其有不得已者乎！斯通也，其甘泉先生之諫疏也乎！是故以堯舜之道陳之於君，其亦有不得已者乎！故稽經以則之，采史以徵之，集傳記以演之，而陳義以通之，凡以明聖學也。夫聖學也者，自天子以至於庶人一也，是故先生通而陳之，欲其以聖心而達諸天下爾也。夫聖人之學，心學也。先生之學，學聖賢者也，其心與天地萬物一體者也。是故兹通之刻，匪其志也，然而以善養天下，同歸乎一貫之學，以脱去夫支離之習，則先生之志也。或曰：何居？簡曰：以誠意、正心、脩身、齊家、治國、平天下而通之乎格物焉，故曰皆一貫之實學也，非徒博文强記、玩物喪志爾也。是故斯通出而後聖學明，聖學明而後學者免於支離之病而貫於一也。或曰：先生之志則然，然而天下其猶有弗信焉者，則如之何？曰：聖人弗能必天下之信，信其心焉已矣。夫斯理也，天地萬物之一原也。然則覽斯通也，能無油然而生其心者乎？能無得吾天地萬物之同然者乎？能無脱去支離以造至一者乎？夫如是，雖百世以俟聖人而不惑可也。則夫斯通之刻，其亦有不徒然者乎！其亦有不徒然者乎！

嘉靖癸巳正月中旬，門人西蜀高簡謹跋。

（録自嘉靖本）